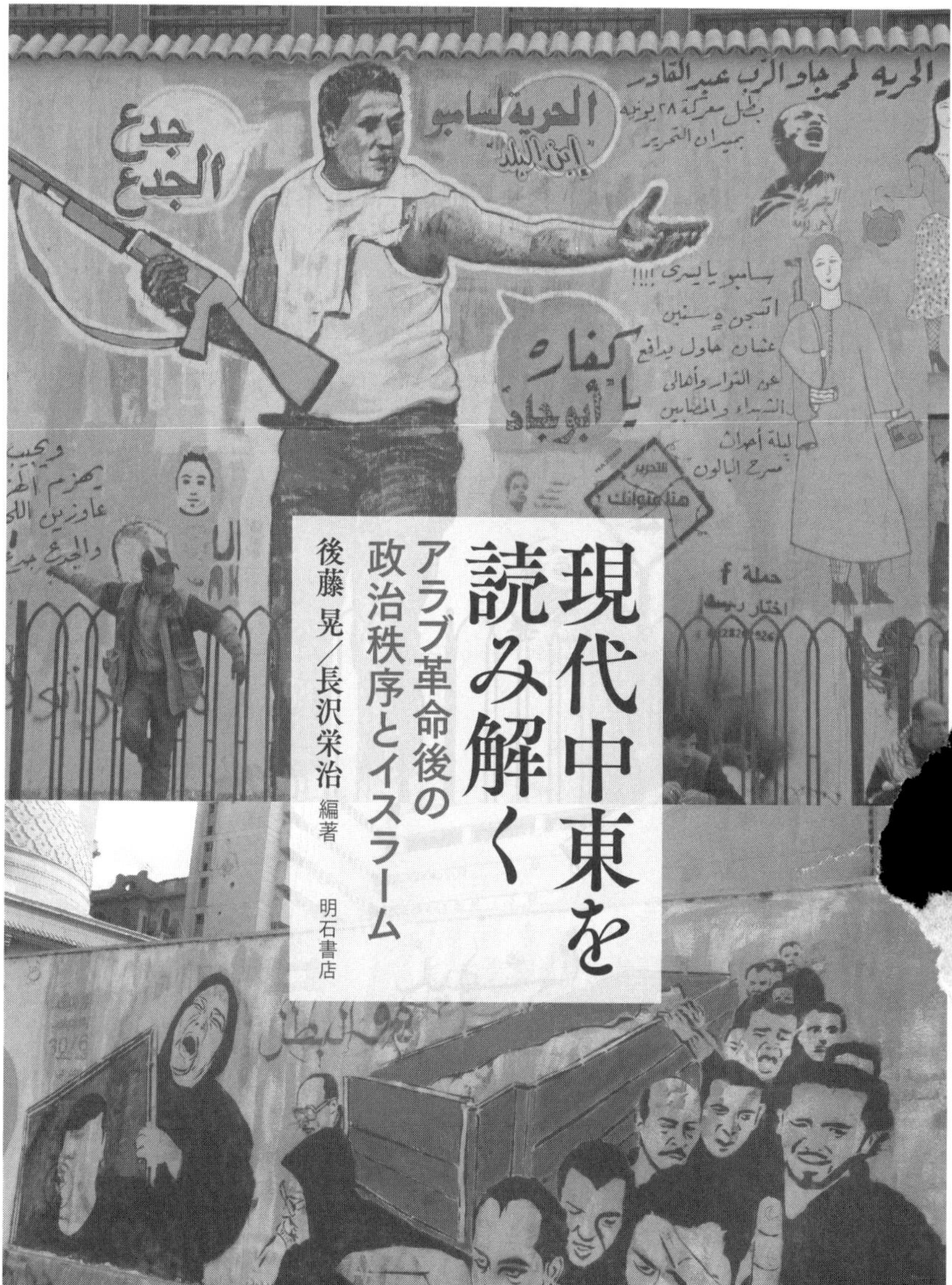

現代中東を読み解く

アラブ革命後の政治秩序とイスラーム

後藤　晃／長沢栄治　編著

明石書店

はじめに──中東と日本

石油と安全保障

中東で起きることにますます目が離せない時代になった。中東を震源地として各地で起きる事件や出来事がテレビや新聞のニュースで伝えられない日はない。ただし残念ながら、そのほとんどが胸を痛めるような暗いものばかりである。内戦や戦争であり、テロ事件であり、さらには難民問題の悲惨な映像である。

かつて中東といえば、日本にとって石油や天然ガスを依存している大切な地域だというイメージがあったし、今でもそれは変わらない。中高年の人なら誰でも、40年以上も前に起きた第一次石油危機（1973年）を覚えているだろう。このいわゆるオイルショックは、第四次中東戦争に際して、アラブ石油輸出国機構（OAPEC）が原油公示価格を1バレル3・01ドルから5・12ドルへと70％引き上げると発表したことで始まった。さらに原油生産の段階的な削減と、パレスチナの占領を続けるイスラエルの友好国に対する石油の禁輸を発表した。この石油禁輸の対象国となったことで日本の中東政策は、大きく変更をよぎなくされた。占領地からのイスラエルの撤退を呼びかけた二階堂官房長官談話は有名である。

一方、オイルショックは、ニクソンショック（1971年）に続いたのでこのような呼び名になったが、「ショック」どころかまさに「危機」そのものであり、日本社会は戦後初めての経済的なパニックに襲われた。当時とくに地方では、家庭に水洗トイレがようやく普及しはじめていたばかりであったが、トイレットペーパーがなくなるという噂でスーパーに人々が殺到した。一部の商社は買い占め問題で世間の非難を浴びた。銀座のネオンサインが消え、テレビの夜間の放映時間が規制された。当時なら間違いなく流行語大賞を取ったであろう「狂乱物価」という造語も、デフレが長く続く現在からは、その実態を想像することも難しい。しかし、東日本大震災による福島原発事故のためにすべての原発が停止し、そのため火力発電所の電力増産が必要となったとき、私たちはあらためて中東の石油や天然ガスの有難さを実感した。中部電力の社長が急きょカタルに飛んで天然ガスの新規契約を結んだことなどもいまだに記憶に新しい。

石油など天然資源の次に中東が注目の的となったのは、安全保障政策との絡みであった。日本の安全保障政策の変更に大きな影響を与えてきたのは、「周辺事態」の有事が起きるかもしれない近海や、ベトナム戦争当時のインドシナ半島の情勢ではなかった。これらの日本に近いアジア地域ではなく、石油の輸送路となるペルシャ湾やホルムズ海峡といった中東地域であったことの意味は大きい。2015年に強行採決された安保法案の説明においても、「我が国の存立が脅かされ」る安全保障上の有事の事例として、当初はホルムズ海峡の閉鎖が例に挙げられた。

そもそも中東で戦争が起こる度に、自衛隊の派遣が議論され、また実際に中東の事態にコミットするレベルが上がっていった。イラン・イラク戦争がその末期に「タンカー戦争」へと激化した際が最初だった。この1987年に中曽根内閣は、ペルシャ湾の機雷処理のために海上自衛隊の派遣を検討したが、当時の後藤田官房長官の反対で実施は見送られた。そして実際にこの派遣が実現したのは、湾岸戦争後の1991年のことだった（ペルシャ湾掃海派遣部隊）。さらに2001年に9・11事件が起きた後でアフガニスタンに対し米英が報復攻撃（対テロ戦争）を行なうと、小泉内閣は「新テロ特措法」を制定し、インド洋に海上自衛隊を派遣してアメリカ海軍への給油活動を行なった。そして米英によるイラク攻撃（イラク戦争）の際には、アメリカから「ブーツ・オン・ザ・グラウンド」（陸上部隊の派遣）を迫られた。そこで「イラク特措法」が制定され、陸上自衛隊が2003年9月から2009年2月までイラク南部のサマーワに駐留した。

こうした一連の動きの中で大きな節目となったのが湾岸戦争への日本の対応をめぐる議論であった。同戦争に関わる費用の2割に当たる130億ドルが日本から交戦国に支払われたと言われる。ただし、これは「戦費」ではなく約9割が輸送関連経費に使われたというのが政府の公式見解である（参議院に提出された「湾岸平和基金」の財務報告によれば、約1兆5000億円が財政の経費削減と臨時特別国債の発行で賄われた）。しかし、クウェートの感謝広告に日本の名前が記載されなかったことが当時、問題とされ、自衛隊派遣に向けて世論が大きく誘導された。その意味で湾岸戦争は、日本の安保政策にとって大きな分岐点となった。湾岸戦争の翌年1992年に「PKO法（国際平和協力法）」が制定された。さらにPKO法は9・11事件後の2001年に改正され、国連平和維持軍への参加が可能になった。中東と関連するこの動きは、その後の2003年のイラク特措法、そして2015年の安保法制へとつながっていった（日本の安全保障と中東との関係に関しては、長沢栄治・栗田禎子編『中東と日本の針路――「安保法制」がもたらすもの』大月書店、2016年を参照）。

このように中東が安全保障問題との関係で重要な意味を持ってくる中で、日本人の人命にかかわる出来事も中東では起きた。観光客が交通事故などではなく、テロに巻き込まれて死亡するケースは中東が最初の事例となった。新婚旅行のカップル4組を含む10名の日本人が殺害されたエジプトのルクソール事件（1997年11月）である。最近では2015年3月にチュニジアのバルドー博物館乱射事件で2名が犠牲となった。また、2013年1月にはアルジェリア南東部のイナメナス（アイン・アミナース）の天然ガスプラントで日揮の技術者など10名の方々が人質となり、殺害された。この事件では自衛隊法の改正と邦人救出のための法整備の議論が起きた。

日本人の人質事件といえば、湾岸戦争時にはクウェートの在留邦人の一部が「人間の盾」として拘束されたほか、イラク戦争では2003年と04年に連続して人質事件が起きて、何名かの方の殺害に発展した。このとき香田証生さんという若者を殺害した一派が、その後IS（「イスラーム国」を名乗る過激派集団）に発展し、2015年1月の日本人人質殺害事件を起こしたことを忘れてはならない。

拡大するイスラームと日本

以上の「石油」と「安全保障」に続いて、中東との関係で三番目に重要なテーマとなってきたのが「イスラーム」である。一昔前に「中東を代表する偉人は誰でしょう」と訊けば、エジプトのナセル大統領だという答えが返ってきたのではないかと思う。ナセルは1956年のスエズ戦争で世界の脚光を浴びたアラブの偉丈夫であり、第三世界の民族解放の英雄であった。当時のナセル人気は日本でもかなり高かった。しかし、その後の中東において、強烈な個性を持つカリスマ的人物として登場して、強烈な印象を与えたのは、イラン・イスラーム革命（1979年）の指導者、アヤトッラー・ホメイニー師であろう。決して妥協を許さないという雰囲気を持つホメイニー師の厳めしい顔の写真は、今でも高校の世界史教科書に載っている。

イラン革命は、宗教が社会や政治において持つ意味を日本人に考えさせる大きなチャンスとなった。イスラームとは、過ぎ去った昔の影の薄い宗教ではなく、まさに生きている宗教として大きな力を持っている。他方、日本といえば、神道のお社《やしろ》で初詣、お盆はお寺で墓参り、結婚式ではキリスト教式で愛を誓い、クリスマスどころか最近はハロウィーンまで楽しむのが流行になりつつある。こうした宗教習俗の混在する風景は、世界的に例外的だということをあまり私たちは理解していない。このような日本社会に対して強烈な衝撃を与えたのがホメイニー師であった。またその後しばらくして2001年の同時多発テロ事件（9・11事件）が起きると、アルカーイダの指導者、オサーマ・ビンラーディンの鮮烈なイメージが私たちの脳裏に焼き付けられることとなった。

最近の相次ぐテロ事件の報道が続く中、イスラームといえばつい身構えてしまう人がいたら残念である。良識ある多くの人は、節度を持って冷静に対応していることを期待したい。しかしそれにしても、どうしてイスラームと暴力が結びついて語られるのか。こうした問題に対して私たちは、欧米側にもまたイスラーム側にも偏らない客観的な視点を持つ必要がある。

このようにイスラームと冷静かつ真剣に向き合う必要があるのは、イスラームがはるか離れた遠い中東だけで留まっている存在ではなく、たえず拡大しながら私たちのすぐ身近まで迫っているからである。世界のイスラーム教徒（ムスリム）の人口は、2010年で16億人（全世界人口69億人の23・2％）

であった。これが2030年には22億人（同83億人：26・4％）、2050年には28億人（同93億人：29・7％）となるという予測がある（http://www.pewforum.org/2015/04/02/religious-projections-2010-2050/. ムスリム人口はアジアが最大の52％で半分以上。中東は24％で約4分の1）。すなわち、現在の全世界人口の4分の1程度から、3分の1、3人に1人はムスリムとなるという。

こうした増大する世界のムスリム人口の流れの中で、日本におけるイスラームのプレゼンス、「滞日ムスリム人口」も急速に増加している。「滞日ムスリム人口」とは、日本で暮らす外国人・日本人ムスリムの人口の合計のことであるが、1960年代末の1500人程度から1980年代半ばには8000人、2010年末の推計で11万人（うち日本人1万人）へと急増した（店田廣文『日本のモスク——滞日ムスリムの社会活動』山川出版社、2015年）。

私たちのすぐ近くでムスリムの人たちは暮らしているし、その数は増えつつある。

遠くて分からない中東

以上をまとめてみると、日本と中東とは「石油」「安全保障」「イスラーム」といった多面的な側面で結びついているということになる。石油だけでつながっている時代はすでに終わっている。中東と日本は、私たちが実際に感じる以上にますます近くなり、深く結びつきつつある。また中東との関係が多面的になっているということは、まさにグローバル化の進行の現れである。こうして中東について石油や経済だけではなく知っておかないといけない知識が増えてきた。安全保障についていえば、中東の平和と安定を考えることは、私たちの日常の暮らしに直結している。また、私たちにとって

「不得意科目」である宗教、イスラームについても、最初から分からないと決めつけたり、また何か怖そうだと身構えたりするのではなく、同じ人間同士だという付き合いから始め、互いに分かり合える「共感力」を養うことを心がけたい。

しかし、そうはいっても中東に対しては越えがたい心理的距離があると感ずる人は多い。なぜなら日本の外国に対する知識といえば、明治以来、相変わらず欧米中心で、知的関心に偏りが見られるからだ。また、欧米以外の地域といっても、中国や韓国、東南アジアといった周囲のアジア地域ではなく、中東といわれると、その向こうに広がるぼんやりとした縁遠い地域というイメージが抜けきれない。サッカー・ファンならワールドカップ予選の試合でようやく相手チームの中東の国の名前や地図での位置を確認するくらいがやっとであろう。

もっともこれはお互いさまである。先方の中東の国々の人たちも世界地図の中に日本の位置を正確に書けるかというと、かなり怪しい場合が多い。しかし、この状況も日本同様に変わってきている。日本への関心も強まってきており、中東の人たちと接する機会はこれからますます増えていくだろう。それでは、世界の中で生きていく日本は、中東とこれからどのように関わっていけばいいのか。石油や天然ガスだけを安定的に供給してもらえばそれでいいのか。内戦や紛争で苦しむ中東の人々のために何か日本でしかできないことはないのか。でも積極的に関わろうとする場合、どうも欧米側からの見方と、この地域の人々の考え方との間には大きな違いがあるようだ。こうした異なった様々な考え方にも配慮した客観的なものの見方はできるのだろうか。

私たちは中東で起きていることをどのように理解したらいいのか。中東で現在、起きている変化は、

「アラブの春」が始まったと思ったら、あっという間に内戦が始まって、大量の難民が発生するなど動きが速すぎでよく分からない。さらには、ＩＳをめぐる問題など新聞のニュース解説などを読んでもあまりにも事態が複雑すぎてよく分からない。しかし、中東で起きている変化が日本にも大きな影響を与えるようで何か不安である。以上に述べた「中東は分からない」から生まれる「素朴な疑問」に対して、しっかりした枠組みと正確な事実を示すことで答えようとするのが本書の目的である。

本書は、総論の第Ⅰ部「中東を読み解く三つの鍵」と各論の第Ⅱ部「各国／地域の現状と分析」の二つの部から構成される。最初の総論では、現代の中東をどのように理解すべきかについてテーマ別に論ずる。第1章では政治史を中心にした近代中東の歴史的な把握について、第2章では中東の国際政治の構造的な理解について、そして第3章では政治変動の背景となる経済の問題について、それぞれ概説する。

第Ⅱ部では、六つの国／地域について、最近の状況を中心にその動態を論ずる。第1章では２０１１年革命後のエジプト、第2章ではパレスチナとイスラエルで結ばれたオスロ合意の世界史的な位置づけ、第3章ではシリア内戦の混迷する状況、第4章ではイラク戦争後に再建されたイラク国家の危機、第5章ではイラン革命後のイスラーム共和国の体制と変化の行方、そして第6章ではトルコ政治に画期的な変化をもたらした公正発展党（ＡＫＰ）をめぐる問題を論ずる。以上に加えて、各章に関連するトピックに関するコラムも掲載した。

本書が、複雑すぎてよく分からないと言われることが多い中東の現状と歴史について、読者の理解の助けとなることを期待する。

長沢　栄治

現代中東を読み解く——アラブ革命後の政治秩序とイスラーム◉目　次

黒 海
カスピ海
トルコ
シリア
レバノン
パレスチナ
イラク
イラン
アフガニスタン
ヨルダン
クウェート
ジプト
バハレーン
カタル
サウジアラビア
紅海
オマーン
アラブ首長国連邦
スーダン
イエメン
アラビア海

◉中東地域地図

第I部　中東を読み解く三つの鍵

第1章

中東近代史のもう一つの見方
――アラブ革命の5年間を振り返って

長沢　栄治

アラブ革命は暗転した。民衆の革命を潰したのは、域外からの介入・旧体制エリートの反撃・イスラーム運動の挑戦であった。これら三つの動きが絡み合う中で、中東の「国のかたち」は決められてきたのである。

1　アラブ革命の5年間

(1) 希望の革命から混迷へ

アラブ革命が始まって5年の歳月が流れた。チュニスのブルギバ通りやカイロのタハリール広場に集まった群衆の興奮と熱気は、今や遠い過去の話のようにも見える。市民たちが素手で立ち上がった非暴力の運動は、2011年の1月と2月、二つの国の長期独裁政権を相次いで打倒した。チュニジアのベン・アリー政権（1987年より23年）とエジプトのムバーラク政権（1981年より29年）である。チュニジアの運動は、ある青年の絶望的行動がきっかけであった。2010年12月、屋台で青果商を営んでいた青年ムハンマド・ブーアズィーズィー君が、警官の横暴に対して行なった抗議の焼身自殺である。エジプトの場合は、革命が始まる半年前の2010年6月、警察の不正を暴いたために虐殺されたアレキサンドリアの青年、ハーレド・サイード君の無念を晴らそうと人々の気持ちがまとまった。「僕らはみんなハーレド・サイード」というフェイスブックの運動である。これら二つの国での政変は、他のアラブ諸国の民衆を奮い立たせた。長期政権や支配一族の専制に反対する人々が街頭に出てデモを行なった。

他方、民衆の運動が容赦ない暴力で弾圧された国もあり、その結果、とくにリビアやシリアでは平和な非暴力の抗議運動が武装闘争に変わった。さらに決定的であったのは、「民主化支援」を口実にした外国からの軍事介入や、武装組織への軍事支援がなされたことである。そのため激しい内戦となり、さらに多くの犠牲者を出した。こうした内戦の中で、過激なジハード主義者が勢いを増し、またスンナ派とシーア派の対立を煽り、少数宗派を差別・抑圧する宗派主義が勢いを増した。一時期、革命に成功したかに見えたエジプトでは、選挙で政権を獲得したムスリム同胞団が2回目の革命（民衆蜂起と軍事クーデター）で打倒されるという事態も起きた。このようにアラブ革命は、当初の輝きをまたたく間に失い暗転した。革命という激しい変動によって、いったい何が変わったのであろう。

（2）アラブ革命による変化の総括

このアラブ革命の展開と成果を手際よく明解に分析しているのが、松本弘『中東諸国の民主化――2011年政変の課題』である。2015年春の段階において、「民主化」の進展という視点から各国の変化を客観的な基準で総括している。表1は同氏の分析をその後の変化などを加え、若干変更して示したものである。変化を見るポイントは、①「反政府デモ」、②「政権交代」、③「憲法改正」、④「議会選挙の実施」、⑤「内戦」、⑥「外国の軍事介入」である。松本氏はこれらの6点に関して、共和制6国家、王制・首長制7国家の事例を比較している。簡単に述べれば、以下のようにまとめられる。

①現政権に対する抗議の「デモ」は、規模の大小はあれ、一部の国を例外にしてほとんどの国で起きた。大規模なデモ（○）は、チュニジア・エジプト・バハレーンなどで、小規模なデモ（△）は、サウジアラビアなどで地域限定的に起きた。平穏な例外の国（×）は、石油・天然ガス資源が豊富で人口の少ないＵＡＥ（アラブ首長国連邦）とカタルだけであった。

②「政権交代」のあった国は、チュニジアとエジプトだけであった（○）。２０１５年末の段階でイエメンは中途半端な政権交代をした後に内戦状態に陥り、リビアは内戦の終結後も武装勢力の地域割拠がつづき、ようやく統一政権への糸口が見え始めたかどうかというところである（△）。

③「憲法改正」は、共和制国家ではチュニジアとエジプトで新憲法が、また王制の国ではモロッコとオマーンで比較的大きな改正がなされた（○）。他の国でなされた改正は政治改革をアピールする性格を持つ部分的なものだった（△）。筆者の友人のアラブ人歴史家によると、アラブ世界で憲法が本当に適用されている国は一つもないという話だ。しかし「国のかたち」を示す理念が変わるだけでも大きな意義がある。

表1　アラブ革命の展開と結果（2015年12月段階）

国名	反政府デモ	政権交代	憲法改正	選挙実施	内戦	外国軍介入
チュニジア	○	○	○	○	×	×
エジプト	○	○	○	○	×	×
イエメン	○	△	△	○	○	○
リビア	○	△	△	○	○	○
シリア	○	×	△	△	○	○
アルジェリア	○	×	×	○	×	×
ヨルダン	○	×	△	○	×	×
モロッコ	○	△	○	○	×	×
バハレーン	○	×	△	△	×	○
サウジアラビア	△	×	×	×	×	×
オマーン	△	×	○	○	×	×
カタル	×	×	×	×	×	×
ＵＡＥ ※	×	×	×	×	×	×

※UAE：アラブ首長国連邦（アブダビ・ドバイなど7首長国から構成）

注）下線のない国は共和制国家、下線の国は非産油国の王制国家、二重下線の国は産油国の王制国家。サウジアラビア・カタル・ＵＡＥには立法権を持つ国会は存在しない。サウジアラビアは憲法を持たない。

出所：松本弘『中東諸国の民主化――2011年政変の課題』（イスラームを知る23：山川出版社、2015年）21頁「表1」を参考に筆者修正加工。

④「選挙の実施」は、湾岸産油国の一部を除いてほとんどの国でなされた。×印のサウジアラビア・カタル・ＵＡＥには立法権を持つ国会は存在しない。チュニジアとエジプトのそれぞれ2回の選挙は、この2か国の革命の方向を決定づけた。

⑤政権交代に至らず、リビア、シリア、イエメンの3か国では「内戦」に陥った。

⑥以上のうちリビアとシリアの「内戦」は「外国軍の介入」によって激化した。これに対しイエメンの「内戦」とバハレーンの反政府運動に対しては、それぞれ近隣の湾岸産油国が空爆や治安部隊による介入を行なった。

以上から今回のアラブ革命では、多くの国で政権交代がなされ新憲法ができるといった地滑り的な政治変化、地域全体の民主化は見られなかった、というのが松本氏の結論である。「ラテンアメリカや東欧の民主化事例と比して、地域全体としての政治変化は小さかった」のであるが、ただし「共和制国のほうがより大きな政治変革を実施し、王制国家では政治変化が小さかった」点は指摘できるという（松本、前掲書、31頁）。たしかに激しい動きの中で、共和制の国々と王制・首長制の国々の間、あるいはそれぞれの中でも革命は異なった展開を示した。以下では共和制国家と王制国家に分けて、それらの展開を簡単にまとめてみよう。

（3）共和制諸国の明暗

政権交代と新憲法の制定によって曲りなりにも新体制づくりができたのは、アラブ革命を先導したチュニジアとエジプトだけであった。これら2か国において変革の努力が、外からの介入をほとんど受けることなく、いわば自前でなされた点は評価されていい。エジプトでは、共和体制下で初めての自由選挙が2011年12月~12年1月になされ、同じくチュニジアでも2011年10月に制憲議会選挙が実施された。注目されるのは、最初の選挙でイスラーム主義政党がいずれも第一党の座を占めたことである。エジプトではムスリム同胞団の自由公正党が、チュニジアではリベラルなイスラーム主義思想家として知られるガンヌーシー率いるナフダ（覚醒）党が勝利をおさめた。ただし、両国のその後の政治の展開は違った。

選挙に勝利し勢いに乗ったエジプトのムスリム同胞団政権は、リベラル・世俗派の反対を押し切ってイスラーム色の濃い憲法（２０１２年憲法）を制定した。多くの国民は、こうした強権的な政治手法に加えて、経済政策の失敗に対しても不満を募らせ、ついに２０１３年夏に２回目の革命を起こした。この同胞団政権を打倒した革命（民衆蜂起と軍事クーデター）は「６月30日革命」と呼ばれている。結局のところ、エジプトの場合、この革命も、最初の２０１１年の「１月25日革命」も軍によって管理された「革命」だった。また、ムスリム同胞団の躍進と凋落は、このイスラーム主義運動の限界と同時に、反撃に成功した軍や司法権力など旧権力のしぶとさを示した〈第Ⅱ部第１章を参照〉。

チュニジアの場合、最初の選挙の後、イスラーム主義勢力とリベラル・世俗勢力が対立して新憲法の制定が長引いた。さらに野党の指導者の暗殺事件も連続して起きて、新体制づくりが危機に陥った。しかし、市民団体や労働組合が仲介して妥協が成立し、２０１４年１月のイスラーム色の薄いリベラルな新憲法の制定にこぎつけた。この妥協は、前年のエジプトの政変の教訓を学んだものであった。憲法制定後の初の選挙（２０１４年10月）においては、リベラル・世俗派連合（「チュニジアの呼びかけ」）が勝利した。

その結果もあって、２０１５年のノーベル平和賞は、前年のイスラーム主義者とリベラル・世俗派の妥協を成立させた「国民対話カルテット」（労働総同盟・経営者団体の産業商業手工業者連合・人権擁護連盟・全国弁護士会）に送られた。受賞の背景には、チュニジアの「市民社会」の成熟への「国際社会」の高い評価がある。しかし、同年の３月にはチュニスのバルドー国立博物館で、６月に保養地スースで外国人観光客を狙ったテロが連続して起きた。またチュニジアはＩＳの戦闘員に加わる参加者が多いことでも知られている。アラブ革命の「唯一の成功例」として評価されるチュニジアだが、他のアラブ・中東地域と同様に社会が抱える闇は深い。

（4）革命の暗転

このエジプトとチュニジアの事例に対して、他の共和制国家のリビア・シリア・イエメンの3か国では、内戦や外国の軍事介入のために混乱状況が続き、新しい体制づくりの展望も見えていない。リビアの革命では、カダフィー政権による苛烈な弾圧に対抗して、早くから抵抗運動が武装闘争に発展した。あらゆる「路地」（ズィンガ）まで「ネズミども」を探すといった独裁者の脅し文句は、人々を怯えさせるどころか、逆に挑発した。この民衆の武装抵抗に対して、NATO（北大西洋条約機構）軍とカタルなどGCC（湾岸協力会議）が空爆や武器支援などの介入を行なった。この軍事介入は、「人道的介入」論をさらに進めた「保護する責任」論（主権国家が自国民を保護できない場合には「国際社会」が保護する責任がある）によって正当化された。

その結果、リビア内戦では、イラク戦争を上回る規模の空爆と武器供給が行なわれた。リビア内戦の死者は2万〜3万人、難民40万人が生まれたという。しかし、内戦終結後も、地域対立やイスラーム過激勢力の跋扈によって体制づくりは進まなかった。旧政権側に近かったイスラーム主義者を含め、サラフ主義（イスラーム厳格派）の武装組織が各地に蟠踞し、国家分裂の危機の状態が続いている。

シリア内戦は、はるかにリビア内戦を上回り、おそらく今後、21世紀前半で起きた最大の人道的問題として語られるであろう。しかも、その解決の見通しは現在、まったく立っていない。シリアの悲劇は、抗議運動が始まって間もない2011年4月、南部のダラア市で反政府の落書きをした少年ハムザ・ハティーブ君（13歳）が拷問を受け殺された頃から始まった。その後9月になって、鎮圧部隊の兵士に花を贈るという勇気ある行為で平和主義を訴えていたギヤース・マタル君（26歳）が殺害された。「小さなガンジー」と呼ばれた彼は、チュニジアのブーズィーズィー君、エジプトのハーレド・サイード君とほぼ同じ年齢の青年であった。チュニジアやエジプトで若者たちが叫んだのと同じ「平和主義（スィルミーヤ）」の声は、シリアでは政府の苛烈な弾圧と外国勢力の介入による内戦の激化によってかき消されていった。

欧米、サウジアラビア・カタルなどの湾岸産油国、そしてトルコは、アサド政権打倒を目指す武装勢力を支援した。かつての内戦期のアフガニスタン、米英侵攻後のイラクに続いて、シリアにも周囲のアラブ諸国などからジハード主義者が多く流入した。内戦当初の反体制シリア人を主体にした「自由シリア軍」だけではなく、アルカーイダ系のヌスラ戦線などが入り乱れて組織を拡大し、加えてISが急速に台頭してきた。

他方、アサド政権を最初から支援したのは、イランとヒズブッラーであり、さらにロシアも加わった。ロシアの肩入れは、リビアでNATOの介入を黙認したことを反省したからである。ロシアの中東への介入は、ソ連時代のアフガニスタン侵攻とイラク・イラン戦争時のサッダーム政権支援以来のことだった。さらに最近は、イスラエルがヌスラ戦線を支援し、ヒズブッラーを攻撃するなどの動きもある。一方、ISについては、湾岸産油国の同調者からの支援やトルコやイスラエルとの関係を疑う声も聞かれる。こうしてアサド政権、反アサド武装勢力、そしてISという三つの陣営を支援し、また相互に敵対する関係も入り乱れた状況となっている〈第Ⅱ部第3章を参照〉。

なんとも複雑な合従連衡の相関図である。これでは内戦は終わらないのではないかと思うのは当然だろう。しかし、こうした複雑な関係図に惑わされずに、問題の本質を単純につかまえる必要がある。そうしないと問題を複雑化させている側の術中に陥ってしまうからだ。シリア内戦をめぐる複雑きわまりない状況は、アラブ革命が暗転した結果として起きた。いいかえれば革命を潰したいくつかの動きの相互作用として現在の状況がある。すなわち革命を暗転させたのは、外からの介入、既存の権力集団の生き残りのあがき、そして下からのイスラーム主義の挑戦という三つの動きであった。これらの動きについては、次の第2節で歴史的に説明することにしよう。

(5) 王国のサバイバル

世界の他の地域と比べて、アラブには王制・首長制の国が多い。今から70年前、これらのアラブの王国を共和制革命の大波が襲ったことがある。ナセル率いる自由将校団のエジプト革命(1952年)によるムハンマド・アリー朝の打倒がきっかけだった。その影響によって、イラク(1958年)、北イエメン(1962年)、リビア(1969年)という国々では革命によって王制が打倒されたが、他の王制国家は生き残った。当時のアラブ革命に対抗して、サウジアラビアの名君ファイサル国王の改革などがなされたからである。今回も現在のところ、アラブの王制国家は、革命の波を乗り切ったといってよいだろう。

アラブの王国はサウジなど湾岸の産油国と、ヨルダンとモロッコの非産油国に分けることができる。前者のお金持ち国家は、治安の強化などで体制の引き締めをする「鞭」の一方で、国民1人ずつへの臨時給付金や、公務員や警官への特別昇給、その他さまざまな財政援助を行なう「飴」の手段を使った。いわば「革命の買収」である。

他方、このような湾岸産油国の対応の中で例外的だったのが、オマーンの積極的な政治改革である。オマーンの抗議デモは散発的ではあったがスルタンは機敏に対応し、立法権を持つ国会の創設によって上からの改革の道筋を示した。また、非産油国のモロッコは、国王による首相の任命制を廃止し、また少数民族ベルベル人のアマジグ語（第Ⅱ部コラム1の写真を参照）を公用語とするなどの大胆な憲法改正を行ない、反対運動を抑え込むのに成功した。いずれも上からの改革で革命に対応した事例である。他の国もいずれ同様の「立憲王制改革」の道を歩まざるをえないだろう。

さて、今回のアラブ革命に対しては、GCCを組織する湾岸産油国の他国に対する積極的な介入の姿勢が目立った。GCCの中の「弱い輪」であるバハレーンで反政府運動が起こると、サウジやUAEなどが共同で治安部隊「湾岸の盾」を派遣して鎮圧した。バハレーンはアラビア半島で最初に石油が発見された国だが、石油収入の先細りが懸念されている上に、スンナ派の支配一族に対し、国民の多数を占めるシーア派住民からの不満がたまっていた。治安部隊の派遣は、シーア派の運動をイランが操っているという名目で正当化された。

GCCは続くリビアの内戦では、カタルがミラージュ機を飛ばすなどNATOとともに軍事介入した。そして前述のようにシリアでは、イランが支援する政権を打倒するために、スンナ派の反政府武装勢力を支援した。また、同じアラビア半島にあるがGCCには加盟していないイエメンでの革命に対しては、長期政権のサーレハ大統領を訴追免除という条件で退陣させる調停工作で、事態を鎮静化させた。その結果、革命の進行は中途半端なまま終わった。しかしその後、北部の反サウジ勢力のホーシー派が台頭すると、イランが関与したシーア派勢力であるとこれを警戒し、サウジが「アラブ諸国軍」を結成して軍事介入した。以上のうちバハレーン、シリア、イエメンへの軍事介入・支援は、いずれもシーア派イランの勢力拡大に対するスンナ派の対抗措置だとして正当化された。

実際の日常生活においては両派の人たちが平和に暮らしてきたのに、こうした宗派対立が作りだされるのは、域内大国のイランとサウジアラビアの対立が背景にある。また、このような対立が生まれるのは、次の第2節で述べるように、両国とも特定の宗教イデオロギーに基礎をおいた「国のかたち」の作り方がよく似ているからでもある。さらに言えば、アラブ革命の暗転とともに強まった宗派主義の基本的背景は、イラク戦争に求められる。イラク戦争の戦後統治の失敗が作りだした宗派対立の憎悪の中から、シーア派や少数宗派を敵視するISが台頭してきたのである〈第Ⅱ部第4章を参照〉。

さて、ほとんどデモもなく一見すると安定している湾岸産油国にとって、実は体制変革の潜在的な脅威は、過激なイスラーム武装勢力ではなく、エジプトのムスリム同胞団のように議会主義によって政権獲得を目指す穏健なイスラーム主義組織であった。このことも今回の革命で分かったことである。エジプトで革命が起きて、ムスリム同胞団が議会選挙で勝利をおさめた頃から、UAEなどで同胞団系の活動家に対する取り締まりが強化された。そして2013年にエジプトの同胞団政権が崩壊すると、サウジやUAEなどはすぐさま新政権の支援を発表した。

以上に述べてきたように、GCCに結集する湾岸産油国は、域内・域外の革命の動きを潰すのに積極的な関与をしてきたといえるだろう。またエジプトの軍事政権は、湾岸産油国の支援をもとに、同胞団を排除しつつ、革命の幕引きに成功しつつある。「民主化支援」の名目で軍事介入して内戦を激化させた欧米も同様に革命潰しに関与したといえよう。そして、イスラーム主義勢力は、この革命の荒波の中で、穏健派・過激派それぞれに異なった行動の軌跡をたどった。穏健派の場合、リベラル・世俗派と妥協したチュニジアのナフダ党に対して、エジプトのムスリム同胞団は拙い政権運営で自らの墓穴を掘った。ムスリム同胞団政権の崩壊と、ＩＳの台頭が同じ時期に起きたことは、イスラーム主義運動の歴史において重要な意味を持つことになろう。議会政治を通じたイスラーム国家の理想を実現する道はいまだ遠く、他方で革命の激動はサラフ主義者など頑迷な原理主義勢力の台頭を招いた。

これまでの経緯を総括すると以下のようになろう。アラブ革命を潰したのは、軍エリートや産油国王制など旧体制勢力のしぶとさであり、混乱に乗じたイスラーム運動の台頭であり、また相変わらずの域外からの介入であった。すでに指摘したこれら三つの動きが次の第２節のテーマとなる。

2　中東の歴史を読み直す――「国のかたち」をつくってきた三つの動き

⑴「アラブの春」論の問題性

２０１０年末のチュニジアに始まり、翌11年1月にエジプトに飛び火して、大きなうねりとなって広がったアラブの民衆運動は、「アラブの春」と呼ばれることが多い。欧米のメディアがつけたこの名前は、アラビア語にも訳され、アラブのメディアでも使われている。

一方、この「アラブの春」という言葉に反発する人も多い。実際に起きた現象は「春」などという季節的なメタファーで語られる単純なものではない、というわけだ。たしかにこの民衆運動の背景や要因は複雑であり、人々が叫んだ「自由」「公正」「尊厳」「パン」といったスローガンには、さまざまな集団からの実に多様な要求や願いが含まれていた。

また問題なのは、「アラブの春」という言葉の裏には、民主化の波に遅れてきたこの地域にもようやく「春」が訪れた、という見方が隠されていることだ。つまり、この言葉には欧米を中心にした「国際社会」側の「上から目線」が明らかに感じられる。今回の変動を民主化という絶対的な基準、一つの物差しでしか測らないという姿勢である。その結果、議論は権威主義体制から民主主義への移行プロセスをどのように評価するか、ということだけに限定されてしまう。

さて、「移行」というなら、自由な市場経済体制への移行も、この政治的な自由化のプロセスと結びつく形で議論になってきた。しかし、チュニジアとエジプトで起きた運動には、新自由主義的な経済政策に対する反発が明らかに見られた。これら2か国は、IMF（国際通貨基金）や世界銀行が提唱する自由化経済改革の「優等生」だったからだ。

「アラブの春」という言葉が示す「自由な社会」への「移行」という単純な議論では理解できない現象が起きているのが、現在の事態である。たとえば、ISの台頭とエジプトにおけるムスリム同胞団政権の崩壊というほぼ同時に起きた現象を全体としてどのように理解できるのか。

さらに問題なのは、この「アラブの春」という言葉遣いに見られる「民主的移行」に議論を限定させる考え方が、中東の民主化支援という欧米の対中東政策と結びついていることだ。この政策には、イラク攻撃で見られたように、軍事力によって独裁政権の圧制の樹を切り倒せば、その切株から自然に民主主義が育ってくるという安易な発想が見られる。民主化支援を名目にした軍事介入・軍事支援は、「アラブの春」においてもリビアとシリアで繰り返された。そうした域外からの介入の積み重ねの結果が現在の事態を招いたのである。

（2）近代アラブにおけるサウラの歴史

欧米のメディアが「春」という言葉を使うのに対して、アラブの人々は、当初からこの民衆運動を「サウラ」と呼んできた。アラビア語のサウラ（thawra）には、「蜂起」と「革命」という二つの意味がある。近代のアラブの諸地域では、サウラと呼ばれる運動が数多く起きた。その全体の流れを見るとサウラは蜂起や反乱という意味から、体制変革を意味する革命を表す言葉へとしだいに変わってきたように見える。ただし注意したいのは、依然として二重の意味でも使われていることで、今回も「サウラ（蜂起）は起こったが、サウラ（革命）は終わっていない」というような表現が見られた。それではアラブの人々は、何を求めてサウラを起こし、それはどのような歴史を作ってきたのか。

近代アラブのサウラの歴史を振り返るならば、そこには二つのアラブ革命《サウラ》の時代があった。この二つの時代は、アラブのそれぞれの地域で「国のかたち」を作り変える画期となった。

第一のアラブ革命《サウラ》の時代は、第一次世界大戦から１９２０年代にかけての時期である。第一次大戦中、フサイン＝マクマホン協定の約束を信じてオスマン帝国の支配に反抗した「アラブの反乱（サウラ）」がその始まりであった。その後、大戦が終わると、イギリスからの独立を求める１９１９年革命がエジプトで勃発した。都市と農村部双方で起きたこの全国的な蜂起は、当時の世界で最大級の民衆運動であった。また、それに続いてサイクス＝ピコ協定の密約を背景に戦後作られた英仏の委任統治体制に対して、イラクとシリアでサウラが起きた。イラク南部大反乱（1920年）とシリアのドルーズ反乱（1925年）である。また、北アフリカでは、モロッコでリーフ共和国の反乱（1920〜26年）が起き、リビアでは「砂漠のライオン」オマル・ムフタールがイタリア占領軍に対する反乱（サヌーシー教団のネットワークを利用）を率いた時期があった（1911〜31年）。

これらの植民地支配に対するサウラは、いずれも列強の圧倒的な武力によって鎮圧された。しかし、この反乱を通じて、それぞれの地域で領域国家の枠組みが固定化された点は重要である。こうして一群の主権国家体制が形成される基礎が作られた。この国家体制は、中東諸国家体制、あるいはアラブ国家システムなどと呼ばれている。そして、反乱（サウラ）の記憶は、後の時代にそれぞれの国で国民国家の「建国神話」として利用されることになった。しかし、これらのアラブの反乱の中で、パレスチナのアラブ住民による抵抗運動（とくにパレスチナ・アラブ大反乱、1936〜39年）は、主権国家の枠組みを作りだすことはできなかった。むしろ逆に反乱の挫折は、民族統一指導部の解体によって、多数の元住民が故郷の町や村を追われて難民化する「ナクバ」（大災厄、1948年5月）を導くことになった〈第Ⅱ部第2章を参照〉。

（3）第二のアラブ革命の時代

第二のアラブ革命《サウラ》の時代は、1950年代から60年代にかけての時期である。この時期のサウラは、第二次大戦後のアジア・アフリカを席巻した民族解放運動と同時代の運動であった。すでに述べたように、この第二のアラブ革命は、共和制革命による体制変革という「革命的」な性格を持っていた。エジプト革命（1952年）を率いたナセルは、スエズ戦争（1956年）に政治的に勝利し、一時期はエジプト・シリア国家合同（1958〜61年）に成功するなど、「アラブ統一の夢」、アラブ民族主義の旗を高く掲げた。これにイラク革命（1958年）、イエメン革命（1962年）、アルジェリア独立革命（1962年）、リビア革命（1969年）が続いた。

ただし、これらのサウラでは多くの場合、大衆暴動や軍事クーデター、さらには宗派対立や少数民族をめぐる武闘といった暴力的側面を伴っていた。こうした激しく血なまぐさい闘争の結果としてできたのが、軍部エリート（エジプト、スーダン、アルジェリアなど）やバアス党（シリアやイラクのアラブ民族主義政党）などの特権政党幹部が支配する全体主義的な統治体制であった。最近起きたサウラは、この抑圧体制に対して根本的な変革を求めたものである。

ただし、このような体制が形成された背景には、当時の冷戦という厳しい国際関係があった点も考慮しなければならない。加えて「パレスチナの解放」「アラブの統一」が専制政治の正当化に使われるというように、イスラエル建国以後のパレスチナ問題の深刻化という状況が背景にあった。

また、この「第二のアラブ革命」の結果として成立した体制は、アラブ社会主義と呼ばれる独特の性格を持つ経済システムを作りだした。この民族主義的な社会主義の体制の下では、国家が開発の主体となり、政治的自由の制限と引き換えに国民へのサービスや分配が保障された。しかし、「開発独裁」ではなく「開発なき独裁」というべきこの体制は、すぐに矛盾を露呈した。その改革のためにこれまで経済の門戸開放（インフィターハ）政策や構造調整政策などを通じた中途半端な試みがなされてきた。この経済システムの根本的な改革もまた今回のサウラの重要な課題となっている。

第二のアラブ革命は、このようにその後に多くの課題を残したが、アラブの国それぞれが「国民国家」として成熟するプロセスに大きな影響を与えた。この国民国家の成熟という点では、ナセルのエジプト革命に対抗して、同時代のアラブの王制国家が行なった上からの改革も同じ歴史的な役割を持っていた。サウジアラビアのファイサル国王による近代化政策はその代表である。

(4)「国のかたち」を変えた三つの動き

以上の二つのアラブ革命の時代は、「国のかたち」が大きく変わった時代であった。しかし、これらの時代を振り返っていえるのは、民衆の蜂起（サウラ）そのものが「国のかたち」が変わるのに決定的な影響を及ぼしたわけではないことである。これまで起きた多くのアラブの革命は潰され、裏切られ、その進む道をねじ曲げられてきた。むしろ「国のかたち」に大きな影響を及ぼしたのは、革命を潰してきたさまざまな反動・反革命の動きの方であった。

今回の歴史上3回目となるアラブ革命もまた、歪みが進んだ国民国家の「かたち」の変革を目指すものだった。そして、この変革に抵抗する多くの反動・反革命の動きをともなっていた。重要なのは、こうした革命と反革命の激しい動きを通じて、歴史の隠れた構造が明らかになってきたことである。

今回のエジプト革命の場合、軍の行動から国民が思い知らされたのはエジプトという国の本当の支配者は誰かということだった。ムスリム同胞団の実力不足は、現実の政権運営において露呈した。リベラル・世俗勢力は、かつてナセルの独裁に服従したのと同様に、今回の2013年夏の政変後もまた軍に依存するという弱さをさらけ出した〈第Ⅱ部第1章を参照〉。

革命を潰してきた勢力や構造は何か。このことが今回のアラブ革命のこれまでの展開から明らかになった。前節の最後で述べたように、若者や市民による革命を潰してきたのは、第一に「相変わらずの列強による介入」であり、第二に「軍エリートや産油国王制など旧体制勢力のしぶとさ」であり、第三に「混乱に乗じたイスラーム運動の台頭」であった。これらの三つの動きが互いに対抗し、連携しあうことによって革命を潰してきたのである。

そしてこれらの三つの動きこそが、以下で見るように近代の歴史の中で、アラブ地域のみならず、中東全体において「国のかたち」を作るプロセスに大きな影響を与えてきた。この三つの動きをより一般的な言葉で言いかえると、第一は「域外からの介入」、第二は「国家エリートによる上からの改革」、そして第三は「土着的な（イスラーム的）秩序を作ろうとする下からの動き」である。

第一の「域外からの介入」としては、イギリスとフランスのサイクス＝ピコ協定による旧オスマン領東アラブの分割が分かりやすい。このように国境が列強の手で恣意的に引かれてしまうという点では、アフリカの植民地分割とまったく同じである。しかし、このような植民地主義的な分割の策謀が21世紀の現在においてもまだ続いている点が大きく異なる。最近でも、イラク戦争やシリア内戦などに際して宗派別・民族別の国境線の引き直しなどが西側の論者の間で勝手に議論された。図1は、イラク戦争後に発表された「中東再分割地図」である。

2001年の9・11事件の際にも、実行犯にサウジ人が多かったことから、アメリカのネオコンの

図1　中東再分割地図

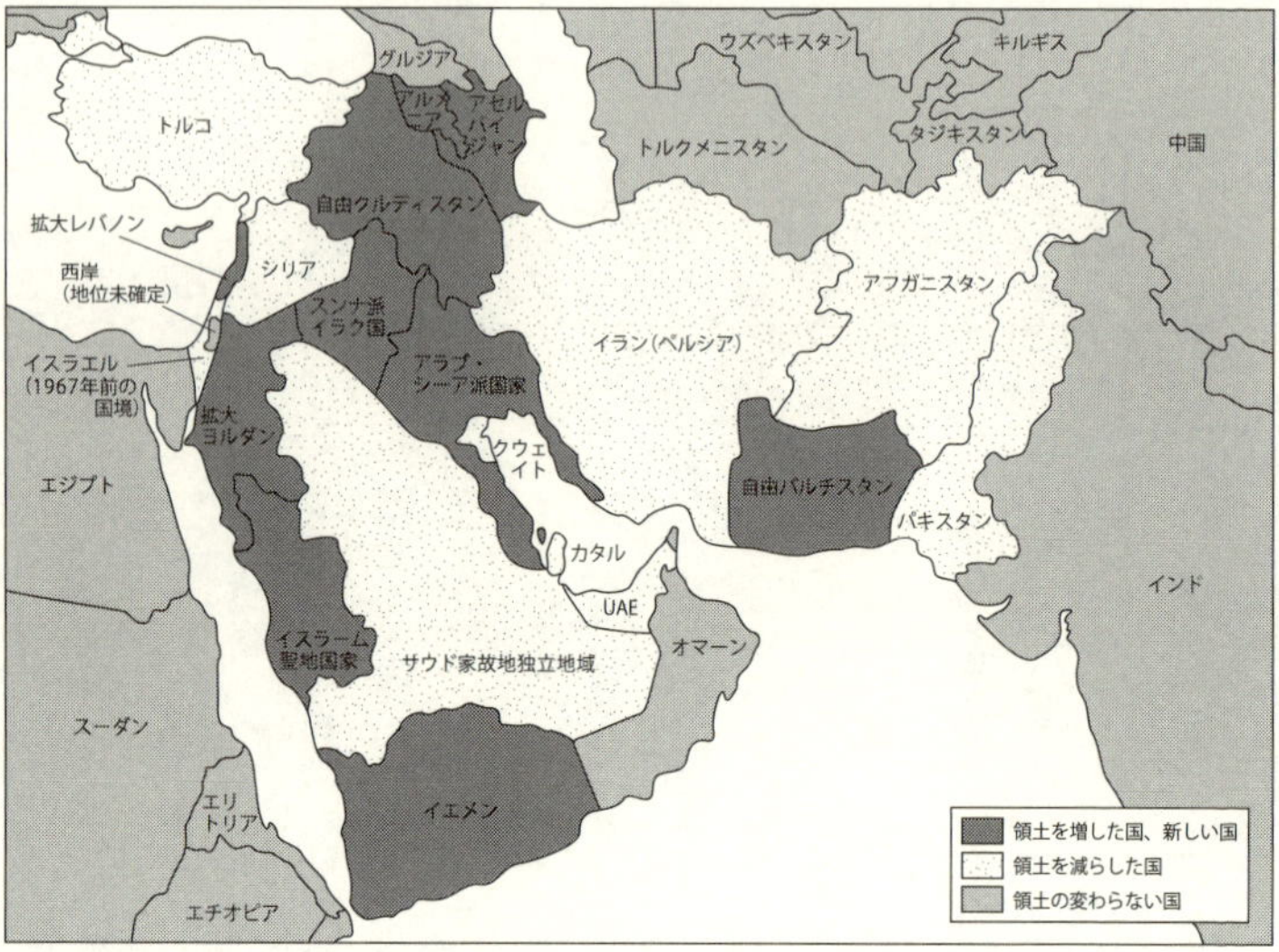

出所：Anna Agathangelou and Nevzat Soguk eds., *Arab Revolutions and World Transformation*, London: Routledge, 2013, p.35 より作成。

一部に「ワッハーブ派（サウード家）に石油を渡したのが間違っていた」として、シーア派住民の産油地帯（アハサー地区）をサウジアラビアから分離独立させて「シーアスタン」（シーア派国家）を作るべきなどという議論が見られた。しかし、イラク戦争後の現在、シーア派中心のイラク政府とイランが結びつき事実上のシーアスタンができ上がっているとして、シーア派とスンナ派の対立を強調し、宗派主義を煽る動きが目立っている。

このように現在でも中東の場合、国境の引き直し、再分割案が宗派別の分断と結びついて繰り返し出てくるのはなぜであろうか。こうした動きの歴史的な根は深く、19世紀の東方問題に始まる。東方問題とは、列強が聖地エルサレムの管理問題とキリスト教各宗派の保護を名目にしてオスマン帝国に干渉したことから起きた。その後もフランスがマロン派キリスト教徒保護のためにレバノン山地に影響力を及ぼし（現代レバノン国家の原型）、シリアの委任統治の初期にはアラウィー派やドルーズ派など宗派別の分断統治政策を取り、現在の内戦の遠因を作った。現在のシリア内戦は、シーア派とスンナ派の宗派対立が作られ、これを国外勢力が利用しているという意味において東方問題の最新版だといえる。スンナ派の反政府勢力には、欧米およびサウジアラビアなど産油国やトルコがつき、アサド政権側についたシーア派のイランとレバノンのヒズブッラーにはロシアが加勢している。また、パレスチナ問題が、こうした列強による宗派的分断という介入の最悪の事例であるということはいうまでもない。バルフォア宣言で種がまかれ、米ソが協調した１９４７年国連パレスチナ分割決議を利用したシオニストの領土獲得は、「21世紀の東方問題」の根源をなしている〈第Ⅱ部第2章を参照〉。

域外からの介入には軍事的介入以外にも、さまざまな形態の介入があった。ここでは地域の歴史に大きな影響を与えた一つの事例を指摘するにとどめたい。近年、リビアやシリアへの軍事介入・支援が「アラブの春」という民主化の動きを支えるためだとして正当化された。しかし、かつてアメリカはＣＩＡを使った軍事クーデターでイランの民主化の道を阻止した（１９５３年）。当時のモサッデク政権が石油資源の国有化を目指したからである。この民主化運動の圧殺は、その後のイラン・イスラーム革命に至る道を結果として用意したということを考えると、中東の歴史を変えた最悪の介入であった。

第二は「国家エリートによる上からの改革」である。こうした改革の先駆的な事例は、19世紀オスマン帝国のタンズィマート改革であり、その担い手は中央政府の官僚エリートであった。しかしその後、こうした上からの改革を率いたのは、多くの場合、軍人エリートであった。第一次世界大戦の敗戦でオスマン帝国が危機に瀕したとき、祖国を救った軍人の英雄ムスタファ・ケマル（アタテュルク）は、新生トルコ共和国で急進的な世俗的な近代化の改革の先頭に立った。それ以前にオスマン帝国の改革を試みた青年トルコ革命（１９０８年）の担い手（統一と進歩委員会）もまた、その主要メンバーが軍人であった。

エジプトでは、19世紀初めに王朝を開いたアルバニア出身の軍人ムハンマド・アリーが、中東で初めての近代的な国家建設を試みた。それから1世紀半後、7月革命で自由将校団を率いたナセルはムハンマド・アリー朝の王制を廃止し、強権的な改革政策を断行した。ナセルの後を継いだサダトもムバーラクも軍人だった。現在のシーシー大統領は、父親がこれら二人の大統領と同じナイルデルタの県出身であり、エジプトにおける軍人エリートの伝統を引き継いでいる。それ以外にもイランでは、コサック師団の将校レザー・ハーンがパフラヴィー朝を開いて国王（シャー）となり（１９２５年）、中央集権化と近代化改革を進めた。その他にもアラブ諸国には軍人出身の大統領たちの名前が数多く並ぶ。イラク革命のカーセム将軍、リビアのカダフィー大佐、スーダンのヌマイリ将軍とバシール将軍、シリアのアサド空軍司令官などである。

中東における国家エリートによる上からの改革モデルはいくつかの類型に区別される。一番目は、伝統的なイスラーム国家を継承した上で、その枠組みの中で近代国家の建設を目指した試みである。代表的な例は、19世紀のムハンマド・アリーの改革と、このエジプトの改革に刺激された宗主国オスマン帝国のタンズィマートである。これらの改革は、国内の守旧派の抵抗や列強による干渉によって思わしい成果を得ることができず、1870年代には両国とも財政が破綻し、対外従属の道を歩んだ。

二番目のモデルとして、世俗主義を掲げるアタテュルクのトルコ共和国の西洋的近代化の国家改造がある。この政策は、その後、隣国のイランのレザー・シャーが新国家体制のモデルとして模倣した。女性のベール着用の禁止といった反イスラーム政策は、息子の代モハンマド・レザー・シャーにも受け継がれ、さらにモサッデク政権転覆後はアメリカの支援を受け、反共の目的を持つ「白色革命」という上からの近代化改革を実施した。しかし、二代にわたるパフラヴィー朝の世俗主義による近代化政策は、イスラーム革命によって全否定された。

三番目がナセルのアラブ社会主義モデルである。イラクとシリアのバアス党体制、アルジェリア社会主義、スーダン社会主義、リビアのジャマーヒリーヤ体制など、アラブ社会主義には、さまざまな類型が見られた。注意したいのは、これらの体制ができた当初、本章で述べる「第二のアラブ革命」の時代にはこうした民族主義的改革が、動員された大衆によって熱狂的に支持されたことである。しかし前述のように、このモデルの歴史的な「賞味期限」は切れている。

四番目のモデルは、20世紀になってイスラーム国家を近代国民国家の枠内で実現しようとした試みである。ワッハーブ派の理想を実現しようとしたサウジアラビアとイスラーム革命後のイランがその代表である。サウジアラビアの場合、1960年代のファイサル国王の近代化改革（奴隷制の廃止・女子教育の導入など）は、同時期のイランの「白色革命」と同じくアメリカの圧力を受けたものであった。それはかつてオスマン帝国のタンズィマートがイギリスなどの列強の外圧の影響を受けたのとよく似ていた。一方、イスラーム共和国イランは、シーア派近代国民国家の新しいかたちを示した〈第Ⅱ部第5章を参照〉。両国ともそれぞれ当初に抱いていた拡張主義的な目標を断念し、領域国家の枠組みを受け入れた。いずれも次に述べる（3）「下からのイスラーム運動」が（2）新しい国家エリートによる改革へと「上昇転化」した成果である。一方、エジプトのムスリム同胞団は、今回の革命で同様のイスラーム国家建設を目指そうとしたが挫折した。

（5）第三の動き——イスラーム運動の歴史

中東における「国のかたち」に大きな影響を与えてきた動きの第三は、「土着的な（イスラーム的）秩序を作ろうとする下からの動き」である。敬虔なムスリムが自らの生活を見直し、その生き方に合ったイスラーム的により正しい社会秩序を作ろうとするとき、それは多くの場合、政教一致の政治運動、いわゆるイスラーム運動に発展する。これは近代以前から連続する動きであった点には注意したいが、近代初頭においてそれを代表したのが、18世紀後半に始まるワッハーブ運動であった。この運動は、厳格なイスラーム法学派、ハンバリー学派の宗教指導者ムハンマド・アブドルワッハーブ師が、アラビア半島中部ナジド地方の豪族、サウード家と結んだ政治的盟約に始まる。その後、イスラーム運動は、さまざまな組織と思想の形をとりながら、今日まで展開してきた。その意味で現在のISは、たしかにワッハーブ派の末裔だといわねばならない。

このワッハーブ派という過激な改革運動は、現代におけるこれらの運動の原型となった。それまでの既存の秩序を正当化してきた伝統墨守のイスラーム学者（ウラマー）の権威を否定し、とくに民間信仰に堕したスーフィズムの慣行を批判し、その聖廟を破壊するなどして、短期間でアラビア半島を席巻し、メッカ（マッカ）とメディナ（マディーナ）の両聖都を支配した。第一次ワッハーブ王国の成立である。その進撃に脅威を感じたオスマン帝国は、帝国の代官（ワリー）であったエジプトのムハンマド・アリーに命じ、できたばかりの西洋式軍隊を使って王国を滅亡に追いやった。しかし、このワッハーブ運動は、その後の時代、イスラーム諸地域に大きな影響を与えることになり、また自身も外部の列強の支援を得て、やがてサウジアラビア王国の建国を果たすことになる。

さて、注意したいのは、ワッハーブ運動が当時、孤立した唯一のイスラーム運動ではなかったことである。民衆に基盤を持ったスーフィズムの新しい展開（ネオ・スーフィズム）を含めて、同時代には下からのイスラーム的秩序を作ろうとする運動が数多く展開した。その場合に重要なのは、ロシア帝国への併合に抵抗した中央アジアのアディンジャン蜂起のように、多くの運動が列強の植民地主義に対する抵抗運動として展開した点である。スーダンのマフディー運動やリビアのサヌーシー教団の運動は、そうした意味で代表的な運動である。ただし、もう一つ注意したいのは、これらの運動がワッハーブ運動を含めて、たんなる西洋の進出に対する防御的な反応として発生したのではない点である。たとえばマフディー運動も、同時代の西アフリカのジハード運動と連関を持つ地域内部の自主的動きとして展開した。イスラーム学者の権威を否定し、新しいイスラーム的社会秩序を作ろうとしたソコト・カリフ国などの運動が知られている。現在、ＩＳとともに「国際社会」のブラックリストに挙げられているボコ・ハラムの歴史的な起源は、この時代にまで求めなくてはならない。

現在のイスラーム運動の地域的な展開との関連で重要なのは、近代初頭に起きたこれらの運動の多くが、オスマン帝国の中心や主要都市ではなく、この中東地域の周縁部で起きたという点である。しかしその後、次の20世紀中葉の脱植民地化の時代になると、イスラーム運動は新しい動きを見せる。1928年にカイロで創設されたムスリム同胞団である。この画期的な運動組織は、民族独立運動が都市部の住民のサウラによって担われる時代に登場した。同胞団員の多くは、近代教育の普及によって生まれた新しい知的中間層であり、激しい社会変容の中でムスリムとしての純正な生き方を模索していた。こうしてイスラーム運動の地域的な重心は、沙漠が広がる周縁部から、中心部の近代都市に移動し、近代的な大衆政治の展開の中で動員力を増していった。

ムスリム同胞団もまた、その時代において孤立した例外的な運動ではなかった。急速に進行する近代化・西洋化をただ「丸のみ」するだけだった既存の宗教的権威とは一定の距離を置いて、敬神の道を歩む民間の協会組織がいくつも生まれており、同胞団はその一つであった。こうした団体の多くは同胞団とは異なり、政治活動を行なわなかったが、その後のイスラーム運動に与えた影響は大きかった。その草の根的なネットワークの中から、政治改革に目覚める活動家が育っていったからである。今回のチュニジアやエジプトで革命が起きた際に、急に政治の表舞台に躍り出たサラフ主義者たちがその一例である。

ムスリム同胞団は、20世紀におけるこの下からのイスラーム運動の代表であった。しかし、第二のアラブ革命の時代に登場した上からの改革を目指す軍人エリート政権のナセルや、シリアのバアス党政権と対立し、激しい弾圧を受けた。こうした弾圧は、やがて現政権を背教者の政府だと断ずる過激な思想を生むことになる。こうした過激思想が具体的な政治的な形態をとってさまざまな政治的事件を起こすのは、1980年代以降のことである。このアラブ世界の新しいイスラーム運動の展開に大きな刺激を与えたのが、1979年のイラン・イスラーム革命であった。

イラン革命とレバノンのシーア派運動組織（ヒズブッラー）の結成は、イスラーム世界の少数宗派であるシーア派の政治化という新しいイスラーム運動のかたちを作りだした。しかし、これらのシーア派の運動組織は、イラクのサッダーム・フセイン体制や産油地帯にシーア派住民を抱えるサウジアラビア王制によって徹底した弾圧を受けた。一方、イラン革命は、アラブのスンナ派世界においても、サウジ王制を批判するマッカでの反乱（アルハラム・モスク占拠事件、1979年11月）、エジプトのサダト大統領暗殺（1981年10月）、シリア中部の都市ハマーでのムスリム同胞団蜂起（ハマー事件、1982年2月）など急進的なイスラーム運動の発展や過激化に大きな影響を与えた。

これに対する政権側の弾圧はますます激しくなり、その結果、急進的なイスラーム運動は、武装闘争の場所を中心都市から地方の周辺部（エジプトの場合は南部の上エジプト農村部）へと移した。そして、さらには内戦が始まったアフガニスタンなど国外に活路を見出していった。このようにイスラーム運動の過激化した部分は、中心の都市部から、再び辺境あるいは国外の周縁部へと活動の拠点を移していった。

現在、中東やムスリムが多く住む地域では、紛争や内戦、テロ事件が絶え間なく起きている。注目されるのは、これらのイスラーム武装組織の根拠地の多くが沙漠や辺境の山岳地帯に置いているという点である。イスラーム文明を長年にわたり育んできたカイロやイスタンブル、またはダマスクス、バグダードなどといった中東の中心都市ではない。沙漠などが広がる辺境の周辺地域、周縁部には、現在、さまざまな武装組織が運動を展開している。ナイジェリアなど西アフリカの「ボコ・ハラム」、北アフリカの「イスラーム・マグレブ諸国のアルカーイダ（AQIM）」、リビアなど各地で活動する「アンサール・シャリーア」、エジプトのシナイ半島の「エルサレムの支援者」（「ISのシナイ州」）、ソマリアの「アッシャバーブ」、アルカーイダ系の「ヌスラ戦線」などシリア内戦で急速に勢力を伸ばした諸組織、シリアとイラクにまたがる「IS」本体、イエメンの「アラビア半島のアルカーイダ（AQAP）」、アフガニスタンの「タリバン」などである。このように中東の沙漠の辺境地域が紛争の表舞台となったのは、1989年のアフガニスタン内戦（ソ連の軍事侵攻）以来のことである。

他方、同時期の中東の主要都市部では、エジプトのムスリム同胞団をはじめとする穏健な運動が、激しい弾圧をたびたび受けながらも、着実に勢力を伸ばしていった。社会全体に高まるイスラーム復興という流れに乗りながら、医療や教育などの社会福祉活動を通じて都市部の中下層の住民の間に支持を広げていったからである。以上が今回のアラブ革命が始まるまでの動きである。

（6）三つの動きの対立と連携

以上に述べてきた「三つの動き」は、互いに対抗し、また連携しあいながら中東における「国のかたち」に大きな影響を及ぼしてきた。三つの動きの一対一の関係、二者関係には、三通りあった。

第一の「域外からの介入」を（1）、第二の「国家エリートによる上からの改革」を（2）、第三の「土着的な（イスラーム的）秩序を作ろうとする下からの動き」を（3）と表記するならば、（1）対（3）、（2）対（3）、（1）対（2）の三つである。

①（1）対（3）の関係（「域外からの介入」対「下からのイスラーム勢力の動き」）（図2を参照）

この関係においては、（1）が（3）を潰してしまうケースがほとんどであった。フランス軍によるアルジェリアのアブデルカーデルの反乱の鎮圧、イギリス軍によるマフディー国家の打倒、イタリアのサヌーシー教団の運動の鎮圧などの事例である。（3）が（1）に勝利した唯一の例外は、打倒される前のマフディー運動がハルツームでイギリス占領軍を破った事例である。

（1）が（3）を支援したケースとしては、最初はイギリスが、続いてアメリカがワッハーブ運動を支援して、サウジアラビアの建国を支えた例がある。そもそもイギリスは、ワッハーブ派を支援する前に、第一次世界大戦期にマッカのハーシェム家による「アラブの反乱」を画策した。これが列強によるイスラームの利用の本格的な始まりである。その後、アメリカがアフガニスタンのムジャヘディーン勢力を支援した例がそれに続く。しかし、この（1）と（3）の連携は、アルカーイダの結成によって両者の対決に変化した。

すでに述べたことの繰り返しになるが、現在のISの問題は、（1）と（3）が醜悪なかたちで結びついたことから起きている。イギリスとアメリカによる支援の結果としてワッハーブ派の王国が20世紀に形成されたことは、スンナ派世界の政治運動に大きな影響を及ぼした。第II部第1章でもふれるように、アメリカはエジプト革命後のムスリム同胞団政権を支援したが、それ以前からポスト・ムバーラク体制の「民主化」の担い手としてこの穏健なイスラーム運動に期待していた可能性がある。

②（2）対（3）の関係（「国家エリートによる上からの改革」対「下からのイスラーム勢力の動き」）（図3を参照）

この関係においても（2）が（3）を潰すケースが圧倒的に多かった。ムハンマド・アリーの近代的軍隊による第一次ワッハーブ王国の討伐が最初の事例である。近代初頭の同時期、既存の宗教権威を利用して「イスラーム帝国」の枠組みで上からの改革を進めていた第二の動き（オスマン帝国とエジプトのムハンマド・アリー朝）が下からの第三の動き（ワッハーブ派）を弾圧したという形になる。その後もナセルなどアラブ社会主義政権によるムスリム同胞団弾圧が続いた。現在もエジプトのシーシー政権は、権力の座から転落した同胞団をテロ集団に指定して弾圧を繰り返している。上述の1982年のシリア・アサド政権によるハマーでのムスリム同胞団弾圧や、1991年にアルジェリアの自由選挙で勝利したFIS（イスラーム救国戦線）の軍部による弾圧と内戦化も、その例である。

これに対して（3）が（2）に勝利して、自身が（2）に転化し、上からの改革に乗りだすケースがある。このように（3）が（2）に「上昇転化」した「下剋上」の事例としては、ワッハーブ派によるサウジアラビア王国の建設と、「ホメイニー派」ウラマーによるイランのイスラーム共和国体制の形成が挙げられる。両者の対立が現在、各地でのスンナ派vs.シーア派の宗派主義の扇動となって現れているのは偶然ではない。

一方、これまでのところイスラーム運動による民主的な国家建設の事例は知られていない。この点で考えるならば、エルドアン大統領率いるトルコのAKP（公正発展党）が、（3）の流れを引く親イスラーム政党でありながら、（2）の代表であるアタテュルク的国家の内実を少しずつ掘り崩している点が注目される〈第II部第6章を参照〉。この（2）と（3）の関係は、19世紀のタンズィマート改革以来、イスラームと近代化の調和を図るのに苦闘してきた近代トルコの長い歴史の中で時代を画するものとなるかもしれない。

一方（２）と（３）が協調したケースとしては、例外的にスーダンのバシール軍事政権とスーダン・ムスリム同胞団との連携が挙げられる（１９８９～99年）。

図２　（１）域外からの介入と（３）下からのイスラーム運動の関係

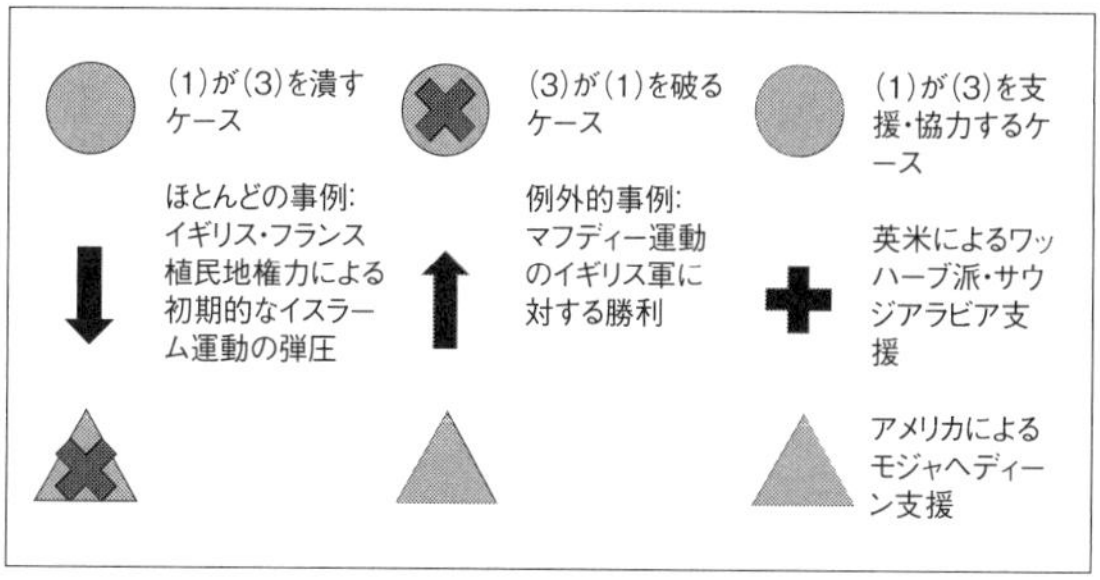

図３　（２）国家エリートによる上からの改革と（３）下からのイスラーム運動の関係

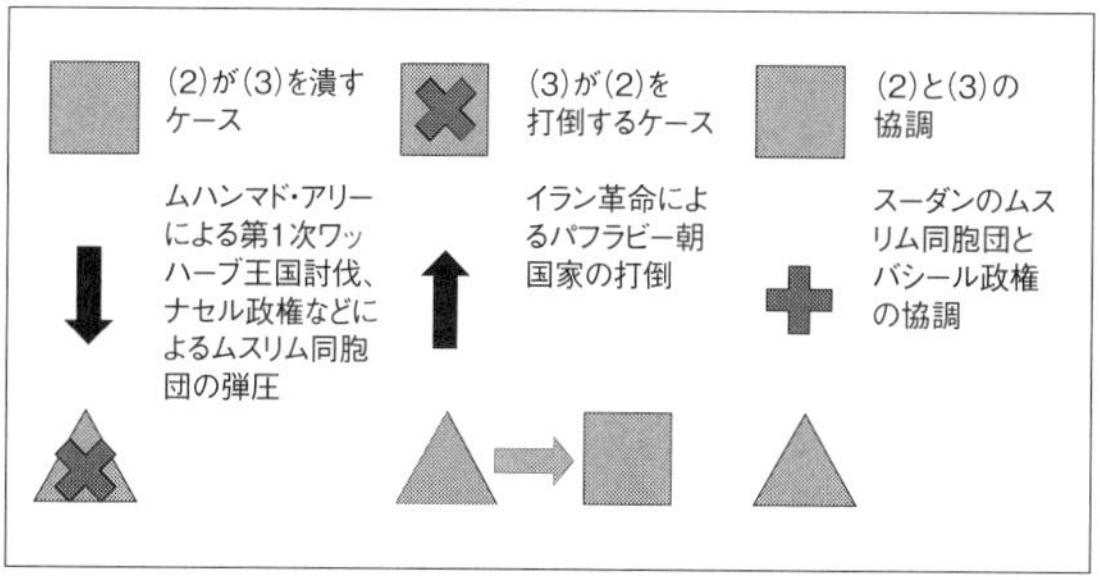

図４　（１）域外からの介入と（２）国家エリートによる上からの改革の関係

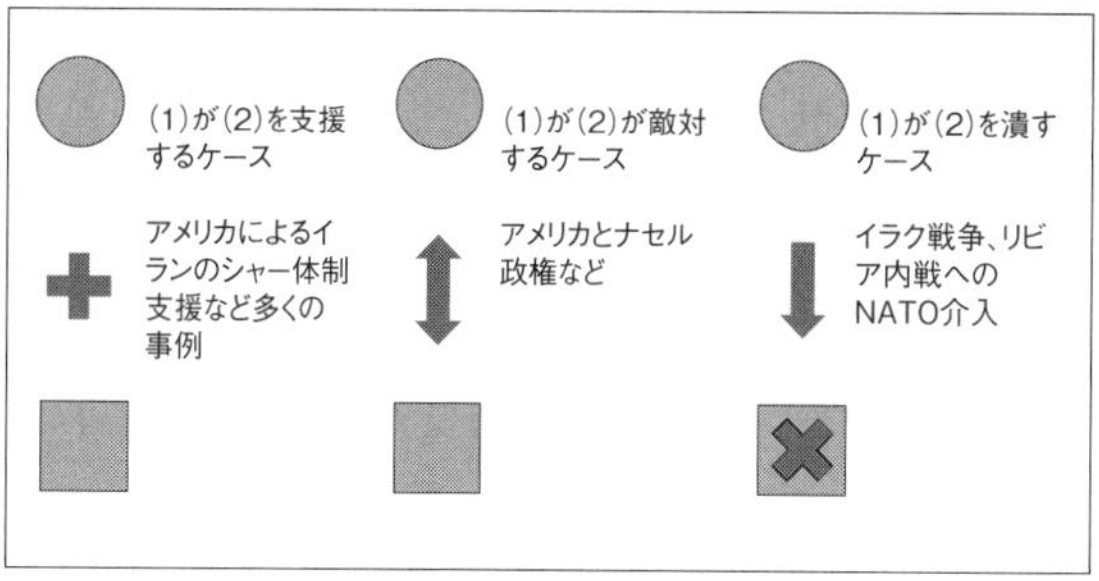

③（1）対（2）の関係（「**域外からの介入**」対「**上からの改革**」）（図4を参照）

（1）が（2）を支援した事例は、数多くある。すでに例に挙げたように、モサッデク政権を打倒した後のイラン・シャー体制や、湾岸危機以前でイラン・イラク戦争時のサッダーム・フセイン体制をアメリカが支援したケースである。

反対に（1）と（2）が対立する事例も多い。代表的なものは、1960年代のナセルのエジプトとアメリカ、1980年代以降のイラン・イスラーム共和国体制とアメリカの例がある。エジプトのサダト大統領や、政権末期のリビアのカダフィー大佐のように、対立から協調へと転換した場合もある。両者の関係は、複数のアクターが関わることから、単純な対立・連携の関係では割り切れない。米英のイラク攻撃（イラク戦争）によるサッダーム・フセイン体制の打倒やNATOの軍事介入によるリビアのカダフィー体制の崩壊は（1）が（2）を解体させた事例である。

以上は、三つの動きの間の二者関係に関する概観であったが、さらに（1）（2）（3）の三者関係を考えることもできる。複雑になるのでここでは簡単な説明に留めておきたいが、基本的には、これまで（1）域外からの介入と（2）体制エリートが連携して（3）下からのイスラーム運動を抑え込むという場合が多かった。（1）＋（2）⇔（3）の関係である。最近では、かなり大がかりで複雑な構図となってしまっているが、域外の西側諸国・ロシアと、域内大国のトルコ・サウジアラビア・イランなどが連携するIS包囲作戦がこのケースに当たる。これらのアクターはシリア内戦においては、アサド政権側・反政府側それぞれの陣営に肩入れをして対立してきた。この内戦の基本的な形は、

（1）域外の大国が「民主化支援」を口実にして（3）「穏健な」イスラーム武装組織を支援して、（2）強権的な国家エリートの打倒を目指しているというものであった。すなわち、（1）＋（3）⇕（2）である。第三のケースとして、（2）＋（3）⇕（1）が考えられるが、イランがヒズブッラーやハマースを支援して、西側からの介入に対抗するというような事例がこれに当たる。

しかし、もちろん実際には、三者の関係はもっと複雑である。単純に連携と対立という二通りの関係ではなく、同時に裏ではまったく逆の謀略的な関係を結んでいることも多い。さらにそれぞれの相互の関係はきわめて移ろいやすい。現在のシリア内戦をめぐる各勢力の連衡合従が作りだす複雑怪奇な構図が見るように〈第Ⅱ部第3章を参照〉、目まぐるしく変わる多様なアクター相互の奇怪な関係を考えると、さらに説明要因を増やしたくなるかもしれない。しかし、この（1）（2）（3）という三者の関係のような単純な図式に分解して理解することは、複雑で巧妙な説明にだまされないためにも、ある程度は役立つのではないかと思う。

第1節で見たように、5年間のアラブ革命の顚末を振り返ったとき、中東で「国のかたち」を決めるのにこれまで大きな影響を及ぼしてきたこの三つの動きの対抗と結託という古い構造を崩さない限り、人々が革命で目指した願いは達成されない。中東で自由を求める人々の運動は、1882年のエジプト・オラービー運動のように、また1953年のイラン・モサッデク政権のように、多くが域外からの介入によって潰されてきた。また民衆の力による革命に成功した場合でも、イラン革命のように、多様な運動の集合体であった革命勢力の中から、イスラーム運動が革命を「乗っ取る」場合もあった。さらにこうした「革命の乗っ取り」を防ぐことを口実に、旧来の軍権力がイスラーム運動を排除した2013年夏のエジプト政変のような例もあった。今回のアラブ革命は、民衆の革命の動きを潰そうとする三つの動きの構造を明らかにしたという点で重要な意味を持っている。とくにこうした動きの中で目立っていたのが、域外からの介入と連携した湾岸産油王制国家の反動的役割である。それは19世紀のヨーロッパ革命（「諸国民の春」）におけるロシア帝国などの反動勢力が果たした役割に似ているのかもしれない。しかし、当然のことだが、よりグローバルな政治経済システムの中に組み込まれている点が決定的に違う。

外部からの介入を排し、また旧権力の復活を許さず、イスラーム運動を含めた諸勢力の大同団結によって、国家や社会の仕組みを根本的に変えていく。そうした根本的な社会変革は、たとえ「革命」という形を取らなくとも長い時間をかけていつの日か実現されるのではないか。2012年に亡くなった歴史家ホブズボームは、19世紀ヨーロッパ革命と比較しながら楽観的な展望を述べ、タハリール広場に集まった人々に励ましの言葉を送った（BBCとのインタビュー2011年12月11日：長沢「アラブ革命の構想力――グローバル化と社会運動」『歴史学研究』増刊号No.898〔2012年10月〕を参照）。内戦や難民など最悪の状況が続く現在の中東ではあるが、5年前の革命に決起した人々の夢はまだ消えてはいない。

第2章

中東地域における現代国際政治
――アクター・構造・システム

今井　宏平

本章では、アクター、構造、システムという三つの視点から中東地域における国際政治の特徴を理解していきたい。本章は、中東全体を俯瞰することで、第Ⅱ部の各論を見ていく上での「海図」を提供する。

はじめに

１９９０年から91年にかけての湾岸危機、２００３年のイラク戦争、２０１１年からのシリア危機に代表されるように、１９９０年代以降、中東地域は国際秩序の不安定化の源泉と見なされてきた。冷戦後、唯一の超大国となったアメリカは、中東地域の安定を目指し、湾岸危機後にサウジアラビア、イラク戦争後にイラクに一時的に軍を駐留させた。しかし、アメリカ軍の駐留も必ずしもうまくいかず、結果としてアルカーイダや「イスラーム国」（以下、ＩＳ）を生み出す温床を作り出した。また、ジョージ・Ｗ・ブッシュ大統領が２００４年６月にアメリカのジョージア州、シーアイランドで行われたG8サミットにおいて発表した拡大中東・北アフリカ・イニシアティヴ（Broader Middle East and North Africa Initiative、以下BMENA）に代表されるように、アメリカは中東の民主化も模索してきた。結局、BMENAはアメリカによる「外から」の、また「上から」の民主化の押し付けとして中東域内で反発が強まり、失敗に終わった。

その一方で、2010年12月にチュニジアから始まった、若者を中心とした民衆による民主化要求運動、いわゆる「アラブの春」は当初、「内から」かつ「下から」の民主化運動が中東地域全体に波及したことで大きな注目を集めた。しかし、「アラブの春」はチュニジアを除く、エジプト、シリア、リビア、バハレーンで失敗に終わり、「民主化が定着しない中東」というイメージをさらに強めることとなった。

図1　国政政治の四つの分析レベルと相互作用

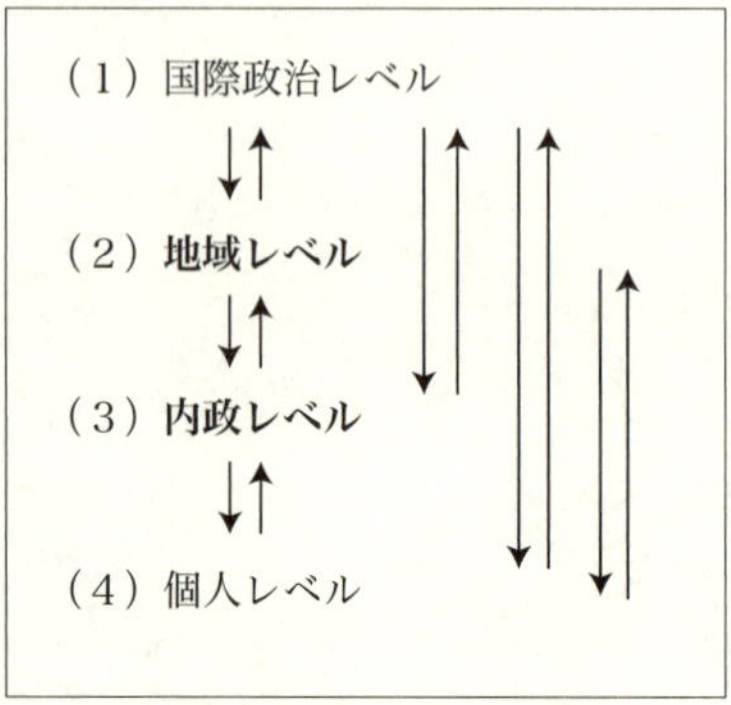

中東の国際関係を理解するためには、多様なアクターが自己の利益を保持、もしくは増大する目的でさまざまな問題に関与している状況を解きほぐす必要がある。一般的に、国際政治の事象を説明するためには四つの分析レベルが想定される。それらは、国際政治レベル、地域レベル、内政レベル、そして個人（政策決定者）レベルである（図1参照）。本書全体の主な射程は、中東という地域と中東に位置する主権国家を中心としたアクターの動向という、地域レベルと内政レベルである。

本章では、主に地域レベルに焦点を当て、中東地域における国際政治の特徴を、アクター、構造、（社会）システムという三つの視点から描き出したい。もちろん、地域レベルは単独で機能しているのではなく、国際政治レベル、内政レベル、個人レベルと連動していることを強調しておきたい。加えて、主権国家の枠組みが脆弱な中東の場合、地域レベルは、通常想定される域内国家間関係だけでなく、非国家主体の域内政治社会関係にも注視する必要がある。まず、第1節では中東国際関係の「アクター」を概観し、続く第2節では中東地域の「構造とシステム」を考察する。

1　中東国際関係のアクター

たびたび指摘されているように、「中東」という概念はヨーロッパからの視点であり、「中東」に位置づけられている国々は主体ではなく、あくまで客体である。また、「中東」という用語がカバーする地域は歴史的に変遷している。臼杵の分類に基づくと、第二次世界大戦後は、北アフリカを含むアラブ地域、トルコ、イラン、アフガニスタンを含めた範囲が中東に該当する（臼杵陽『アラブ革命の衝撃』青土社、２０１１年、33〜42頁）。本章の中東の分類も臼杵の分類に依拠する。本節では、まず、中東地域のアクターと配置について確認していきたい。

アクターとは、国際政治や地域政治という場で活動する行為主体のことである。ウェストファリア条約（１６１８年から48年にかけてヨーロッパで起きた30年戦争を終結させた一連の和平条約の総称。主権国家が唯一正当な統治権を有することが確認される）の影響が残存している国際政治において、通常、主権国家が中心的なアクターと見なされている。しかし、現在の国際政治や地域政治を理解するためには、主権国家以外のアクターの動向にも目を向ける必要がある。特に主権国家の枠組みが脆弱な中東では、主権国家以外のアクターの分析は不可欠である。中東で主権国家の枠組みが脆弱な理由は、1916年のサイクス・ピコ協定（1916年5月にイギリス、フランス、ロシアの3カ国間で結ばれた中東分割に関する秘密協定）に代表されるように、西洋列強によって民族、宗派、部族を十分に考慮しない形で国境線が引かれたためである。つまり、西洋列強によって国家の枠組みが作られ、場所によっては国境線が仕切りとして十分な意味を持たなかったのである。

（1）主権国家

中東地域における基本的なアクターは、他の地域と同様に主権国家である。主権国家にはさまざまな定義があるが、モンテビデオ条約（1933年にアメリカおよびラテンアメリカ諸国の間で締結された、国家の権利と義務に関する条約）で提示された、①明確な領域、②恒久的住民、③政府もしくは主権の存在（対内主権）、という3点に加え、④他国からの承認および他国と交渉できる外交能力（対外主権）、は最低限必要である。もちろん、中東における主権国家も①から④の要件を満たしていると考えられてきた。さらに、ロジャー・オーウェンが指摘するように、中東の諸国家は、⑤マックス・ウェーバーが主張した国家の定義である「一定の領域内での暴力装置の独占」、そしてそれによる国家の物理的な力の行使によって、国内の安定を保っている、という側面が顕著である（ロジャー・オーウェン『現代中東の国家・権力・政治』明石書店、2015年、20～22頁）。よって、中東において、主権国家の要件は五つ

表１　中東における各国の破綻国家指数＊と人間開発指数＊＊のランキング

国名	破綻国家	人間開発	国名	破綻国家	人間開発	国名	破綻国家	人間開発
アフガニスタン	9	171	エジプト	38	108	チュニジア	86	96
アラブ首長国連邦	144	41	オマーン	135	52	トルコ	90	72
アルジェリア	67	83	カタル	143	32	バハレーン	119	45
イエメン	7	160	クウェート	128	48	モロッコ	89	126
イスラエル／パレスチナ	68	18	サウジアラビア	101	39	ヨルダン	81	80
イラク	12	121	シリア	8	134	リビア	25	94
イラン	44	69	スーダン	4	167	レバノン	41	67

出所：FFP Fragile State Index 2015; http://hdr.undp.org/sites/default/files/hdr_2015_statistical_ annex.pdf
＊ 順位の１位〜５位までが「差し迫った非常事態」、６位〜 16 位までが「非常事態」、17 位〜 38 位までが「警戒」、39 位〜 65 位までが「高度な警告」、66 位〜 107 位までが「警告」、108 位〜 125 位までが「低度な警告」、126 位〜 137 位までが「不安定」、138 位〜 151 位までが「安定」となっている。
＊＊ 包括的な経済・社会の指標である人間開発指数は、指数が低いほど良い。2015 年の調査では、1 位〜 49 位までが「非常に高い人間開発国」、50 位〜 105 位までが「高い人間開発国」、106 位〜 143 位までが「中位の人間開発国」、145 位以下が「低い人間開発国」とされる。

と言って差し支えない。

しかし、とりわけイラクとシリアの領土の一部に跨る形でＩＳが誕生し、リビアをはじめとした北アフリカ、エジプトのシナイ半島の一部にもＩＳに忠誠を誓う勢力が跋扈していることを考えると、①の明確な領域と③の政府もしくは主権の存在という点で、中東の主権国家は脆弱だと言えよう。要するに、管轄下に置いている領域内で主権国家の統治能力が及ばない「統治の空白地域」が多数存在しているということである。

もちろん、対内主権の脆弱性に関しては、１９８０年代にロバート・ジャクソンが、対内主権が脆弱なアフリカの国家を「擬似国家（Quasi-State）」と命名しており、２０００年代初頭からはロバート・ロトバーグをはじめ、多くの研究者が「破綻国家（Failed State）」「崩壊国家（Collapsed State）」について検証を行ってきた。ただし、中東の諸国家は必ずしも統治能力が弱かったわけではない。「アラブの春」以前は中東の権威主義諸国の「頑強性」がたびたび指摘されていたし、「アラブの春」以降も、エジプトで再度軍部主導の政府が立ち上がったことに代表されるように、シリア、リビア、イエメンなどを除いて、国家の統治能力が劇的に低下した諸国家は少ない。シリア危機勃発以降、今日（２０１６年５月現在）までバッシャール・アサド政権が存続していることは、ある意味で統治能力の高さを証明している。

しかし、統治能力が及ぶ範囲は確実に縮小した。「統治の空白地域」は元々あったが、当該国家、もしくは隣接国家で内戦や戦争が勃発すると、その利用価値が高まる傾向にある。また、インターネットとソーシャル・ネットワーク・サーヴィス（以下ＳＮＳ）の進歩によって、「統治の空白地域」の存在が「可視化」され、喧伝されることになった。

そもそも、中東地域の中心であるアラブという枠組みは、文化的に諸国家に分別することが難しく、オスマン帝国崩壊後に登場した主権国家間では、人々の越境的な活動が頻繁に行われていた。こうした点も中東諸国の内部で「統治の空白地域」が醸成されるのに一役買った。

最後にもう一点、確認しておきたいのは、西洋諸国とイスラームの間で主権のとらえ方が異なる点である。必ずしも中東諸国の国家運営と外交がイスラームおよびその概念に左右されているわけではない。しかし、認識レベルで主権のとらえ方が異なる点は、政策決定者の国際認識、国家運営に一定の影響は及ぼすと考えられる。

西洋の国家間関係の基盤であるウェストファリア体制に基づく主権は、国際政治の主要アクターである国家に付随し、基本的な特徴として、国内的には至高の権力で対外的には平等であり、それぞれの国民に主権の源泉がある（人民主権）と考えられてきた。これに対してイスラームの主権は、小杉

図2　イスラームの主権構造と西洋の主権構造

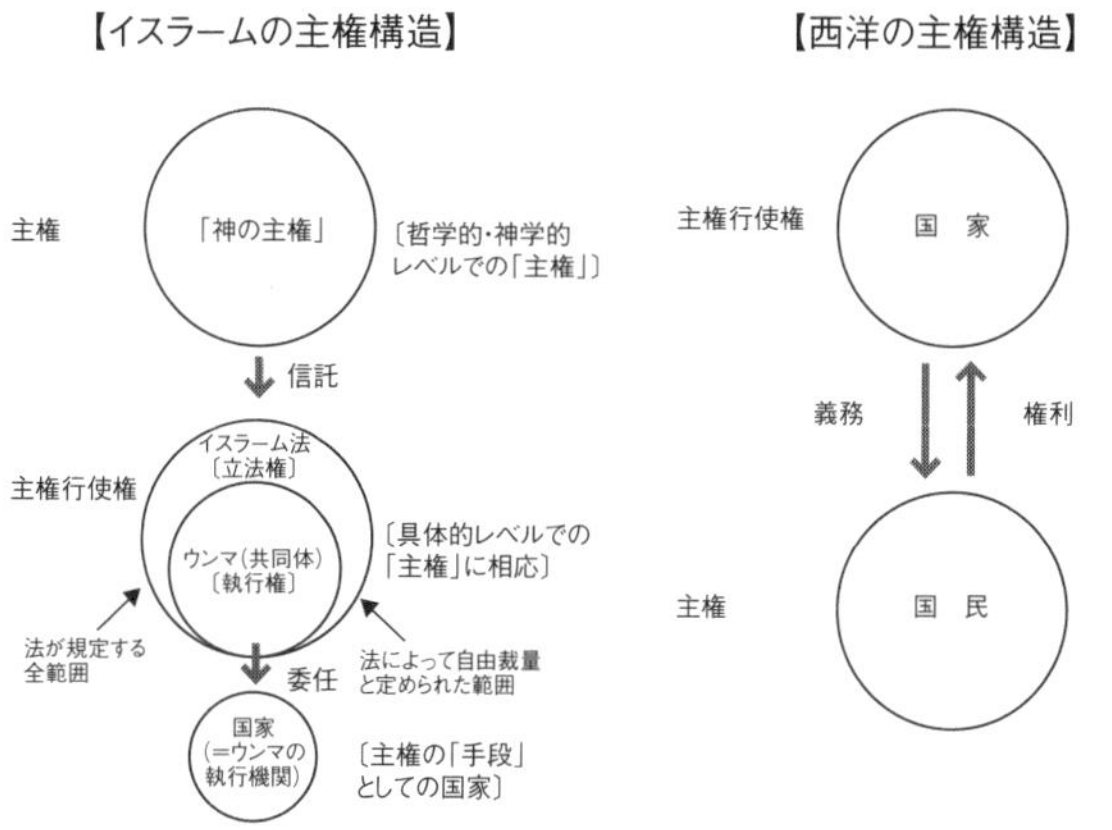

出所：小杉泰『現代中東とイスラーム政治』昭和堂、1994 年、39 頁。

泰によると、図2のように、アッラーという神に由来しており、ムスリムたちの「想像の共同体」としてのウンマが神によって主権の行使を許されているという論理で説明される（小杉泰『現代中東とイスラーム政治』昭和堂、1994年、36~40頁）。ウンマとは、マディーナ憲章（ムハンマドとその信者たちがメッカからマディーナへ移住したヒジュラの直後に作成された憲章）で初めて定義された概念で「全世界に住む全てのムスリムが国家や民族に関係なく、帰属することができる単一の共同体」である。排除と囲い込みを特徴とする主権国家とは対照的に、既存の国家領域を越えようとする特徴を持ち、ムスリムに限定されるが包摂と開放を特徴とする。ここにおいて国家はその下位に位置し、ウンマによって主権の行使を委任されるアクターとされる。また、ウンマの認識に関しては、多くのムスリムたちの間で緩やかな合意が見られ、これが「想像の共同体」としての機能を強めている。この（ムスリム限定の）包摂と開放を特徴とするウンマの考えは、インターネットとSNSといった最近の科学技術によって電脳空間でも形成されている。I

Sのリクルートはまさに電脳空間で活発に行われている。ただし、注意しなければならないのは、電脳空間でのウンマは単一ではなく、無限に近い数が形成されており、そこでは「同様の志向を持った」ムスリムだけが空間を共有している点である。電脳空間を介して広がる「仮想」ウンマは、包摂と開放ではなく、むしろ排除と開放によって特徴付けられると言える。

(2) 未承認国家

一方、中東にはある領土の対内主権は一定程度持ち合わせているものの、国際社会から主権国家とは承認されていない、つまり、対外主権を持ち合わせていない、未承認国家(非承認国家)も存在する。パレスチナ自治政府がその典型であり、近年はイラク戦争後に、イラク北部で公的に自治を行っているクルディスタン地域政府(KRG)も未承認国家と見なされることがある。パレスチナ自治政府は2012年に国連総会のオブザーバーとなるなど、その存在感は年々高まっている。世界で130カ国以上がパレスチナ国家を承認しているため、純粋に未承認国家というわけではない。ただし、イスラエルと「特別な関係」を維持するアメリカは、パレスチナの国家承認を認めないだけでなく、オブザーバーとなることにも反対している。

KRGが自治を行うきっかけとなったのは、湾岸危機後の1991年3月クルド蜂起であり、その後の国連決議によってサッダーム・フセイン政権がイラク軍を北部の諸都市から撤退させたことであった。それ以降、「事実上の自治区」と見なされてきた北イラクは、イラク戦争後の国家建設に積極的に関わる中で次第に法的に「公式の自治区」としての地位を確立していった。2016年5月現在、ＫＲＧの主都であるエルビルには19カ国の領事館、３カ国の大使館、３カ国の商業事務所がある。

（3）非国家主体

中東においては、非国家主体の存在感も高い。その代表的な組織として挙げられるのが、パレスチナのハマースとレバノンのヒズブッラー（ヒズボラ）である。

ハマースは、パレスチナのムスリム同胞団を母体とする。ムスリム同胞団は、１９２８年にハサン・バンナーによってエジプトで旗揚げされた組織である。横田貴之によると、１９４０年代末までにムスリム同胞団はエジプト国内で50万人のメンバーおよび支持者を獲得し、同国最大のイスラーム組織かつ政治結社となるとともにシリア、レバノン、パレスチナ、ヨルダン、スーダンなどに拡大した（横田貴之『原理主義の潮流――ムスリム同胞団』山川出版社、２００９年、25頁）。中東の主権国家および未承認国家に拡散したムスリム同胞団は、各国での活動を基本としながら、緩やかなネットワークでつながったトランスナショナル（越境的）な組織である。パレスチナ同胞団は政治活動から距離を置き、社会福祉活動に注力した。パレスチナ同胞団が政治活動に本腰を入れるのは、１９８７年の第一次インティファーダであり、アフマド・ヤシィーンを指導者としてハマースを立ち上げてからであった。ハマースは、結成翌年の88年８月に提示した活動綱領である「ハマース憲章」の中でイスラエル殲滅を唱えていること（第11条）、オスロ合意をはじめとした中東和平プロセスに強く反発したこと、２０００年に起きた第二次インティファーダで武装攻撃を繰り返したことから、西洋諸国からは「過激派」と見なされている。一方、２００６年のパレスチナの第２回国会選挙では77％の得票率で勝利するなど、民衆からは支持が厚い。

ヒズブッラーは1982年のイスラエルのレバノン侵攻に際して結成された草の根の組織である。「神の党」を意味するヒズブッラーは、イスラエルに対する草の根の抵抗組織であると共に、イスラーム国家樹立を目指す革命組織とされた。シーア派の組織であるヒズブッラーに大きな影響を与えたのは、1979年の革命でイスラーム国家を樹立していたイランであった。当初は武装組織という側面が強かったヒズブッラーであるが、次第に政治活動にも注力していく。1990年代以降、ヒズブッラーはイスラーム政党として国会で安定した議席を確保するようになる。また、ヒズブッラーもハマース同様、社会福祉活動に積極的である。末近浩太によると、ヒズブッラーおよびその傘下の組織は、シーア派住民が多く住む地域で、戦闘行為での負傷者および遺族への支援、障害者や低所得者層に対するサーヴィスの提供、農村開発や土木整備を展開している（末近浩太『イスラーム主義と中東政治――レバノン・ヒズブッラーの抵抗と革命』名古屋大学出版会、2013年、206頁）。武装闘争、政治活動、社会福祉活動を通して、ヒズブッラーはシーア派民衆の草の根の支持を拡大させてきた。最高指導者ハサン・ナスルッラーを中心に、ヒズブッラーもハマース同様、非常に現実的な対応を実践してきた組織である。

一般的に、国際関係論で想定される非国家主体は、多国籍企業、NGO、テロ組織などであり、そうした組織は活動が一面的である。しかし、上記したようにハマースやヒズブッラーの活動は、多面的である。こうした組織が台頭し、影響力を持った背景には、中東における主権国家の脆弱性とイスラエルの存在が指摘できよう。また、国家を目指しているが、主権国家の要件を満たせていないIS

も２０１４年以降、最も重要な中東における非国家アクターの一つとなっている。

（4）域外大国

これまで見てきた主権国家、未承認国家、非国家主体は、中東の域内アクターであった。しかし、中東地域の国際関係を語るうえで重要なアクターは域内アクターだけではない。歴史的に、イギリス、フランス、ロシア、そしてアメリカという西洋諸国が中東の国際関係に深く関与してきた。これは、18世紀後半から始まったヨーロッパ諸国による「東方問題」に顕著であった。

その中でも、冷戦期以降、中東に積極的に関与してきたのがアメリカであった。特にポスト冷戦期においてその行動は中東の動向を大きく左右してきた。「はじめに」でも触れたように、１９９０年から91年にかけての湾岸危機、２００３年のイラク戦争を主導し、湾岸危機後はサウジアラビア、イラク戦争後はイラクにアメリカ軍を駐留させた。しかし、アメリカ軍の駐留は、財政負担と被害者の増加、中東におけるアンチ・アメリカニズムの高まりをもたらした。また、アメリカ軍の駐留は、イスラーム過激派が台頭する口実を与えることにもなった。バラク・オバマ政権が成立して以降、イラク駐留軍の撤退が始まり、２０１０年８月31日にアメリカ軍がイラクでの戦闘任務を正式に終わらせたことが発表された。

（5）地域機構

中東の特徴の一つは、ヨーロッパ連合（ＥＵ）や東南アジア諸国連合（ＡＳＥＡＮ）のような機能的な地域機構が存在しない点である。アラブ連盟やイスラーム諸国会議機構（ＯＩＣ）のような機構も民族、宗教というアイデンティティを核としており、必ずしも中東という地域にフィットして機能しているわけではない。唯一の例外といえるのが、湾岸という中東のサブ地域の一つで形成された湾岸協力会議（ＧＣＣ）である。ＧＣＣは、イランという安全保障上の脅威を各国が共有していることが連帯を存続させる要因となっている。サブ地域の機構としては他に、１９８９年にアラブ・マグレブ連合（ＡＭＵ）とアラブ協力会議（ＡＣＣ）、２０１０年に東地中海にレバント・カルテットが設立されるも、いずれも解消または機能不全に陥っている。

中東という包括的なレベル、さらにはサブ地域のレベルで地域機構が機能していないことが、ただでさえ主権国家の枠組みが脆弱な中東の秩序をより不安定化させかねない要因となっている。

2　中東国際関係の構造とシステム

本節では、中東国際関係の構造とシステムを合わせて議論する。なぜなら、構造とシステムは、非常に密接な関係にあるからである。「構造」とは構成要素であるアクターの組み合わせ方、または組み合わせたものの総称である。骨組みであり、配置図とも言えよう。一方、「システム」とは、一般的に構成要素間に有機的な関係があり、それらが全体として統一的に機能しているものである。

国際関係論における構造的リアリズムの代表的な学者であるケネス・ウォルツは、「システムは、構造と相互作用するユニットから成り立っている。構造とは、システム全体に及ぶ構成要素であり、システムを一つの全体として考えることを可能にするものである」と述べている（ケネス・ウォルツ『国際政治の理論』勁草書房、２０１０年、１０５頁）。システムをシステムたらしめているのは、「有機的関係」である。よく例としてあげられるのが人間の体である。人間の体は、臓器という構成要素が骨や筋肉に支えられている構造である。しかし、臓器と骨や筋肉だけでは人間の体は全体として機能しない。機能するためには、有機的な関係、つまり、血液やリンパの循環が行われなくてはならない。

国際政治において、血液やリンパの循環に当たるのは、アクター間の何らかの相互関係である。つまり、かなり単純化して言えば、構造とシステムを分けるのは、静的か動的かという点である。通常、静的なものに、何らかのスイッチが入って動的、つまり有機的な関係になる。そして、システムを動的にするスイッチ、人間の体で言えば心臓に当たるものは、国際政治においては「秩序原理」である。ウォルツをはじめとする多くの国際関係論者は、国内政治の秩序原理であるハイアラーキー（政府を頂点とする階層状態）と、国際政治の秩序原理であるアナーキー（政府が存在しない無政府状態）を対比し、その原理は不変であると見なしている。

国際政治を例にして秩序原理がどのように主権国家の行動を規定するか見てみよう。アナーキー、つまり政府のない状態が各国の政策決定者（特に大国）の戦争勃発や他国の侵略といった不安を掻き立てる。そうした、不安を克服するために、各国は自国の安全が保障されるよう、行動する。例えば、ヨーロッパでは、歴史的に大国の力をなるべく均等に保とうとする勢力均衡が各国によって志向されてきた。

中東のような「地域」レベルは、システム全体の一部であるサブシステムであり、国際政治の秩序原理であるアナーキーに沿って各アクターが行動すると考えられる。ただし、サブシステムにはその内部だけで機能する固有の秩序原理も存在する。特に冷戦構造が崩壊した1990年前後から、地域レベルの秩序原理、つまり「地域内秩序原理」が重要視されるようになってきた。

また、地域の構造、システム、秩序原理は常に不変であるわけでも、一つだけが機能しているわけでもない。いくつかの構造が並存しており、その秩序原理はそれぞれ異なっている。また、構造と地域秩序原理は時代によって変遷する。

それでは、中東地域でアクターがいかに配置され、どのような秩序原理によってその構造がシステムとして機能してきたか、またはしているのかを確認していきたい。ここでは三つの構造とそれに伴うシステムを提示したい。一つ目は、地理とアイデンティティに基づく構造である。二つ目は、域外大国の中東地域への浸透に基づく構造である。三つ目は、戦争に基づく構造である。最後に、しばしば中東の構造とシステムを攪乱する宗派と民族という要因に関しても付言しておきたい。

（1）地理とアイデンティティに基づく域内の構造・システム

地理とアイデンティティに基づく域内配置は、中心と周辺から成る。この中心と周辺という配置は、中東の地理的位置を軸とするが、それだけではなく、アイデンティティの影響も受けている。例えば、地理的位置では中東の「中心」に位置するイスラエルは、しばしば中東の「周辺」として扱われてきた。

中東地域で、常にその中心と考えられてきたのはアラブ諸国であった。その理由として、まず、中東の人口約5億人のうち、その6割に当たる3億人をアラブ諸国が占める点があげられる。次いで、アラビア語という主要言語の存在である。三つ目に、その共通言語を基盤として、1945年3月にアラブ連盟が設立されたことがあげられる。アラブ連盟の発足メンバーは、ヨルダン、シリア、イラク、レバノン、サウジアラビア、エジプト、イエメンの7カ国であり、現在はパレスチナ自治政府を含め22カ国が加盟している。四つ目に、1950年代には19世紀末から萌芽が見られたアラブ民族主義がエジプトの大統領ナセルやシリアのバアス党を中心に発展したことがあげられる。中東の中心であるアラブ諸国の中で、主観的にも客観的にもその核と認識されているのが、「アラブの心臓」と呼ばれる東アラブ地域に位置するシリア、イラク、レバノン、ヨルダン、パレスチナ、そしてエジプトである。

一方、非アラブ諸国であるトルコとイランは、その国家面積、人口、GDPの指標からは中東において大国であるにもかかわらず、中東域内政治を説明する際、あくまでアラブ諸国の周辺、もしくは外縁と位置づけられてきた。トルコとイランが周辺と見なされる理由は、地理とアイデンティティの両方と関係する。トルコとイランは共に中東の端に位置するだけでなく、トルコ語、ペルシャ語というアラビア語とは異なる言語を使用している。しばしば中東において「異端視」されてきたトルコとイランであるが、近年、両国は急速に中東政治への関与を強めるようになり、その影響力の大きさから、もはや周辺や外縁と呼べる存在ではなくなっている。

青山弘之は、東アラブが「アラブの心臓」と呼ばれる根拠を、この地域から中東全体に大きな影響を及ぼす秩序原理、アラブ民族主義とイスラーム復興が勃興し、その発展に中心的な役割を果たした

「智の中心」に求めている（青山弘之「『混沌のドミノ』に喘ぐ『アラブの心臓』」青山弘之編『「アラブの心臓」に何が起きているのか』岩波書店、2014年、ⅸ～ⅻ頁）。アラブ民族主義はエジプトのナセル大統領によって提唱されたナセル主義と、社会主義思想とアラブ民族主義を融合させたアラブ・バアス主義に大別できる。いずれもアラブが中東地域の中心という認識では一致し、アラブ統一とイスラエルへの対抗をその主眼に置いていた。

1950年代から70年代にかけて、アラブ民族主義を掲げるアラブ諸国を中心とした中東地域のダイナミズムは「アラブ地域システム」と呼ばれた。しかし、ナセルの求心力低下と、1979年のイラン革命とエジプト・イスラエル和平条約をめぐるアラブ諸国内部の亀裂の拡大により、「アラブ地域システム」は機能不全に陥った。

「アラブ地域システム」の機能不全は、裏を返せばアラブ諸国だけでなく、イラン、イスラエル、トルコを含めたより包括的なシステムである「中東地域システム」への拡大を示唆していた。イラン革命によるイランのプレゼンスの高まり、1990年代の中東和平の進展によるイスラエルとアラブ諸国の関係の部分的進展、2000年代に入ってのトルコにおける公正発展党の台頭と中東重視の外交は、その傾向を強めた。ただし、「中東地域システム」にはアラブ民族主義のような一貫した秩序

図3　「アラブ地域システム」、「中東地域システム」、「浸透システム」

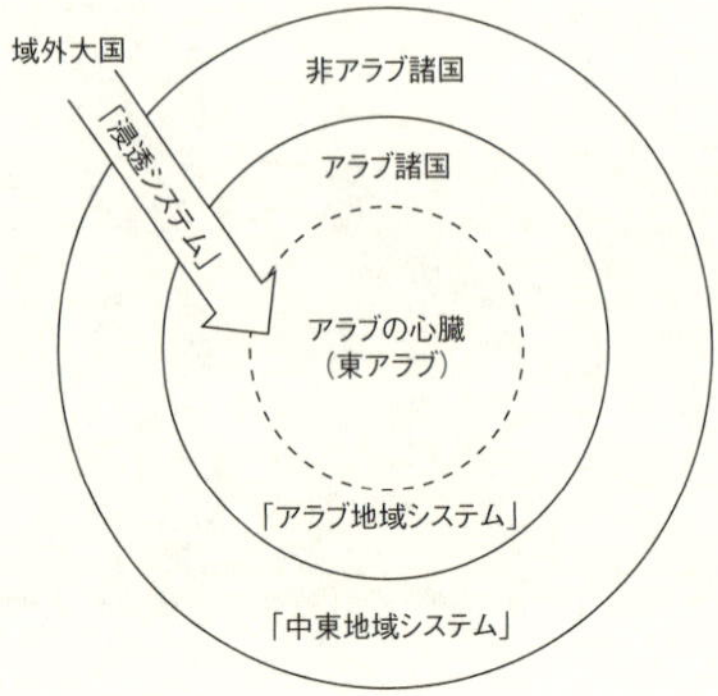

出所：筆者作成

原理は存在せず、後述する「浸透システム」と「戦争システム」とが複雑に絡み合う形で局部的かつ断続的に機能している。

(2) 域外大国の浸透に基づく構造・システム

「東方問題」は、狭義には、18世紀後半から第一次世界大戦に至るまで、オスマン帝国の領内でヨーロッパ諸国が影響力を及ぼすために展開した一連の外交行動の総称である。より広義に捉えると、「西洋諸国の中東地域への影響力行使のための関与」であり、カール・ブラウンが指摘しているように、西洋諸国は中東地域の国家や社会を破壊するのではなく、既存の政治構造や国家を使用する形で影響力の埋め込みを図った。ブラウンは、こうした西洋諸国のアプローチを「浸透システム」もしくは「東方問題システム」と称した。西洋諸国は、宗教間、宗派間、民族間の相違を利用し、影響力を行使してきたが、そのことが中東の地域秩序を不安定化させてきたことは現在の中東の状況を見れば明らかだろう。

繰り返し述べているように、冷戦期以降、中東地域への浸透を強めたのがアメリカであった。冷戦期にアメリカが中東に関与した理由は、①ソ連の中東への直接的・間接的介入の防止、②同盟国が関係する地域紛争の管理(特に中東和平)、③石油の安定的供給の確保、であった。冷戦が終わり、ソ連が崩壊したため、①は意味を失ったが、②と③の理由は継続した。また、①に代わり、新たに④不安定な中東地域の秩序を安定させることが、延いては国際秩序の安定につながる、⑤中東地域に(アメリカが標榜する)民主主義を拡大させる、という理由が加わった。

しかし、オバマ政権になり、アメリカの中東への関与に変化が見られた。オバマ政権は、「財政の崖」と呼ばれた急速な財政緊縮政策の影響もあり、中東への直接的な関与を減らし、他国に責任と負担を委譲する「オフショア・バランシング」への転換を模索した。アメリカはジョージ・ブッシュ・シニア政権とビル・クリントン政権において、二国間・多国間同盟を通し、アメリカが当該地域に大規模な軍事力を展開し、アメリカの国益が脅かされる事態に際して行動するという、「選択的関与」と呼ばれる政策を採った。一方でブッシュ・ジュニア政権は、中東地域に対して「選択的」ではなく、「全面的」な関与を展開した。オバマは、イラクで泥沼にはまったブッシュ・ジュニア政権の反省を踏まえ、中東地域への直接的な展開は極力避け、同盟や多国間主義を通して他国に責任と負担を委譲することでアメリカの目的を達成し、国際的な影響力を維持する「オフショア・バランシング」を模索した。

アメリカが直接的に中東へ関与する姿勢から距離を置き、特に「力（軍事力）の行使」に消極的であることは、よく言えば現実主義的行動ともいえるが、一方で中東地域と国際社会にアメリカの力の衰退を印象付ける結果となった。最も象徴的だったのは、オバマ大統領が「シリアにおける化学兵器の使用はレッドライン（越えてはならない一線）」と主張していたにもかかわらず、2013年夏にアサド政権が化学兵器を使用した疑いが強まった時にもトルコなど中東の同盟国の期待に反し、オバマ政権が軍事力の行使を見送った一件である。「国際的な影響力を維持する」ことが「オフショア・バランシング」成功の条件であるが、消極的な関与と影響力の維持を両立することは非常に難しい。オバマ政権の中東への消極的な関与は、中東の親米国家に大きな動揺と不信をもたらしたことは言うまでもない。

（3）戦争に基づく構造・システム

戦争という行為は、中東の配置を形作る最も基礎的な事象の一つであった。ここでの戦争とは、武力行使が伴う対立である「熱戦」と、武力行使は伴わない対立である「冷戦」の両方を含む。戦争を軸とした中東の構造を時系列に沿ってみていきたい。板垣雄三は、第二次世界大戦後、特にイスラエル建国に端を発して1948年5月に勃発した第一次中東戦争から1967年の第三次中東戦争までの構造を、アラブ・イスラエル紛争を基軸とした「円構造」、第三次中東戦争から1980年代前半まではアラブ・イスラエル紛争に、資源が豊富なイランを含む湾岸諸国の社会・政治変動が新たに基軸として加わった「楕円構造」と説明している（板垣雄三『歴史の現在と地域学――現代中東への視角』岩波書店、1992年、336～346頁）。さらに、末近浩太は、イラン革命、サウジアラビアにおけるメッカ占領事件、ソ連のアフガニスタン侵攻が起きた1979年から80年代初頭までに中東の配置の再編が起こり、図4のような、イスラエルとその同盟国であるアメリカ、エジプト、サウジアラビアを中心とした湾岸諸国（親米同盟）と、イラン、シリア、ヒズブッラー、そして彼らを後押しするソ連／ロシア（「レジスタンス枢軸」）とが対立し、その後の中東政治を規定する「30年戦争」の構図ができ上がったと指摘している（末近、前掲書、339～341頁）。

戦争に基づく構造の秩序原理は、アラブ・イスラエル紛争の場合、域内のアラブ民族主義、ユダヤ人国家の設立というイデオロギー／政治運動であった。それに対して、「30年戦争」の構造では域内

図４　「30年戦争」の構図（理念型）

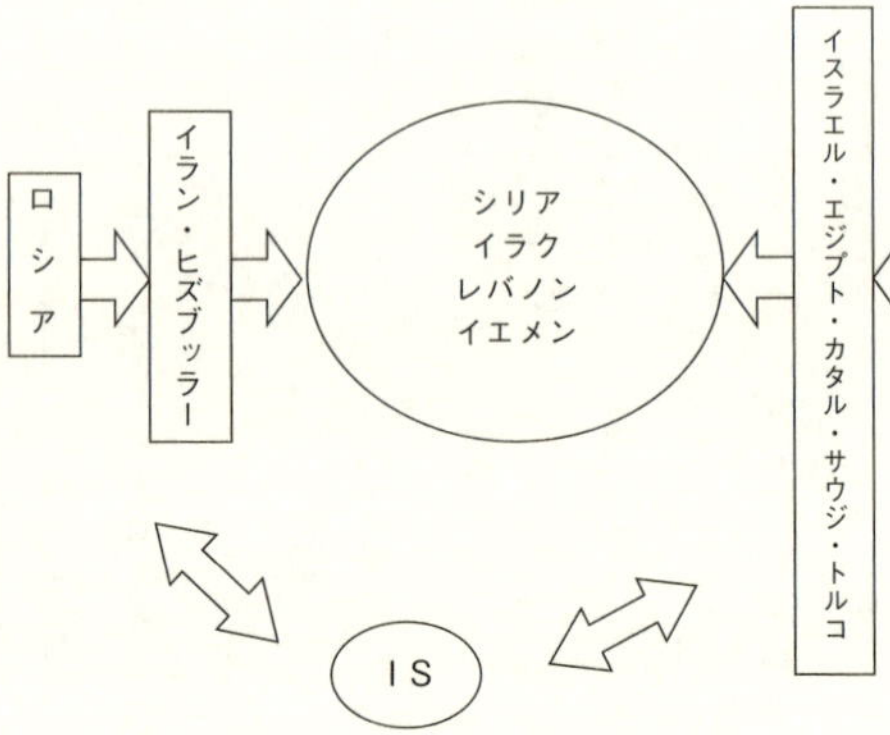

出所：末近、前掲書、341頁を大幅に加筆・修正。

諸国の利益と浸透する域外大国の利益が優先された。「30年戦争」の構造の限界が明白に露呈されるのは、「アラブの春」であった。しかし、酒井啓子はその綻びはすでに２００３年のイラク戦争で、サウジアラビアのイランに対する域内共闘相手であったイラクが喪失し、シーア派イスラーム主義政党がイラクで台頭したことにより、サウジアラビアと、イラクの国家建設を後押しするアメリカの利益の不一致が生じた際に見られたと指摘している（酒井啓子「域内政治のイスラーム化を生んだものは何か」遠藤誠治・遠藤乾編『シリーズ日本の安全保障８　グローバル・コモンズ』岩波書店、２０１５年、２０７頁）。とはいえ、イラク戦争から「アラブの春」に至るまで、「30年戦争」の構図は硬直しておらず、例えば公正発展党政権下のトルコは基本的に親米同盟に属しながらも、地域秩序安定化のための行動を採って域内の調整役を務めるなど、弾力性があった。

「アラブの春」が「30年戦争」の構図を突き崩す、もしくは機能不全に陥らせた要因は大きく5点ある。まず、「30年戦争」のアクターの一つである域内国家は、両陣営ともに基本的に権威主義国家であった。しかし、「アラブの春」は権威主義を否定し、民主化を求め、実際にチュニジア、エジプト、リビアでは政変が起こった点である。二つ目に、アメリカが「親米同盟」の一つであったエジプトをあっさり見限った点である。オバマ政権が域内利益よりも民主主義という理念を優先したことは、サウジアラビアの不信を買うことになった。三つ目に、市民が政治のアクターとして台頭した点である。四つ目に、SNSの普及により、政治運動が地域的な連動性を伴った点である。五つ目に、調整役を演じることが可能であったトルコも、利益よりも民主化という理念を優先し、特にシリアのアサド政権打倒を声高に主張したことで、もはや調整役を演じることができなくなった点である。

加えて、レジスタンス枢軸の中心であるイランが2015年7月14日にP5プラス1（アメリカ、ロシア、イギリス、フランス、中国の国連安全保障理事会常任理事国とドイツ）との間で核開発に関する包括的な協定に合意した。これにより、イランのレジスタンスが軟化した反面、サウジアラビアの対米不信が増幅したことで、親米同盟、レジスタンス枢軸ともに同盟内での足並みが乱れた。そして、ISの台頭が「30年戦争」の構図を再考させている。なぜなら、親米同盟、レジスタンス枢軸ともにISを敵と見なしており、IS対策に関しては共闘しているためである。ただし、シリア危機後を睨み、アサド政権存続を主張するレジスタンス枢軸と、反体制派を支持する親米同盟の立場の違いがあり、ISに対する足並みは一致していない。

このように、「30年戦争」の構造は変化しつつあるが、シリア危機後の中東秩序のあり方を巡って現在も成立している。とはいえ、上述したオバマ政権の中東への関与の低下、地域大国間の相克、ISの蹂躙、IS打倒の有効なアクターであるが「30年戦争」の構図を横断するシリア・クルド勢力の台頭により、その複雑性と脆弱性は増している。

（4）構造・システムの攪乱要因としての宗派と民族

中東地域の構造とシステムを検討するうえで、見逃せないのが宗派と民族の問題である。宗派と民族に端を発する問題は中東のどの国でも一定程度見られる。中東の大多数の国々がイスラーム教を信仰しているものの、サウジアラビアとイランの対立に代表されるように、スンナ派とシーア派の間で対立が見られる。

ただし、この宗派の違いを短絡的に各アクター間の政治対立やテロリズムの理由に還元しないように注意しなければならない。宗派の間で、潜在的な意見対立はあるものの、それを顕在的な対立に至らしめているのは、各国の政治、そして上記した中東の諸構造である。問題は、中東が危機的な状況に陥れば陥るほど、宗派対立は政治的道具として利用されやすく、その効力も増幅する点である。こうした傾向は、特に１９６０年代以降に顕在化した、西洋化・近代化・世俗化に対抗してイスラームの伝統や価値観を見直す「イスラーム復興」の流れの中で見られた。

また、域外大国と中東の諸国家の政策決定者や専門家の間でも複雑な問題を全て宗派間の対立に還元しようとする半ば意図的な傾向が見られ、対立が既成事実化してしまうことも問題である。こうした、国際的な対立や中東における紛争に「イスラーム的外装」を被せ、意図的に宗教対立として解釈しようとする現象を、酒井啓子は「（中東域内）政治のイスラーム化」と呼んでいる（酒井、前掲論文、197頁）。

中東地域においてさまざまな民族問題が存在するが、その最大のものはクルド問題である。クルド人はイラク、イラン、シリア、トルコの４カ国に跨って暮らしている。トルコには総人口約８０００

表2　中東の主要国における宗教・宗派の割合

国名	スンナ派	シーア派	その他
イラク	32 ～ 37%	60 ～ 65%	キリスト教徒 0.8%
イラン	5 ～ 10%	90 ～ 95%	
サウジアラビア	85 ～ 90%	10 ～ 15%	
シリア	74%	13%	キリスト教徒 10%
トルコ	85 ～ 90%	10 ～ 15%	
レバノン	27%	27%	キリスト教徒 40%

出所：CIA World Factbook; Pew Research Center

万人の18％に当たる約１５００万人、イラクには総人口約３７００万人の15～20％に当たる約５５０万～７４０万人、イランには総人口約７８４８万人の内、７～10％に当たる５４９万～７８４万人、シリアには総人口２２００万人の７～10％に当たる約１５４万～２２０万人が住んでいる。上記したようにイラクのＫＲＧは「公式な自治」が認められるまでになった。しかし、トルコでは非合法武装組織であるクルディスタン労働者党（ＰＫＫ）が依然としてトルコ政府と対立しており、トルコ南東部の治安が悪化している。また、シリアの民主統一党（ＰＹＤ）とその軍事部門であるクルド人民防衛隊（ＹＰＧ）は、ＰＫＫのシリア支部と見られているため、トルコ政府はＰＫＫ同様、テロ組織と見なしている。一方、ＰＹＤ／ＹＰＧは２０１４年９月から翌年１月までのコバニ（アイン＝アラブ）におけるＩＳとの戦闘で勝利しており、アメリカなどからはＩＳ対策には欠かせないアクターと認知されている。そのため、ＰＫＫはテロ組織と認定しているアメリカもＰＹＤ／ＹＰＧはテロ組織と見なしていない。ＰＹＤ／ＹＰＧをめぐって、上記した「親米同盟」の利益は一致しておらず、ＰＹＤ／ＹＰＧは「30年戦争」の構造を大きく揺るがす可能性もある。

おわりに

本章では、中東地域のアクター、構造、システム、そして構造をシステムとして機能させる秩序原理について素描することで、第Ⅱ部の各論を見ていく上での「海図」を提供することを目的とした。ただし、本章が提示したのはあくまで「理念型」であり、現実はさまざまなイシューによって各アクター、構造、システムが複雑に重なり合っている。中東で起こる事象には地域内の多様なシステムが相互作用的に影響しており、一つの事象を理解するためには、地域におけるさまざまな層、そして地域に影響を及ぼす多様なレベルを常に意識する必要がある。さらに、地域内の他の場所で起きた事象が、時間差を伴って顕在化することもしばしばある。この複雑性、全体性、独自の時間性という中東の特徴こそがこの地域の理解を難しくしていると同時に、魅力的にしている要素であろう。

現在は、本章で「統治の空白地域」と呼んだ場所が中東地域内に多々見られるようになってきた。さらにＳＮＳなどによってそうした地域でＩＳなどのテロ組織、もしくはＩＳに同調する組織が活動範囲を広げ、有機的につながり、テロ組織のネットワークシステムが構築されつつある。中東地域の大国間の足並みが揃っておらず、アメリカの中東への関与への消極的な姿勢も、こうした傾向に拍車をかけている。テロ組織のネットワークシステムを断ち切り、中東に生じた「力の空白」をどのように埋めていくかが、今後、中東秩序を安定化させていくための課題である。そのために、地域の大国間の協調、域外大国の一定の関与、そして長期的で辛抱強い政策の実践が求められている。

第3章

中東諸国が抱える経済問題
――経済のグローバル化と石油がもたらしたもの

中東の政治変動には基底で経済が関係する。エジプトの1月25日革命、トルコのエルドアン体制、イランの核合意、サウジの持続する王政の経済的背景は何か。「経済自由化」「石油」「ポピュリズム」をキーワードに解いていく。

後藤　晃

1　中東の政治とその経済的背景

中東をめぐる政治状況は日々変化している。アラブ諸国ではチュニジアの民主化闘争にはじまる激しい政治変動を経験し、シリア内戦とＩＳ（イスラーム国）の拡大は中東のみならず欧米の政治や社会をも揺るがしてきた。こうした政治の変動については、政治、民族、宗教、それに国際関係をキーワードに読み解くことができるだろう。マスコミも多くこうした観点から解説を行ってきた。しかし、政治状況にはその基底のところで経済が関係することが多い。世界経済の変動、石油価格の動向また各国の経済改革の成否が地域や個々の国の政治状況に反映し、場合によっては政治の大きな変動につながることもある。

エジプトの1月25日革命を例にとると、革命は民主化のための闘争で経済問題は直接的には関係しない。タハリール広場に集まった青年はムバーラク大統領の独裁体制を糾弾した。しかしこれが大衆に広く支持されたのは、同時に大衆の生活に近いところで共感なり政権批判があったからである。貧困の拡大や若者の失業、また格差の拡大と一部の特権層への富の集中に対する不満をもとに、広場では「社会の公正」もスローガンとして掲げられていた。

最近の出来事でいえば、核問題をめぐるイランとアメリカの協議が2015年10月に合意に達し2016年1月に制裁が解除されたが、合意に至る過程にも経済的な背景があった。イラン経済は2008年のリーマンショックの影響や経済政策の失敗で2009年以降悪化をたどっていた。2012年のアメリカによる制裁強化はイラン経済をさらに厳しい状況に追い込み、2014年秋以降の石油価格の下落はこれに追い打ちをかけた。海外の資産が凍結され石油価格が1バーレル（約158リットル）当たり100ドルから40ドル前後まで大幅に下落したことで、石油収入に依存してきたイランの経済は財政危機と外貨危機に陥った。加えて、中東での覇権を目指すサウジアラビアとの緊張が高まったことで、核開発で譲歩してでも制裁を解除されることが喫緊の問題となっていた。

またサウジアラビアは近年覇権主義的行動をとりイエメンに軍事介入しイランとの国交を断絶した。サウジアラビアが軍事力を強化し経済的にも周辺諸国に影響力を強めて存在感を高めたのは、2003年からの石油価格の上昇を背景としている。石油価格は10年余りで5倍に上昇し、最大の石油輸出国であるサウジアラビアには莫大な石油収入が入った。その結果、国内的には「高福祉」の政策をとることで王政への不満を除き、対外的には軍事力を拡充して混乱が続く中東地域への介入を深めていった。1990年代までのサウジアラビアは中東で覇権を争うだけの軍事力をもたずアメリカの中東戦略を支える形で行動していた。イラク戦争で中東の力のバランスが大きく変わる中で石油価格の上昇がイランと対峙できる軍事大国化への道を可能にしたといってよい。

以上は個々の国の事例である。国民国家の枠内で政治の変動に経済問題が関係していることを示している。だが、中東地域の枠組みで政治と経済の関係を具体的に確認することはそれほど容易ではない。中東では経済統合がほとんど進んでいない。このためEU経済というような意味での中東経済は存在しない。また、ペルシャ湾岸のアラブの6カ国で湾岸協力会議（GCC）が組織されているものの、東南アジアのASEANのような地域全体を網羅した地域協力の機構はない。中東には大産油国がある一方で経済力の小さな貧しい国もあり、国家間の経済面での協力関係は必ずしも密ではない。貿易でみると中東諸国の域内貿易の比率は比較的小さく、資本の移動も欧米との関係が圧倒的であった。

しかし一方で、1973／74年のオイルショック以降、石油輸出国が経済力を高めたことで、石油輸出国を中心とした域内の経済関係が強められてきた。湾岸産油国の経済力は周辺の非産油国に様々に波及効果を及ぼした。エジプトの事例でみると、オイルショック以降、エジプトから移住した100万人以上にも及ぶ大量の出稼ぎ労働者が湾岸産油国とエジプトの隣国リビアで働き、彼らの送金がスエズ運河の通航料や観光収入とともにエジプトの重要な外貨獲得源になってきた。また湾岸諸国からの経済援助や投資がエジプトの経済活動を支え、外貨不足を救う役割を果たしている。近年では外貨危機に陥っていたシーシー政権にサウジアラビア、ＵＡＥ、クウェートによる総額で１２０億ドルに及ぶ支援が表明された。

また経済のグローバル化が進んだことで中東諸国もグローバルな基準にのっとった改革を進めてＥＵなどの近隣地域と経済関係を強めてきた。貿易は増え、資本の移動も活発化している。

ここでは中東を代表する四つの国、エジプト、トルコ、サウジアラビア、イランをとりあげるが、エジプトとトルコについては、グローバル化が国民国家の政治と経済に及ぼす影響を現代の政治動向との関係でみる。またサウジアラビアとイランについては、石油収入が国の構造をどのように規定してきたか、また石油価格の動向で政治にどんな変化がみられたかをたどり、経済問題を通して現代の政治状況に接近していく。

2　エジプトとトルコ

(1)　経済ナショナリズムから経済の自由化へ

グローバル化が進む１９７０、80年代に、中東諸国は国際基準に適応すべく経済の自由化を進め、世界経済に強く組み入れられていった。これは、国の制度や枠組みだけで経済をコントロールし発展させることが難しくなったためである。世界経済のシステムにおいて、独自の政策で自立的に経済開発を進めようとする経済ナショナリズムでは国の経済をうまく運営することが難しくなり、トルコもエジプトも経済の自由化に向けて舵を切った。

歴史を遡ると、1970年代までこの二つの国は貿易を規制し外資の導入も控えて閉鎖型の経済体制のもとで開発を進めてきた。先進諸国の資本への依存は経済的被支配につながりかねないとの認識によって、工業化は国家主導で国営企業を中心に進められ、価格政策や貿易政策によって保護され財政と金融面で支援がされた。当時、経済ナショナリズムは中東に限らず世界の潮流でもあった。

エジプトではアラブ社会主義と呼ばれた社会主義的な計画経済のもと、民間企業を国営化し国民の負担で資本が蓄積され工業化が進められた。またトルコは国営企業と民間企業が相互に依存しながら工業化を進める混合経済をとり、いずれも対外的に開放されず強い規制のもとで閉鎖型の体制が維持されていた。

しかし、1971年のドル危機で世界経済を牽引するアメリカの力が弱まり、1973／74年の石油危機で「水より安い」といわれた石油の価格が高騰すると、経済成長が矛盾を吸収できていた時代は終わり経済ナショナリズムは破綻をはじめた。保護主義で育った工業部門は対外的に競争力をもたず貿易赤字が恒常化し、対外的な借金である債務を累積させるようになった。

トルコでは、1970年代末頃には外国からの借金が膨らみ外貨が不足して必要なものを輸入できなくなった。工業製品を作るための部品や資本財の輸入ができず、このため工業生産は停滞し、もの不足がインフレを引き起こした。経済はマイナス成長に落ち込み、債務を返済できずデフォルト（国の破産）に瀕した。この時代、社会不安が拡大し1980年にはクーデターが起こっている。

世界では市場の全面的な自由化を主張する新自由主義が台頭しグローバル化が進行していた。保護主義的に自国の工業化を進めてきた中東の国々も、経済危機をきっかけに経済の自由化へと経済政策を転換させ、1980年代には貿易の自由化や資本の自由化など規制を緩和していった。

経済の自由化は、国内の利害が大きくなかなか進みにくい。国営企業の民営化も国営企業と関わる利害集団との闘争が必要であり、保護されてきた企業を自由競争の中に投げ込むには抵抗が大きい。このため経済の自由化や経済改革は外圧によって背中を押されることが多かった。トルコでは、デフォルトの危機に際して国際通貨基金（IMF）に融資を求めたが、IMFは融資の条件として財政改革などの経済改革をトルコに求め、新自由主義の考えにもとづいて自由化を進め市場を開放することを勧告した。

エジプトでは、1974年にサダト大統領によって門戸開放政策がとられ、貿易の自由化や外資導入による工業化が進められた。しかし社会主義時代の負の遺産が大きく、経済改革と経済の自由化は容易ではなかった。国営企業は効率が悪く改革の必要性があったが、民営化には抵抗が大きかった。

エジプトの場合、石油価格が高かったオイルショック後の10年は、産油量は少ないものの産油国の仲間入りをしていたこと、石油価格の高騰で潤う湾岸のアラブ産油国から資本が流入したこと、また湾岸諸国やリビアに向かった出稼ぎ労働者からの送金が増えたことで、トルコなどの非産油国とは対照的に比較的高い経済成長を維持した。

しかし1980年代半ばに石油価格が暴落すると経済は悪化し、財政赤字と貿易赤字によって対外的な借金が増えていった。借金の返済が滞ると国の破産につながるため、エジプトもまたIMFに支援を求め、融資を受ける条件として求められた経済改革と市場経済への移行に同意し、改革に着手することになる。その中身は、貿易の自由化、価格統制の撤廃、利子の自由化、外国為替制度の改革、財政支出の削減、そして国営企業の民営化である。

改革は国内の利害調整を要し、とくに財政支出の削減は経済の抜本的な改革を必要としたため容易には進まなかった。また貿易の自由化は、輸出力をもたない国にとっては輸入だけが増えることになり、貿易赤字が拡大してインフレを引き起こした。さらに自由化を進めていくと経済格差が拡大し社会の軋轢が大きくなるという問題もあった。

トルコの場合、エジプト同様に民営化がなかなか進まなかったこともあり、1990年代には財政赤字はほとんど解消されていない。貿易赤字も貿易自由化以降に恒常化し、対外債務はさらに膨らんだ。また自由化政策の一環として外貨預金が解禁され対外資本取引が自由化されたことで、海外から投機性の高い短期資金が流入した。この短期資金は銀行を介して財政赤字で発行された国債の購入に充てられ、国際収支の赤字を埋める資金になった。しかしこの資金は世界経済の変動や政治不安でしばしばトルコから引き上げられ、1990年代から2001年にかけて経済危機が3度繰り返され、その度にIMFの支援を受けた。

（2）1月25日革命とエジプト経済

1990年代は、エジプトもトルコも財政問題と債務問題を抱え、自由化と経済改革が課題になりながら、政治的事情や利害調整の難しさから改革のスピードが遅かった時代である。しかし2000年代に入るとスピードが速まり、トルコでは2002年に始まるエルドアン政権によって、エジプトでは2004年にナズィーフ政権によって経済改革が加速された。

ナズィーフ政権は、経済の低迷に対する国民の不満に対して経済改革で応えようとしたが、その政策は経済の自由化を進めて海外から直接投資を呼び込み、工業生産を拡大して輸出を増やしていくというものであった。2004年にはEUとの自由貿易協定（FTA）が発効したこともあり、その後6年間に貿易は4倍、海外からの直接投資も3倍に増えた。また国営企業の民営化を加速させ、金融改革を行って銀行の整理統合を進めた。こうした自由化と経済改革によって2000年代初めに3％前後であった経済成長率は2006年から08年には7％前後まで上昇し、リーマンショックの時も5％を維持した。しかしその一方で、輸出の伸び以上に輸入が増え貿易赤字は2004年から10年の間に3倍以上に拡大し、それまで低下傾向にあったインフレ率は10％前後まで上昇した。また恒常的な財政赤字はほとんど解消されなかった。

経済の自由化が経済の発展に寄与した一方で新たに貧富格差の拡大という問題も引き起こした。貧困層の増大は社会の不安定化の要因となり、財政の負担になっていた補助金の改革を難しくした。この時期、GDPの伸びが人口増加率よりも高かったことで、国民1人あたりの所得は増えている。しかしこれは高所得者層で伸びた所得増が平均を押し上げたためであり、所得格差の拡大で貧困層はむしろ増加していた。経済の自由化は競争を激化させることで所得を偏在させ貧富格差を拡大した。国連の基準である1日の収入が2ドル以下の貧困層は2000年代初めにエジプト国民の4割を占め、1か月の支出が44ドル以下を貧困とするエジプトの基準では人口の4分の1が貧困層であった（JETROカイロ事務所、2012年）。

この数字からエジプトが多くの貧困層を抱えた国であることがわかるが、低所得者層が経済発展で減少していない点が大きな問題といえる。国民の豊かさを示す国民1人当たりの所得を購買力平価で比較するとエジプトはチュニジアより低く、トルコの半分程である。

ナズィーフ政権の経済政策では経済成長による雇用の増大が目標とされていた。失業率をみると2010年に9%で、2000年ごろとほぼ同じである。この数値は世界的にみるとそれほど高いとはいえないが、この公式数値は実態と大きくかけ離れ実際にはその2倍近いともいわれている。しかも若年層に限るとその数値ははるかに高くなる。人口成長率が高いため総人口に占める若者の比率が高く、毎年100万人近くが新たに労働市場に加わっていることの影響も大きい。教育レベルの高い層の失業率が高く、労働者の半数は日雇の形で雇用されているともいわれている。経済発展が貧困層の減少と雇用の拡大に結びつかなかったのである。

エジプトでは低所得者層の生活支援を目的に補助金政策がとられてきた。補助金は、庶民の生活に関わる消費財の価格に対する補助が中心となっている。石油価格が上昇してからはガソリン価格への補助が補助金総額を押しあげているが、もとは食料や衣料、交通費など貧困層

図1　国民1人当たりの所得（購買力平価）2014年

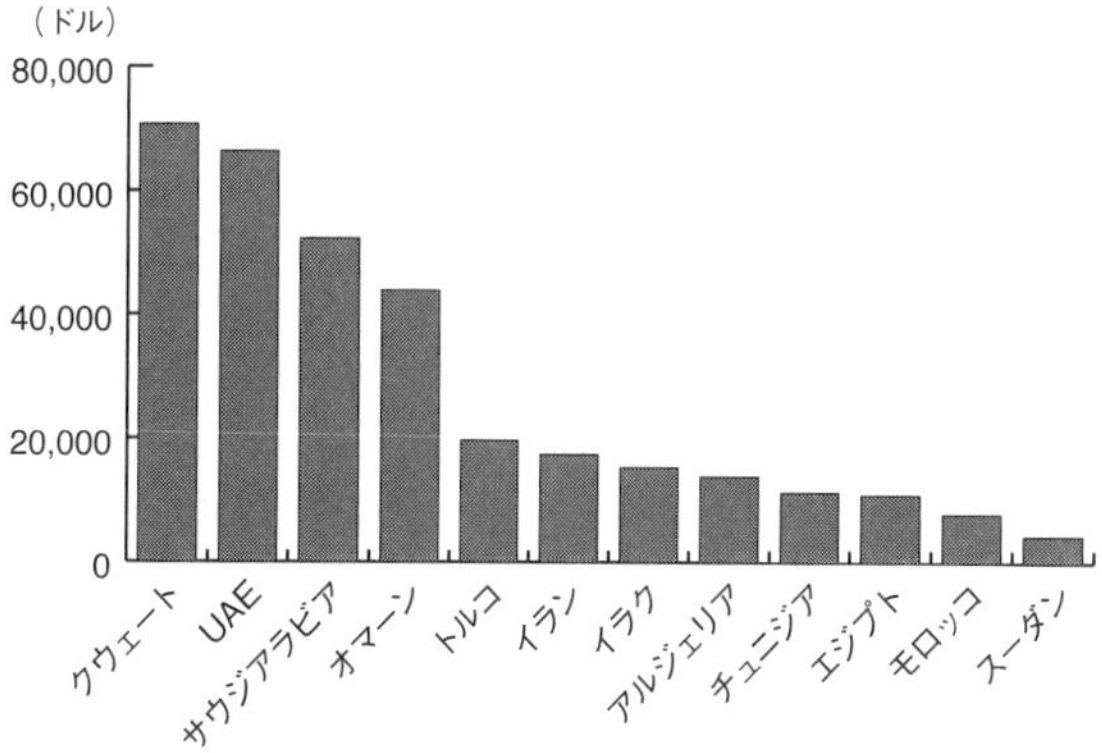

出所：IMF, World Economic Outlook Databases（2015年版より作成）

への生活補助を目的としていた。庶民が食べるエイシュと呼ばれるパンは日本円にして4円ほどで販売されてきた。

しかし、エジプトの財政は慢性的に赤字で、赤字額はGDPの8%を超える大きさで推移してきた。14年と15年はシーシー政権が積極的な財政政策をとったことで14%と高くなっている。赤字は政府の負債として積み上がり、政府債務の対GDP比は85%に達している。

財政赤字の主たる項目の一つが補助金であり、補助金の削減が経済改革の一つの柱として議論されてきた。削減は低所得者の負担を増やすことになり、しばしば社会不安を引き起こした。2008年から翌年にかけて小麦やトウモロコシの国際価格は3倍近く高騰した。このとき日本に次ぐ穀物の大輸入国であるエジプトでは財政上の問題から補助金による安いパンの供給が滞り、各地で暴動が起こっている。

貧困は所得の低さ以上に格差の拡大で強く実感される。1月25日革命のスローガンとして社会公正の実現が掲げられた背景も格差社会への批判があったと考えられる。特定の特権をもった集団に富が集中し、ムバーラク大統領とその親族また財界と官僚が癒着したクローニー資本主義により政治と経済をめぐる腐敗も広がった。高い失業率の状態が続いたまま格差が拡大し腐敗が蔓延し、国民に共有された不満は失業や貧困に加えて格差と不平等に対して大きかったといってよい。

（3）現代のトルコ経済とエルドアン

1990年代のトルコは政党の離合集散で政権は安定しなかった。また国の財政は政府とその利益集団との構造的な癒着によってバラマキが行われ財政規律が失われたことで、財政赤字を拡大していた。政府は国債を発行して赤字を埋めたが、この国債購入のかなりの割合を海外から利益を求めて流入した投機性の高い短期資金が占めたことで安定性に問題があった。１９９０年代から２００１年にかけて経済危機が繰り返されたが、これは政治不安や経済不安によってこうした海外からの資金が一気に引き上げられたことに主たる原因があった。

この不安定な経済は２００２年以降になると安定化し、ファンダメンタルズは大きく改善された。イスラーム的な中道右派の公正発展党（ＡＫＰ）が国政選挙で勝利し単独政権を樹立すると、新政権はまず経済改革に取り組んだ。ＡＫＰはイスラームの社会福祉的な価値観で所得の再配分政策をとり、既存の財閥など世俗主義の資本家集団の権益に踏み込む姿勢をとることで大衆の支持を得るポピュリズム的な政策をとった。またイスラーム色の強い中小企業を育てて支持層を拡大した。しかし一方で経済政策の理念は新自由主義的であり、経済の自由化を求めるＩＭＦとの合意にもとづく金融改革や財政改革を積極的に進めた。

この経済改革は成果をあげ、２００３年に対ＧＤＰ比で９％あった財政赤字は２０１３年には２％まで下がり、ＧＤＰ比で67・７％あった国の債務残高も36％まで低下した。また、１９９０年代には年60％を超えていた高いインフレは７％台に下がり経済は大きく改善した。そして実質経済成長率はリーマンショック後の２０１０年と11年には８％を超える高い水準にまで達した。この間、海外からの直接投資も17億ドルから１２９億ドルへ８倍近くに増えている。

しかしその一方で、貿易赤字は大きく拡大した。赤字は経済が好転した２００４年から増え始め、

2012年にはGDP比で8%まで増えた。これは消費財の輸入増に加え、資本財や中間財の輸入が増えたことによる。直接投資によって自動車などの工業製品の輸出は伸びたが、国内の工業に技術的な遅れが目立ち輸出が増えるほどに機械や部品の輸入も増え、トルコが抱える産業構造の問題は解決されないままであった。2012年になると経済は停滞し、経済成長率はその後2%から4%の間で推移している。

財政改革が進み政治が安定したことで海外からの直接投資や証券投資が増え、海外からの資金の流入で貿易赤字にも関わらず国際収支はバランスがとれていた。1990年代には財政赤字を埋めるために利子率を上げるなどして短期の資金を海外から呼び込んだ。だが現在は貿易収支の赤字が海外の資金でバランスがとられている。海外からの資金や証券投資に頼るトルコの体質は長期に変わっていない。2008年の金融危機以降にアメリカがとった量的緩和政策でドル資金がトルコに大量に流入したことの影響は大きく、2010年と11年の高い経済成長もこれによるところが大きい。

今日、IS問題およびシリア難民の大量流入、それに景気の後退でトルコは不安定性を増している。加えてアメリカの量的緩和政策が終わると、海外からの資金が引き上げられる可能性がある。トルコ通貨であるリラの下落はこの動きを反映している。2010年から2015年までにリラの価値は4割以上下がっている。

トルコにおける経済の動向は政治にも反映している。とくに目立つのはエルドアン大統領の強権的政治と近年ではミサイルによるロシア戦闘機の撃墜やクルド人反体制組織への軍事行動にみられる強い国家意識である。ロシアの戦闘機撃墜は小国が大国に牙をむいた冒険主義的行動として映っているが、国の守護者として自らの存在をアピールするための行動とみることもできるし、クルド人反体制組織との協調を破棄して強めている軍事行動にはトルコ主義者が多いトルコでナショナリズムを喚起する意図が読み取れる。いずれも自らの権威の維持を図ろうとする政治的行動という面が強い。

以上にみるように、1990年代のトルコは、多くの政党が分立して政権が安定せず経済改革が進まなかったことから、経済的には極めて不安定であった。2002年の国政選挙で公正発展党（AKP）が単独政権を樹立すると安定した政権運営が可能になり、財政改革と金融改革を中心とした経済改革が進められ経済は安定した。このためAKPは2007年の選挙でも勝利を収め、党首であるエルドアンは自信を深め、次第に強権的で権威主義的な政治姿勢をとり始めた。憲法を改正して大統領の権限を強めようとする動きはこれを象徴している。

しかし2012年から景気が後退して成長率は大きく低下した。これを経済の過熱を抑える政策の結果とみる向きもあるが、貿易赤字と海外資金への依存は構造的な問題であり、トルコ経済を不安定化させる要因となっている。この30年、トルコでは経済の不安定化が政治の不安定化をもたらすという歴史を経験してきたが、ＩＳ問題およびシリア難民の大量流入、さらに頻発する自爆テロも加わって、エルドアン政権の権威主義的政治も安定性に揺らぎが出てきているようにみえる。したがって、国の守護者を演じてトルコ人のナショナリズムを喚起し権力の集中をはかるエルドアンの政治的行動は、経済の不安定化と無関係ではない。

3　石油輸出国の政治経済

石油の価格は１９７３／74年のオイルショックの時に高騰し、その後10年ほど高い水準にあった。しかし１９８０年代半ばになると需給が緩んだことで価格は下落し、90年代末まで１バーレル20ドル前後の低い水準で推移した。そして２００３年のイラク戦争の頃から再び上昇をはじめ、２００４年には40ドルに、乱高下したリーマンショックの時を除くと、２０１０年には80ドル、２０１１年から２０１４年半ばまでは１００ドル前後で推移し、10年間で石油の価格は5倍に上昇した。これは、中国やインドなど新興工業国でエネルギー需要が急増し将来における石油不足が予測されたこと、また石油が金融商品化して投機マネーが流入したことが主たる要因である。石油価格の高騰で石油輸出国に入る石油収入は大幅に増加した。

図２　原油価格の動向（米ドル／バーレル）

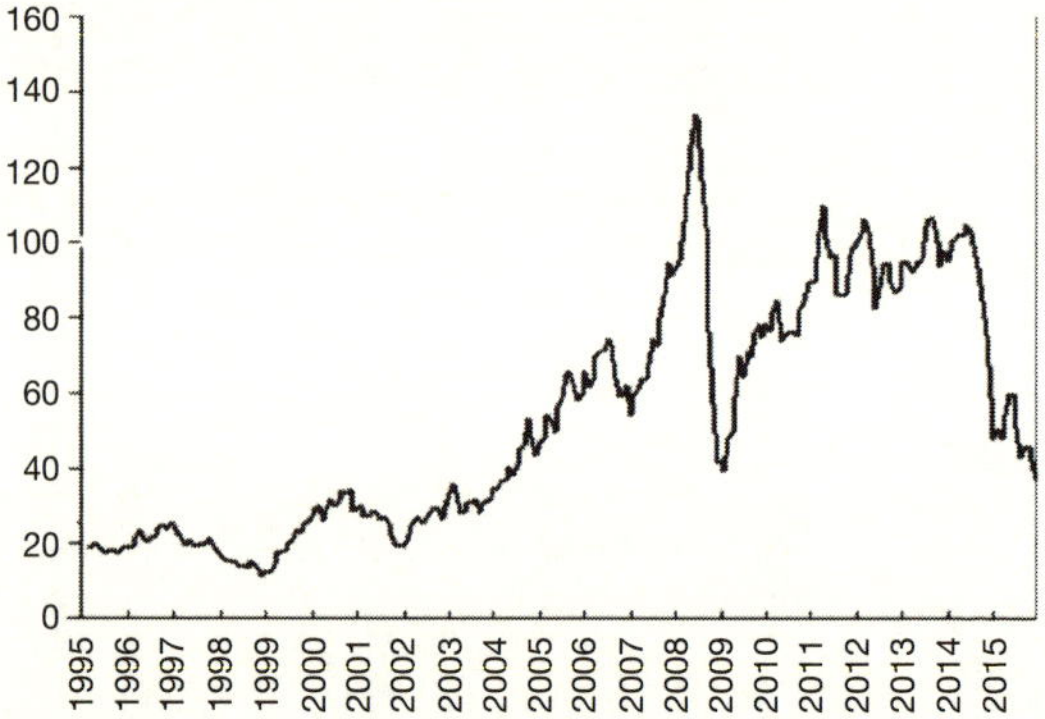

WTI　ニューヨーク・マーカンタイル取引所スポット価格。月平均。

（1）石油価格の上昇とサウジアラビアの石油依存の体制

湾岸のアラブ産油国は、独裁と権力者への富の集中という点では革命前のエジプトやチュニジアをはるかに超えており、サウジアラビアは絶対王政といってよいほどに王族に権力と富が集中している。この国にも民主化を求める動きはあり、「アラブの春」の時にはシーア派住民のデモが起こっている。しかしエジプトのような革命には至らなかった。これには石油価格の上昇で得た石油収入の分配で国民の不満の芽を摘んできたことが関係している。2011年当時の石油価格は、1バーレル当たり100ドル前後と高い水準にあり、豊かな財政を補助金や社会福祉、それにインフラ等の開発投資に支出していた。

サウジアラビアはGDPの半分近くを石油と天然ガスの生産が占め、財政は石油収入に多くを依存し、依存率は2013年には85%を超えていた。石油価格の上昇は財政規模を大きく膨らませたが、財政支出は対GDP比で4割以上になり「大きな政府」として経済活動への政府の役割をそれだけ大きなものにした。

財政収入の石油依存度が高いことで、国民から税を徴収する必要性がない。石油収入は産油国にとって半ば不労所得であり、政府はこの一部を国民に分配することで国民の合意を求めることなく支出することが可能になり、権威主義的な体制への批判が出にくい構造になっている。

サウード家がアラビア半島の広大な領域を長期に統治できた理由の一つは、ここに油田が開発されたことにあるといってよい。石油収入が王政を守る軍事力の維持を可能にし、石油収入のバラマキが王政の正当性を保障してきた。バラマキの対象は近代国家の体裁が整う以前は部族であり、現在は国民である。いずれにせよ体制の維持に所得の分配が不可避であり、豊かな財政のもとで補助金や給付金の形で分配され「高福祉」社会が作られてきた。

豊かな財政収入はインフラを中心とした開発投資、国民の生活を保障する補助金や年金、それに国防と治安に多く支出されてきた。社会的な支出は、教育、医療、住宅などへの補助金、光熱費、年金、失業手当など多面に及び、国民は税をほとんど払うことなく福祉を享受し様々な給付を与えられた。見方を換えればバラマキ的な支出によって国民の不満を戦略的に抑えてきたともいえる。２０１１年には、「アラブの春」の波及を防ぐ意図で国王により１３００億ドルに及ぶ金が国民にばら撒かれている。

エジプト同様にサウジアラビアも失業率が高い。ＩＭＦの推計では２０１４年には11・7%で、29歳以下の若年層に限ると30%ないし40%になると推定されている。しかし高い失業率の要因はエジプトとは異なり、外国人労働者と区別された高い賃金のため企業が雇いたがらないこと、またサウジアラビア人が肉体労働を嫌うことにある。サウジアラビア人の間にも格差は拡大しているが、給付金や補助金によって失業が貧困につながっていない。

サウジアラビアは社会を支える労働を外国人労働者に依存してきた。建設業、製造業、卸小売業の就業者の数ではサウジアラビア人をはるかに超えている。サウジアラビア人の高い失業率に対して外国人労働者は完全雇用に近く、サウジアラビア人との間の差別と経済的な格差をもとに社会が成り立っているという特徴がある。

国防と治安のための支出は支出全体のほぼ3分の1を占め、石油収入の増加とともに増えてきた。これはテロ対策また最新鋭の装備を整えて中東での覇権を目指すサウジアラビアの戦略と関係し、中東における軍事大国化がはかられてきた。軍事と援助を通してアラブ世界での発言力も強めてきた。

つまり、国民への石油収入の分配である社会的な支出と国防への支出は国内的には社会の安定、ひいては王政の安定を維持するのに不可欠であり、対外的にはイランやトルコを相手に中東世界での覇権を目指す手段となってきた。

21世紀に入ってからの石油価格の上昇はこうした構造をもつサウジアラビアにとって良い環境であった。財政収入は2002年から10年足らずで4倍に伸び、これに応じて支出も増加した。財政支出の膨張は石油依存を強め、社会の安定のための支出が増え、中東地域の緊張が高まる中で軍事支出も増え、膨らんだ支出は容易に削減できない硬直的なものになった。

2014年の秋、石油価格は100ドルから40ドル前後に急落し、2016年初頭には30ドルまで下落した。理由は、石油輸出国機構（OPEC）が価格調整の能力を失ったことやシェールオイルの開発で将来的に石油需給の緩和が見込まれたことにあるが、最近の落ち込みについては、中国の景気後退による世界経済への影響、それに経済制裁の解除によってイランが増産する可能性が生まれたことがあり、当面かつてのような高い水準には戻らないといわれている。

IMFによると、サウジアラビアの財政は石油価格が1バーレル90ドルでバランスがとれ、それ以下では財政赤字になる。40ドルの価格水準ではこのバランスを大きく崩し大幅な財政赤字になる。バランスをはかるには財政支出の大幅な削減が必要になり、軍事費と補助金など福祉に関わる部分がその対象にならざるを得ない。しかしサウジアラビアには、2015年時点で石油価格が高い時代に蓄積された7500億ドルに及ぶ財政余剰があり、これを切り崩せばしばらくはこの赤字を補填できる。実際に2015年の国の予算では支出を削減していない。2016年の予算案では870億ドルの財政赤字が見込まれているが、電気料金の値上げやガソリンなどへの補助金の削減措置がとられているものの大幅な削減はしていない。

サウジアラビアが抱えているもう一つの問題は人口の急増である。2011年の国勢調査では人口は2837万人であった。人口増加率は2・9％と高く、このままいくと2030年には3500万人ないし4000万人に増えると予測されている。人口増加は石油の国内消費を増やすことになり、その分石油の輸出力は低下する。人口増は、石油価格を一定とすると、石油収入の減少と財政支出の増加となり、これまでのような福祉国家の存続が難しくなる。

政治的には、サウジアラビアは中東の地域紛争をめぐってイランへの対決姿勢を強め、イエメンの内戦など国外での軍事介入を行ってきた。またイスラエルとともにイランに対する経済制裁の解除に強硬に反対してきた。これにはイランの核に対する強い不信感があるが、同時にイランの石油が国際市場に流れ、需給がさらに緩和することへの危機感があった。

ただサウジアラビアは世界に莫大な資産をもち、また国債の総額はGDPの2％ほどで非常に小さい。このため資産の売却と新たな国債の発行で財政赤字を補塡していくことが可能であり、当面、石油価格の低下で深刻な財政問題を抱えることはないと考えられる。しかし石油価格が長期に低位で推移し、また人口が増大していくと、財政支出の構造を大きく修正せざるを得なくなる。「高福祉」が不可能になったとき、権威主義的な王政の存立も危なくなる。対外的にも王政の安定が保障されている訳ではない。サウジアラビア国民は民主主義の経験がなく、政党活動を通しての政治的な訓練がなされていない。2011年の「アラブの春」はサウジへ波及することがなかったが、イラクやシリアのように国家が崩壊する危機が起こったときには、さらなる混乱が生じる可能性は否定できない。

（2）イランの経済政策――社会公正（バラマキ）か効率化（自由化）か

イランもサウジアラビア同様に湾岸の大産油国である。石油の埋蔵量は世界4位であり、経済制裁下にあった2015年には日産120万バーレル余り生産されていたが、サウジアラビアのほぼ半分に相当する日産500万バーレルの生産能力をもっている。また今後生産が増えると予想されている天然ガスは世界1位の埋蔵量がある。

2003年以降の石油価格の上昇で石油輸出国は石油収入を大幅に増やしてきた。イランも2002年に230億ドルであった石油収入は2007年には816億ドルと5年間で2・6倍に増えた。しかしその後は核開発をめぐる制裁の影響で収入は減少し、イラン経済に大きく影響を及ぼすことになった。

イランの核開発疑惑は、核兵器への転用への疑念からアメリカをはじめとする国々による制裁へと進んだ。国連安保理は2006年以降6度にわたって制裁決議を行い、2012年からはアメリカなど多くの国で制裁が強化された。しかし2013年8月にロウハーニー政権が誕生して後はイランの態度が軟化し、アメリカと協議を重ね2015年10月に合意に達した。そして2016年1月に欧米で制裁解除が決定された。

イランが態度を軟化させたのは、大統領が保守派のアフマディーネジャードから穏健派のロウハーニーに移ったこともあるが、イラン経済が制裁の影響で危機的状況に陥っていたことが理由としてある。経済政策の誤りと制裁の影響で２００９年時点ですでに経済は厳しい状況にあったが、２０１２年以降は制裁強化によって石油収入が減ったことに加えて、金融制裁で海外の資産、とくに石油価格の上昇で蓄えられた石油収入が海外で凍結されたことが影響して、経済は危機的状態に陥った。資金は底を突き、さらに２０１４年秋以降の石油価格の低落で財政は大幅な赤字に追い込まれ、外貨も枯渇状態にあった。このため２０１２年にはＧＤＰはマイナス６％に落ち込み、インフレ率は30％を超えるまでに上昇した。

石油収入の減少が財政支出に大きく影響することはイランもまたサウジアラビアと同様である。財政収入に占める石油収入の割合は２００７年には45％に及び、この高い石油依存度により石油収入の変動が財政収支に大きく影響し、経済は不安定なものになった。しかも石油への高い依存は、石油収入が半ば不労所得であることよって財政支出に合理性を欠き、バラマキ的支出に向かう傾向がある。イランもこの点で石油依存度の高い石油輸出国としての性格をもった。

イランでは１９７９年に革命が起きて王政が崩壊した。革命後、権力闘争を経てイスラーム体制になったが、この体制下でとられた経済政策は、同じ時期にトルコやエジプトがとった政策とは全く逆方向を向いていた。先に示したように、トルコやエジプトはそれまで国営企業を軸に保護主義的な工業化政策を進めてきたが、経済危機を契機に貿易を自由化し国営企業を民営化して経済の自由化へと政策を転換させた。これに対してイランでは、同じ時代に貿易や金融に国の管理を強め、民営企業を国営化して政府がこれを関税制度や様々な規制によって保護した。

世界経済の景気後退の時代に保護主義的な政策をとれたのは、石油価格が高く豊かな石油収入があったからである。革命政権が誕生した頃、石油価格は１９７３／74年と１９７９年の2度のオイルショックを経て、１バーレル当たり30ドルないし35ドルの水準にあった。この価格は購買力によるドルの価値では現在の１００ドルぐらいに相当する。

政権を担っていたイスラーム保守派の中には経済の自由化の必要性を主張するグループもあった。しかしイスラーム革命の理念である「社会公正」が政策に反映され、農民に対しては農産物に対する価格政策や各種の補助金などで保護し、貧困層に対してはパンや卵、食用油から電力、ガソリンに至るまで補助され、消費財を生産する企業や組織に多額の資金が援助された。

しかしトルコやエジプト同様にイランも、１９８０年代の末になると閉鎖型で保護主義的な経済政策は修正を迫られることになる。これは１９８０年代半ば以降に石油の価格が下落したこと、それにイラクとの長期にわたる戦争で多額の戦費を必要としたことが関係している。工業部門は投入財を海外に依存していたが、外貨不足で輸入が滞り生産活動が低迷した。海外からの投資は対米関係が極めて悪かったことでほとんどなかった。このため財政赤字が深刻化し対外債務が拡大した。

１９８９年に大統領に就任したラフサンジャーニーは、ＩＭＦから融資を受けるため、トルコやエジプトと同様に、経済改革と経済の自由化を試み、財政赤字の削減、国営企業の民営化、石油依存の輸出構造の改善、多重為替相場の統一などに着手した。しかし、貿易の自由化で輸入が急増したのに対し輸出は石油以外ほとんど伸びず貿易赤字が拡大し、この赤字は海外の短期資金でバランスがとられた。また財政の赤字は中央銀行から借り受ける形で解決がはかられたが、流通する通貨量が増えたことでインフレが昂進し、経済改革は失敗に終わった。また改革に対しては保守派の抵抗も大きかった。

経済政策のスタンスでは、革命後「社会公正か経済の効率化か」という路線をめぐる対立があった。政権を担っていた保守派は国家介入型の政策によって経済をコントロールする指向が強く、国営化を進め為替を管理し、「社会公正」を名目に効率を無視して財政のバラマキ的支出を行った。このため、経済政策は計画性を欠いていた。これに対して経済危機を背景に1997年に大統領になった改革派のハータミーは保守派の抵抗を受けながら財政赤字の削減、経済の自由化に向けた改革を目指した。具体的には民間銀行の設立、為替の二重レートの統一、補助金の削減が実現している。しかし2004年に至って石油価格が大幅に上昇して石油収入が増えたことで財政危機は一時的に回避された。このため改革は切迫した課題ではなくなり、さらに2005年に保守派のアフマディーネジャードが大統領になったことで経済改革は挫折した。石油価格の上昇が改革の芽を摘む形になったのである。

アフマディーネジャードの時代、石油価格が上昇したこともあって財政は再びバラマキ的支出が多くなった。しかし2008年に入ると経済は急速に悪化し、経済成長率はほとんどゼロの水準になった。これにはリーマンショックの影響があるが、制裁が徐々に効いてきたことも関係している。さらにバラマキなどの計画性を欠いた経済政策は財政支出を増やし、2009年になって各種の補助金を廃止せざるを得ない状況にいたった。2011年以降財政悪化は深刻さを増し、2012年には経済は大きく後退した。

イランでは「脱石油依存」というスローガンが掲げられながらも、経済の石油依存は逆に深まってきた。石油価格が上昇を続けていた2005年から13年まで大統領にあったアフマディーネジャードの時代には、石油収入は将来のための貯蓄ではなくバラマキを増やす形で支出されてきた。経済が石油への依存を強めるほどに財政支出に計画性が薄れバラマキ的性格が強められた。石油が出ることがその国の政治と経済を停滞させ、石油依存の体質がこれを克服する経済政策を選択する道も閉ざしてきたといってよい。

したがって、核開発をめぐる制裁で収入が大幅に減少したことはイランにとって大きな痛手であった。制裁強化でイラン政府と金融機関の資産が凍結されると、財政収入が減少し外貨は不足して通貨リアルは暴落した。開発予算を組むことができずイラン経済は危機に瀕した。そしてこれに追い打ちをかけたのが２０１４年秋以降の石油価格の大幅下落である。制裁と石油価格下落のダブルパンチを受け、危機打開のために核協議で局面を変える必要に迫られていたのである。加えてサウジアラビアの覇権主義に対抗する必要にも迫られていた。

制裁の解除でイランの収入は増える。海外からの投資も増え、その資本と技術によって石油生産量は大きく回復する可能性がある。また凍結されていた１０００億ドルともいわれる凍結資産がイランに戻る。これによってイラン経済は活性化する。しかし一方で石油依存の体質が再び強まる可能性も高いのである。

第Ⅱ部

各国／地域の現状と分析

第1章

エジプト
――革命の5年間

長沢　栄治

エジプト革命という政治劇の舞台には、若者勢力・軍・ムスリム同胞団という三つの主役がいた。この三者が連携・敵対する中で、この劇は進行したが、結局「革命の行程表」というシナリオを書いたのは軍であった。

1　7月革命から1月25日革命へ

(1)「アラブの鏡」エジプト

エジプトが「アラブの鏡」と言われた時代があった。かつてエジプトは他のアラブ諸国の変化を映しだす「鏡」であった。この時代の幕を開けたのは、ナセル率いる自由将校団による7月革命（1952年）である。この7月革命に続いて、スエズ戦争（1956年）で外交的な勝利を収めることで、エジプトはアラブ世界の未来を示す「鏡」となった。エジプトが「アラブの鏡」となったのは、7月革命がアラブの民衆のこころを摑んだからである。ナセル大統領のラジオ演説を聞いたアラブ各地の庶民は、自分たちがアラブ人だという自覚を初めて持ったという。こうしてアラブ民族主義は大衆レベルまで浸透し、アラブ各国に民族革命の波を引き起こした。そして、人々がアラブ人という民族の意識をともに持つことを通じて、アラブの各国は、それぞれが国民国家として成熟していった。

さらにエジプトは、アラブ社会主義という新しい経済開発のモデルを示した。その経済改革の影響は、共和制革命を免れた王制諸国にも及んだ。しかし、エジプトが「アラブの鏡」として輝いた栄光の時代は長くは続かなかった。イスラエルとの第三次中東戦争（1967年）における惨敗は、ナセルの権威を失墜させ、「鏡」は一気に輝きを失った。

その後、ナセルを引き継いだサダト大統領が、エジプトに「アラブの鏡」の役割を取り戻そうと試みたこともあった。サダトは袋小路に陥ったアラブ社会主義の路線を放棄し、経済の門戸開放（インフィターハ）という新しい政策モデルをアラブ各国に示した。また、西側の経済援助を得るために、パレスチナ問題で前面に立つ役割も投げ捨てて、対イスラエル単独和平の道を進んだ。しかし、経済の自由化は中途半端な結果に終わって、経済危機は深刻化した。また、パレスチナ問題はますます混迷を深め、1982年の難民キャンプの虐殺事件など、多くの悲劇を生んだ。

その後、エジプトのアラブ世界での地位は、オイルマネーを背景に台頭する産油国パワーの前にますます低下した。このような低迷状態が長く続いたエジプトで、2011年1月、突如として起きた革命は人々に誇りを取り戻させた。「お前はエジプト人だろう、頭《こうべ》を上げろ！」は革命の際に叫ばれた重要なスローガンだった。革命によってエジプトはふたたび「アラブの鏡」となることができるのか。多くの人が期待した。

（2）7月革命と1月25日革命

2011年1月25日、人々はカイロのタハリール（解放）広場で決起した。彼らを勇気づけたのは、11日前に起きたチュニジアでの革命だった。長らく専制政治を続けてきたベン・アリー大統領が、1か月近い民衆の粘り強い運動の圧力に負けて、ついに1月14日に政権を投げだし、サウジアラビアに亡命した。

エジプト革命が始まった「1月25日」は「警察の日」という国家の祝日だった。運動を率いた若者たちがこの日を決起の日に選んだのは、警察がムバーラク政権の腐敗と抑圧の象徴だったからだ。しかし、「警察の日」とは、本来、7月革命に至る道を開いた警官隊の英雄的な行為を讃える民族主義の記念日だった。59年前の1952年のこの日、スエズ運河に駐留を続ける英軍に対する抵抗運動で、イスマイリーヤ市の警官隊に多数の死者が出た。これに憤った群衆が翌日の1月26日にカイロで反外国人暴動（カイロ放火事件）を起こした。この大衆暴動で王制の政府はほとんど統治能力を失った。この政治的な混乱を収拾したのが7月23日の自由将校団のクーデター（7月革命）であった。

2011年のエジプト革命は、タハリール広場に決起したこの日を記念して「1月25日革命」と呼ばれている。この日以降、「怒りの金曜日」（1月28日）など一斉デモによる蜂起の波は次第に勢いを増した。そして革命が始まって18日目の2月11日に、ついにムバーラク大統領を大統領宮殿から追いだした。この間に850名の若者が殉難した。治安警官隊の暴力やスナイパーの銃弾も恐れることなく、非暴力の平和主義（スィルミーヤ）を貫いた運動であった。この点はチュニジアの運動と並んで、これまでの血と暴力にあふれた現代アラブの歴史の中で高く評価すべきであろう。

ただし、このように短期間で政権が崩壊したのは、何よりもエジプト国軍が決起した民衆の側に付いたためである。大統領の要請で広場に出動した軍に対して、人々は当初から自分たちの味方だと信じて歓迎した。タハリール広場で完全武装の兵士が幼子を抱く写真は「軍と民衆は一つの手」というスローガンとともに、その後、軍の宣伝によく使われるようになった。

この国民と軍との間の信頼関係は、7月革命の際に築かれたものであった。1952年の革命のときも、決起した大衆の不満を吸収したのは、ナセルたち自由将校団の若手軍人のスマートで果敢な行動であった。今回の2011年革命も、民衆運動で始まり、軍が事態の収拾を図るという7月革命と同じパターンを踏襲したといえる。そしてさらに2回目の革命となった2013年6月30日革命（同胞団政権の崩壊を導く軍事クーデター）でもまた同じパターンが繰り返されることになった。

同じパターンといえば、7月革命で見られたムスリム同胞団（以下、「同胞団」と略）と軍の間の激しい権力闘争も今回の革命でもふたたび起きた。そして今回もまた権力闘争の結果は同じであり、同胞団は軍の力の前にねじ伏せられた。7月革命の場合は、ナセル暗殺未遂（1954年11月）の容疑を口実に同胞団は徹底的に弾圧された。今回もまた2013年7月のクーデターによって同胞団は屈服した。

とはいえ、革命に関与した勢力について、7月革命と1月25日革命の間には大きな違いがある。それは民衆運動の質の違いである。7月革命のときに見られたのは、カイロ放火事件のような無統制で暴力的な大衆暴動であった。これに対し、今回の革命を特徴づけたのは、若者たちのフェイスブックなどソーシャルメディアを使った手際よく組織された新しい形の運動である。

2　革命という政治劇の展開

(1) エジプト革命の三つの主役

以上に述べたことからも分かるように、エジプト革命という政治劇の舞台には、三つの主役がいた。第一は革命を起動させた若者運動であり、第二は革命政治において国内最大の大衆動員力を発揮した政治組織の同胞団であり、第三は最後に大統領に引導を渡して事態を収拾した軍であった。若者運動、同胞団、軍という三つの主役が互いに連携し、また対抗しあう過程で革命の政治が進行した。この革命の政治は、いわば三色の駒からなるオセロゲームのようであり、事態は逆転に次ぐ逆転であった。そして結局は、若者運動と同胞団が政治の舞台から締め出され、軍が独り勝ちを収めた。

このオセロゲームは、革命の5年間で以下の三つの時期で展開した。三つの時期とは①2011年2月から2012年6月までの「軍政期」(1年4か月)、②2013年6月までの「ムスリム同胞団のムルシー政権期」(1年)、そして③2013年7月以降の「暫定政権期」(1年)および「シーシー政権期」である。③はアドリー・マンスール暫定大統領(最高憲法裁判所長官)の暫定政権期と2014年6月以降のアブドルファッターフ・シーシー大統領が統治する時期に分けられる。しかし、前半の時期はクーデターを行なった軍による実質的な支配であったから、一続きの同じ時期と扱うべきだろう。

さて、革命の「5年間」と述べたが、革命の政治劇が進行した時期は、実際にはもっと短かった。

軍以外の二つの主役は、2013年の末までに革命の政治舞台から強制的に退場させられてしまったからである。同胞団は2013年8月の弾圧以降、テロ組織指定（同年12月）を受け、また若者運動も「デモ規制法」（同年11月）により活動を封じられた。翌2014年1月には、2回目の革命を締めくくる2回目の新憲法が国民投票で採択された。したがって2011年1月に始まった革命の政治劇は、実質的には3年あまりしか続かなかったといえる。

以上に示した三つの時期における若者運動・同胞団・軍の関係を振り返ってみれば、以下のとおりになる。①の軍政期は、同胞団と軍が連携して若者運動を抑え込んだ結果、選挙でムルシー政権が成立した。②ムルシー政権期は、当初の同胞団と軍との間の微妙な連携が崩れ、最後は軍が若者運動による反同胞団キャンペーンを支持する姿勢を示し、政権を崩壊させた。そして③の暫定政権以降の時期では、軍が6月30日革命に続く7月3日のクーデターによって同胞団を徹底的に弾圧し、続いて返す刀で若者運動を抑え込んだ。その安定の上にシーシー政権が成立した。これを単純な図式で示せば、①の時期：〈軍＋同胞団⇔若者運動〉、②の時期：〈軍＋同胞団⇔若者運動〉→〈軍＋若者運動⇔同胞団〉、③の時期：〈軍 ⇔同胞団・若者運動〉、となる。もちろん、三者の連携と対立の実際の過程は、これら三者以外の役者たちが関与したより複雑なものであった。

（2）革命の行程表

以上にあらすじを述べたエジプト革命の政治劇は、しかし筋書のないドラマではなかった。いわゆる「革命の行程表（ロードマップ）」という筋書（シナリオ）によって政治劇は進行した。この行程表の設定において重要だったのは、（1）憲法制定、（2）議会選挙、（3）大統領選挙の三つの行程をどのような順番で並べるかであった。まさにこのシナリオの書き方をめぐって、軍・同胞団・若者運動が互いに対抗し、連携したのである。しかしながら、最終的に行程表を決めたのは、軍であった。軍は自らが役者を演じながら、この政治劇のシナリオを書いたといえる。

この革命の政治劇には、二つの革命（2011年1月25日革命と2013年6月30日革命）という「山場」があった。この2回の場面展開の結果として、それぞれ2回の大統領選挙（2012年6月と2014年5月）、2回の議会選挙（2011年12月〜12年1月選挙と2015年12月〜16年1月）が実施され、そして二つの憲法（2012年12月と2014年1月）が制定された。

以上の革命の政治劇のシナリオ（行程表）を「1月25日革命」の後の①および②の時期と、「6月30日革命」の後の③の時期を比較して振り返ってみよう。

（3）若者運動の「街頭政治」と大統領裁判の顚末

2011年2月13日に始まる軍政期の当初、革命の理念を具体化する新しい「国のかたち」を示すために、まず新しい憲法を作るべきだと主張したのが、若者運動とそれを支援するリベラル・左派勢力だった。これに対し、最高軍事評議会は、うわべでは若者運動を褒めたたえ、自らを革命の保護者だと称しながら、実は旧体制の変革を望んではいなかった。同胞団は、革命によってこれまで非合法化されてきた長い雌伏の時期が終わったと判断し、まず議会選挙によって革命の政局の主導権を握ろうと動いた。こうして軍と同胞団の利害は一致し、両者は一緒になって若者運動とリベラル・左派勢力の「憲法を最初に」という主張を抑え込んだ。その結果、軍が提示した部分的な憲法修正案が国民投票で圧倒的に支持された（2011年3月）。

しかし、若者運動の勢いは衰えることはなかった。彼らの活躍の舞台は、広場や街路などで展開する「街頭政治」であった。広場の若者たちの隊列には、軍服を脱いだ将校の一部も加わり、「街頭政治」における若者運動の直接行動は、最高軍事評議会にも無視できない存在となった。7月には軍のおひざ元近くのアッバーシーヤ通りでデモ隊が軍の憲兵隊と大きな衝突事件を起こした。10月には国営放送局の周囲に集まったコプト派キリスト教徒の青年たちの多くが犠牲となる「血の日曜日事件」が起きた。さらにカイロ中心部の内務省の近くムハンマド・マフムード通りで11月に大規模な衝突があり、周囲の街路は大きなセメントブロックで閉鎖された。この頃からサッカーチームの熱狂的なファン（ウルトラ）が運動の中で大きな役割を果たすようになった。こうした中、2012年2月にポートサイドのサッカー・スタジアムでファン同士の乱闘により多数の犠牲者が出る事件が起きた。1年後にファンの一部に殺害容疑で死刑の判決が出たが、真相は藪の中であり、運動の分裂と混乱を象徴する事件となった。若者たちの運動は、治安当局による弾圧、そして内部の分裂によって勢いを失っていった。

後から振り返ってみるなら、若者たちによる「街頭政治」での最大の成果は、ムバーラク大統領の裁判を認めさせたこと（2011年8月）だけだったかもしれない。彼らは、革命のもう一つの政治舞台である「公式の政治」からはほとんど排除されてしまった。また、若者運動の要求によって革命の行程表に書き込まれたこの大統領裁判は、意外な経緯をたどった。同裁判ではムバーラク大統領に対してかけられた二つの容疑、（1）革命のデモ隊に対する発砲の指示という殺人容疑と（2）在任中の公金横領などの容疑が審理された。前者のデモ隊殺害容疑は、翌年2012年6月にいったん終身刑の判決が出たが、再審理となった。そして14年11月に今度は無罪の判決が出た。内務大臣や主要幹部も同じく無罪だった。さらには後者の公金横領容疑についても、15年5月に禁固3年という事実上の無罪判決（すでに長期勾留されているため）が出た。他方、政権を追われたムルシー大統領にはスパイ罪や脱獄容疑などを問われ、翌6月の判決で死刑が宣告された。

（4）「公式の政治」とムスリム同胞団――第一回議会選挙と第一回大統領選挙

革命政治の第二の舞台である「公式の政治」は、軍が同胞団とともに決めた（1）議会選挙→（2）大統領選挙→（3）憲法改正の順番の「行程表」にしたがって進行した。この「公式の政治」の舞台では、前述した革命直後の憲法修正国民投票（2011年3月）で勝利した同胞団が主導権を握った。まず新議会選挙は、革命前の旧勢力の復活を許さないために、比例代表区が中心（議席数の3分の1）の選挙制度となった。そのため組織力を誇る同胞団には有利な制度であり、2011年12月～12年1月にかけて行なわれた選挙で、同胞団の自由公正党は議席の47％を占める大勝利を収めた。世間を驚かせたのは、ヌール（光）党を中心にしたサラフ主義者（イスラーム厳格派）のイスラーム・ブロックが2番目の25％の議席数を獲得したことだった。こうして二つのイスラーム主義勢力が総議席数の3分の2以上を占めることになった。旧ムバーラク体制下ではサラフ主義者は、政治的活動を控え、また革命の最中も目立った動きは示さなかった。しかし、革命がもたらした流動的な政治状況を利用し、イスラームで何でも解決できるとの単純な主張で大衆的人気を獲得した。エジプトの新議会が白い頭布の髭面の男たちであふれる光景は異様であった。

しかし、ムスリム同胞団は、議会選挙で勝利を収めた頃から軍との緊張関係を強めていった。同胞団は、議会多数派の権利だとして、軍が任命した内閣に代わる新内閣を組閣しようとする動きを見せた。また、革命直後の段階では大統領選には候補者を立てないと言明していたにもかかわらず、副団長のハイラト・シャーテルを大統領選挙に名乗りを上げさせた。こうして「行程表」の第二段階である大統領選挙をめぐって軍と同胞団の権力闘争が繰り広げられることになった。

この段階で革命の三つの主役に加えて、重要な脇役が登場する。それは司法権力であった。そもそも軍が革命を「行程表」によって管理しようとした構想の背後には、革命を通じた政治改革の過程を旧体制の法の枠組みの中に押し込めようという意図があった。司法権力は、このような革命の政治舞台の主役、軍の意向に沿いながら、舞台の陰で動く重要な脇役となった。先ほど述べたムバーラクとムルシーの二人の大統領裁判の対照的な判決結果はその一つの例である。

議会選挙の後、司法権力は軍から大統領選挙の管理を任された。司法関係者が構成する選挙管理委員会は、大統領立候補資格について次々に社会を驚かす判断を下した。同胞団の実力者シャーテル副団長は、革命前の刑期途中の恩赦による出獄を理由に立候補資格を失った。そのため自由公正党の党首のムハンマド・ムルシーが、同胞団内部の序列はそれほど高くなかったが、シャーテルの代役を務めることとなった。その他、選挙管理委員会は、豊富な資金力にものを言わせて派手な選挙キャンペーンを始めていたサラフ主義者の有力候補、サラーハ・ハーゼム・アブーイスマイール氏などからも、それぞれの理由で立候補資格を否認した。その一方、ムバーラク大統領が空軍司令官だった当時の部下であり、革命中に最後の首相を務めたアハマド・シャフィークは、疑問視する見方もあったが、結局は立候補資格を認められた。

大統領選挙は、2012年5月に行なわれた第一次投票では決着はつかず、結局6月の決選投票で同胞団のムルシーと軍出身のシャフィークの一騎打ちに持ち越された。前年1月の革命を支持した人たち、たとえば若者運動の一部は、同胞団を警戒しながらも、シャフィーク候補が当選した場合の旧権力の復活を嫌い、心ならずもムルシーに投票した。ムルシー候補とシャフィーク候補の得票数は、それぞれ52％と48％という僅差であった。しかし、同胞団は、議会選挙に続いての大統領選挙の勝利によってさらに自信を深めた。

3　ムスリム同胞団政権とその没落

（1）憲法宣言の応酬——軍とムスリム同胞団

ムルシー大統領の当選によって、同胞団は俄然、軍との権力闘争で優位に立つことができるはずだった。議会と行政府の両方とも支配下に置くことが可能だったからである。しかし、大統領選挙の結果が判明する直前の2012年6月、軍は反撃に出た。半年前の議会選挙が最高憲法裁判所の判決によって無効とされ、同胞団が過半数近い議席を持つ新議会が強制的に解散させられたのである。判決理由は、比例代表区と個人選挙区での二重立候補を認めた選挙法が、旧憲法の規定に違反するというものだった。続いて軍は、議会解散中には最高軍事評議会が立法権を持つという内容の「憲法宣言」（憲法停止中の最高法令）を発した。これらは「公式の政治」のルール変更を強制的に行なう「ソフトなクーデター」であった。

しかし、同胞団の側も黙ってはいなかった。ムルシー新大統領は、就任2か月後の8月に反撃に出た。軍の最高幹部を勇退させ、6月に最高軍事評議会が出した憲法宣言を取り消す憲法宣言を出し、軍を抑え込んだ。真相は分からないが、この反撃の背景には、アメリカの軍に対する圧力があったともいわれる。軍とアメリカとの関係は、前年の2011年12月にアメリカの民主化支援ＮＧＯのグループがエジプトからの出国を阻止され、尋問を受ける事件が起きるなど革命以来、必ずしも良好ではなかった。アメリカとしては、エジプトで歴史上初めて民主的に選ばれた同胞団の政権に軍が介入するのを決して許さない、という姿勢を示したのであろう。アメリカは、エジプト革命という政治劇において、舞台の外から裏で大きな影響力を行使した重要な脇役であった。しかし、軍はこの介入を恨み、他方、同胞団はアメリカに過剰な期待をかけることになった。２０１３年夏の同胞団政権の崩壊とその後の軍とアメリカとの緊張の背景がここにある。

（2）新憲法制定と「理念の政治」

エジプト革命という政治劇は、以上に述べてきた「街頭政治」と「公式の政治」に続いて、三番目の舞台でも演じられた。それは「理念の政治」という舞台であり、具体的には革命後の「国のかたち」をどのように実現するかという新憲法の起草をめぐる争いとして現れた。憲法の作成は、議会選挙と大統領選挙に続く革命の行程表の第三の段階でもあった。「理念の政治」の舞台では、革命の理想の実現を目指すリベラル・左派勢力、体制のイスラーム化を求める同胞団やサラフ主義者、そして文民統制など従来の特権の維持を望んでいた軍、その他同様に既得権益にしがみつく諸勢力が争った。

争いの焦点は、憲法起草委員会の構成とその運営であったが、軍の意向を反映した司法の介入もあり、ドタバタ劇が繰り返された。議会選挙後の2012年3月に結成された憲法起草委員会は、議会を構成する多数派のイスラーム主義者が主導権を握った。しかし、翌4月に行政裁判所が同委員会の解散を命じた。少数派のリベラル・左派勢力の委員が辞任したため、定足数を保てなくなったというのがその理由だった。その後、6月に再び委員会は再組織されるが、内部で多数派のイスラーム主義勢力と少数派のリベラル・世俗派勢力が激しい対立を展開した。結局、後者が抗議して委員会から再び離脱する中、10月にイスラーム主義勢力が主張する内容の憲法草案が固まった。

この最終段階で司法が再び介入するのを警戒したムルシー大統領は、11月に司法の権力を超えた権限を自らに与えるという内容の憲法宣言を発表した。この三権を超越した強権発動は、反政府デモに火をつけた。しかし、同胞団政権は、反対意見を押し切ってイスラーム色の強い憲法の国民投票を12月に強行し、その発布に成功した。

(3) 6月30日革命と軍のクーデター

こうした同胞団政権の専断的な政治を批判して、リベラル・左派勢力は、反ムルシー政権キャンペーンの救国戦線を組織した。さらに若者運動の一部は同胞団政権打倒の署名活動、「タマッルド

（反抗）」運動を開始した。報道によれば、この運動は最終的には２２００万人分もの署名を集めたという。ただし、活動資金が海外から提供されたという説も、旧体制勢力の治安機関が関与したという説もある。そうした陰の部分を伴ってはいても、タマッルドは、２０１１年1月に始まるエジプト革命の街頭政治における最後の輝きであったと言えるだろう。

タマッルド運動が集めた多数の署名に勢いを得て、２０１３年6月30日、多くの人たちが就任1年目を迎えたムルシー大統領の辞任を求めて再びタハリール広場に繰りだした。広場の上空では、国民の運動を支援する軍の飛行機がアクロバット飛行をして、「第二の革命」を祝福した。このように多数の国民が同胞団政権打倒に動いたのは、新憲法に見られる体制のイスラーム化に危惧しただけではない。もちろん政府機関の「同胞団化（アフワナ）」は多くの不興を買った。しかし、同胞団政権に経済の回復に期待していた人々が政策の失敗に対して不満を覚えたという要因の方が大きかった。もっとも、この「失敗」には、旧体制勢力側の官僚によるサボタージュ（いわゆる「ディープ・ステイト」の問題）も影響を与えていた点は割り引いて考えなければならない。

この「6月30日革命」を利用して、シーシー国防大臣は、ムルシー政権に最後通牒を突き付け、7月3日にクーデターを起こして政権を崩壊させた。さらに8月14日、新市街のラーバア・アダウィーヤ広場で抗議の座り込み運動をしていた同胞団員と家族に対して治安部隊が攻撃をしかけ、多数の犠牲者が出た。この「エジプトの天安門事件」とも呼ばれた惨劇は、治安当局の暴力に責任があるとはいえ、同時に出口戦略を欠き、殉難者を出すことも辞さないと考えた当時の同胞団指導部の無謀な方針によるところも大きい。その後、同胞団は司法によりテロ集団の指定を受け、ナセル時代にも匹敵する弾圧を受けることになった。

(4) ムスリム同胞団政権の挫折が意味するもの

「公式の政治」では連戦連勝だった同胞団の政権が、再起動した「街頭政治」の横波を食らい、さらに軍に介入の機会を与えて転落していったのはなぜだろうか。もちろんムルシー大統領が選挙中、および就任直後に約束していた国民融和の政権を作らず、「理念の政治」の舞台で体制のイスラーム化に猪突猛進したような「戦略」の誤りに大きな原因があったのは確かである。

このような独断専行の路線を採った背景には、革命当時の同胞団指導部が強硬派で固められていたことが考えられる。彼らはナセル政権期に死刑となった同胞団の急進的な理論家、サイイド・クトブの影響を受けた活動家だったと言われる。これに対し、同胞団の中には改革派の指導者もおり、彼らは革命前の反ムバーラク運動(キファーヤ運動)でリベラル・左派などの活動家と共闘していたのだが、革命当時、執行部から排除されていた。つまり同胞団にとって運が悪かったのだということかもしれない。だが、判断は難しいが、戦略の誤りはそもそも同胞団の思想の本質に関わる問題ではなかったか、とも思うのである。

同胞団の失墜の根本的な原因は、彼らが2011年エジプト革命の歴史的な性格を十分に理解していなかったところにある。ムルシー大統領は、2012年6月に就任した直後の7月革命記念日の演説において、1月25日革命が7月革命の理想を再び追求するものだと述べた。筆者はこの発言が、二つの革命がエジプトにおいて国民国家の歪みを正し、成熟させていくプロセスだということを理解してのものだと評価した。しかし、どうもそうではなかったようである。同胞団が目指したのは、エジプトの社会と国家の真のイスラーム化であり、さらにその先に最終的にはイスラーム世界にカリフ制を再興することであった。この最終目標において、同胞団は他のイスラーム主義者の多く、武装闘争の手段を用いる過激勢力と変わりがない。同胞団は、1970年代初頭のサダト時代に活動を黙認されて以来、これまで40年以上にわたり慎重な行動を取ってきた。しかし、突如として政権を握る機会を得たために舞い上がり、そのイデオロギー的な「地金」が出てしまい転落したということなのであろうか。今回の同胞団の挫折は、今後の活動の復活とそのための思想の鍛えなおしの展望を考える意味でも、さまざまな側面から十分に検討する必要がある。

4　革命の幕引き

(1) シーシー政権の登場

軍は2013年7月のクーデターによって再び革命の舞台での主導権を取り戻した。そして、追放したムルシーに代わる暫定大統領には、最高憲法裁判所長官のアドリー・マンスールを任命した。同長官が代表する司法権力は、革命の政治劇の舞台における脇役として、主役の軍にとって重要なパートナーの役割を演じてきた。マンスール暫定大統領は、軍の意向にしたがって新しい行程表を発表した。「1月25日革命」の後の行程表は、議会選挙→大統領選挙→憲法制定の順番で進んだが、「6月30日革命」の後は、憲法制定→大統領選挙→議会選挙というまったく逆の順番でシナリオが書かれた。

新しい行程表の最初のプロセスである憲法改正は、起草委員会からイスラーム主義者をほとんど排除した形で速やかに進行した。新憲法案は6月30日革命から半年後の2014年1月に国民投票にかけられた。投票結果は、ボイコット運動があり投票率が39％であったが、賛成が98％と圧倒的であった（2012年憲法は国民投票の投票率33％、賛成票64％）。この新憲法からは、前の2012年憲法にあった体制のイスラーム化への道を開く条文がすべて削除された。憲法制定というエジプト革命の「理念の政治」の舞台は、司法権力と結託した軍の意向を大きく反映したものになった。新憲法の中身は、革命前の各権力集団の権益の再確認という性格が強い。中でも軍事予算の不可侵性や市民も対象にした軍事裁判の存続など軍自身の特権が明文化されたのは注目される。

他方、革命の理念は骨抜きにされてしまったといえる。2012年憲法と同様に、新憲法にも政治活動や言論の自由を謳う条項があるが、現実の政治ではほとんど空文化されているといってよい。メディアに対する規制は、軍政期やムスリム同胞団期以上に強まった。2013年11月に制定されたデモ規制法によって、1月25日革命を起こした若者運動の指導者の多くは投獄された。「街頭政治」は、ほとんど息を止められてしまった。治安当局によって拉致拘禁されている人たちも驚くほどの数に上っている。あらゆる政府批判を封じようとするこうした抑圧の口実となっているのが、「テロとの戦い」である。テロ組織に認定されたムスリム同胞団や、シナイ半島に跋扈する過激派イスラーム組織（「エルサレムの支援者」から「ISのシナイ州」に名称を変更）などに対する「テロとの戦い」である。

2014年6月には2回目の大統領選挙が行なわれ、シーシー大統領が96％の高得票率で圧勝した。しかし、それはいわば見せかけの競争選挙であった。続いて、行程表の最後のプロセスである新議会選挙が実施されるはずであった。しかし、議会選挙は、当初予定された同年秋から、15年春へと実施が延期された。実際に選挙が実施されたのは、6月30日革命から1年半経った2015年10月～12月であった。このように実施が遅れたのは、選挙区の区割りなど選挙法の改正をめぐる調整が原因であると言われた。しかし本当は、シーシー大統領を支える政党連合など議会内勢力の支持勢力を確保するのに手間取ったからであろう。憲法を再改正して大統領の権限を強化したいという意向があると観測する報道もあった。

新議会選挙は、前回の選挙（2011年12月～12年1月）とは大きく異なる方式で実施された。議席の配分は個人選挙区に75％、政党別の比例代表区に20％が割り振られ（残り5％が大統領による任命議員）、前回とはまったく反対の比率を取った選挙制度であった。比例代表区では、6月30日革命の継承とシーシー政権を支持する政党勢力が多数を占めた。これに対し、前回の選挙で議席の圧倒的多数を占めたイスラーム主義政党は、ほんのわずかしか議席を獲得できなかった。テロ集団に指定された同胞団の自由公正党は2014年8月に解党処分を受けて選挙に参加できず、6月30日革命の際に同胞団と袂を分かったサラフ主義者のヌール党も惨敗した。一方、倍増した個人選挙区では、地方の有力家族など伝統的な支配層や旧政権とも近かった人々が当選した可能性が大きい。ナセルやサダトの翼賛政治体制の時代に戻るのか、あるいは近代的な政党政治が機能する議会制民主主義の道を歩むのか、予測は今のところ難しい。

（2）これからのエジプト

エジプト革命という政治劇は、三つの主役のうち若者運動と同胞団が舞台から降板し、軍の独り勝ちに終わったことで、その幕を下ろした。２０１１年の革命から5周年を迎えた２０１６年1月25日、シーシー政権は「街頭政治」の復活を恐れて、若者運動の参加者を拘束し、同胞団の「テロ組織」の摘発を行なった。

ここで本章の最初の部分で述べた「革命によってエジプトはふたたび『アラブの鏡』となることができるか」という問いかけに戻ってみよう。結論を述べるなら、今回エジプトという「鏡」が輝いた時間はきわめて短かったというしかない。たしかに２０１１年エジプト革命のアラブ各国への波及力は大きかった。それはナセルの7月革命の再来を思わせるほどであった。しかし、リビアやシリアなどでの民衆蜂起は、外国の軍事介入があって泥沼の内戦となり、またその混乱に乗じた過激なイスラーム運動勢力が跳梁跋扈した。また、他の国々でも現状の変革を嫌う軍や反動的な王制産油国の反撃によって、民衆の要求は抑え込まれた。これらの外からの軍事介入、過激なイスラーム主義の台頭、旧体制の反撃といった動きが結びついて、決起した人々の革命の夢を潰してしまった。

そもそもエジプトが革命を通じてアラブ各国に新しいモデルを示すことはきわめて困難な課題であった。革命に対する過剰な期待が国民各階層から寄せられる中で、貧困や失業、不平等を解決する新しい経済開発のモデルを提示することは、どの政権によっても簡単にできる仕事ではなかった。その意味で、エジプトの同胞団政権は、いわば火中の栗を拾ったために経済政策に失敗し、国民の批判に遭って大やけどを負ったといえなくはない。ナセルのアラブ社会主義も、サダトのインフィターハも、そしてまたムバーラク政権末期に採用され、同胞団政権も引き継ごうと試みた新自由主義政策にしても、もちろん魔法の処方箋ではなかった。

他方、政治改革についていえば、同胞団政権の失敗から学ぶことはこれからも大きい。結成以来90年近い歴史を持つ同胞団の長い運動の歩みの中で、今回の政権運営の失敗は最大の蹉跌となった。この失敗は、すでに述べたように、政治的な未熟さによるものなのか、それとも思想的な限界が原因なのか。こうした問題については、今後も長く議論が続くだろう。しかし、イスラーム的に正しい社会や政治のあり方を求める多くのムスリムの国民が素朴に抱く願いは、いずれかの政治勢力が受け止めなくてはならないのではないかとも考える。

また、同胞団の失敗のコインの裏側にあるのは、軍に頼らざるをえなかったリベラル・左派勢力のひ弱さという問題である。これらの勢力には、人々の多様な要求や思いを受け止める本当の意味での力が欠けていることが今回の革命で改めて明らかになった。彼らは1月25日革命の理念を実現する役割を軍にゆだね、同胞団をテロ組織とする新政府のキャンペーンに同調した。今回のエジプト革命では、欧米モデルの民主化路線にせよ、イスラーム的な公正的秩序を求める方向にせよ、異なった思想的傾向を持った諸勢力が革命の理念を実現するために大同団結することができなかった。そのために必要な権力分有のシステムを持つ市民的国家を作りあげることに、今回の革命は失敗した。

これからのエジプトはどうなっていくのだろうか。今後、再び若者たちの姿が躍動する「街頭政治」の時代が戻ることがあるだろうか。それとも紆余曲折を経ながら再起動した現在の「公式の政治」のプロセスを通じて、革命の理念が制度として徐々にでも実現していくことができるだろうか。

あるいは、革命以前と変わらぬ停滞と抑圧の状況に戻っていくのだろうか。今後のエジプトの将来を展望するためは、あらためて革命の直接の原因や構造的な背景、革命の経緯、とくに変革を阻んだ原因を一つ一つ検討していくことが必要である。とくに上述したような革命を潰した構造、域外大国による外からの介入、過激なイスラーム主義の台頭、旧体制の反撃という三つの動きが結びついた構造について、より深く考察しなければならない。外からの介入や圧力を巧妙にかわしながら操り、イスラームの公正的倫理を現実の政治体制に生かす理性的な対応が多くの勢力によって共有され、軍など既成権力の力を我慢強く削ぐ努力が報われる、そういう時代がいつか訪れることを期待したい。

コラム1

あるヌビアの友人との別れ

第Ⅰ部第1章で述べたように、アラブ革命を暗転させる動きの中で、その道具として用いられたのが、宗派主義の扇動であった。とくにスンナ派・シーア派の対立の捏造は、バハレーンの運動弾圧や、シリアやイエメンの内戦への外国の軍事介入の正当化として使われた。シーア派のみならず異教徒への残忍行為を繰り返すIＳは、宗派対立の生き血を吸った化け物である。一方で、同じ章で言及したように、革命の動きに対し、上からの改革で対応しようとしたモロッコでは、少数民族のベルベル人の言語、アマジグ語を公用語とする憲法改正を行なった。イラク戦争に続くシリア内戦の中で、「中東最大の少数民族」クルド人が実効支配地域を手中にしつつある状況と合わせて考えると、多民族・多宗派共生の新しい枠組み作りに向けた新しい動きが始まっている、と言えるかもしれない。

エジプトの少数民族といえば、南部のヌビア人が代表的である。今回の2011年エジプト革命の直後には、かつてアスワン・ハイダムの建設で水中に沈んだ故郷の村の近く、ナセル湖の湖畔への移住を求める運動も起きたと聞く。また同じ頃、語学教育が禁止されているヌビア語で書かれた『ヌビアの日々』と題する本が書店で販売されているのを見て驚いた。初めて見るヌビア文字は、ベルベル人のアマジグ語の文字ほど〝奇想天外な〟形ではなく、ギリシャ文字由来で、エジプト・キリスト教徒が使ったコプト語の文字にも似ている（次頁の写真参照）。

私にも大切なヌビア人の友人がいた。彼からヌビア語の方言分布について聞いたこともある。彼と最初に会ったのは、タハリール広場の喫茶店であった。電話で面会の約束をしたとき「君は（目の細い）日本人で私は（色の黒い）ヌビア人だからすぐに分かるよ（二人とも少数派で目立っているから）」と言われたのを思い出す。また、あるとき別の友人に対して私が、日本の大学時代の同級生と顔がよく似ていると言ったことがあって、隣にいた彼が笑っていると、その友人はいささか気分を害したのか、「俺が日本人なら、お前はギニア人じゃあないか」と言って、3人で笑いあったことも思い出す。もちろんヌビア人作家イドリース・アリーの名作『ドンゴラ』という小説が描いているように、ヌビア人が

アラビア語とアマジグ語で書かれたモロッコの中学校の看板［筆者撮影］

アラビア語とヌビア語で書かれた書籍の表紙

北のエジプト人に対し鬱屈した感情を抱えているのは確かだ。しかし、そのように笑いあえる関係が築かれているのも、現代のエジプト社会の救われる特徴である。

ハリール・カルファトという彼の名前を私が知ったのは、彼が偽名で書いていた本を重要な資料として「エジプト資本主義論争の構図と背景」という論文を書いて随分経った頃のことだった。最左派のエジプト労働者共産党に加わり、学生運動でも活躍した彼は、私が最初に会った頃は出版社に勤めていたが、その後翻訳家として独立した。アラビア語のプロというべき知識人であり、独自の発想による新しいアラビア語文法の研究書も書いた。重い肝臓病を患い、手術費用のためのキャンペーンが立ち上がり、私もそれなりの金額を外貨送

金したこともあった。エジプトを訪れる度には必ず会った。互いの家族に起きた同様の不幸を悼みあったことも、また忘れられない。

　革命が起きると彼は、健康を気遣う奥さんの心配をよそに、恐ろしい勢いで多くの論説を発表し、その後2巻の本にまとめた。そして、革命の幕引きが行なわれた時期、突然に亡くなった。数か月後、お悔やみを言うために奥さんと娘さんの家を訪ねる機会があった。可愛がっていたオウムが私を迎え、電話で受け応えする彼の声の真似をしてくれた。最後に会ったのは2014年の夏であり、革命と歴史について二人で激論を交わした。別れる際、十分に説明できなかったという思いがこころの底に沈んで残った。ヌビア人であり、エジプト人であり、またアラビア語の達人という本物のアラブ人であり、そして何よりもインターナショナリストであった彼と議論をする機会はもはやない。

（長沢栄治）

第2章

パレスチナ／イスラエル
——世界史の中のオスロ合意 「近代のプロジェクト」の挫折？

臼杵 陽

1993年にイスラエルとPLOの間で締結されたオスロ合意はすでに破綻した。なぜオスロ合意は失敗したのか。パレスチナ独立国家建設という19世紀的国民国家の樹立は見果てぬ夢なのかを世界史の中で考える。

1 はじめに——時期区分におけるオスロ合意の位置づけ

オスロ合意（パレスチナ暫定自治に関する原則宣言）とは何だったのか？ 本論はこの問題を世界史において位置づける試論である。世界史とは「統一的な連関を持つところの全体としてとらえられた人類の歴史」（『広辞苑第六版』）だとするならば、国際的な相互連関の中で捉える必要がある。とりわけ、オスロ合意に基づく和平プロセスには、アメリカ、ロシアをはじめとする大国、EUなどの地域統合機関、国連などの国際機関も深く関与してきた。したがって、「パレスチナ／イスラエル」という地域の当事国／当事者（イスラエルは国家主体、パレスチナは非国家主体である）のみに限定しても、世界史という設定した課題に答えることができない。本テーマは長期的視野の中で改めて考えてみる必要がある。

なお、ここで「パレスチナ／イスラエル」という地域名称を使用しているのは、第一次世界大戦後にイギリスによるパレスチナ委任統治としてパレスチナという地域が確定し、第二次世界大戦後の1948年に委任統治領パレスチナの一部にイスラエルが建国されたという時系列的な問題を勘案するとともに、オスロ合意後の1994年以降にイスラエル占領下のヨルダン川西岸・ガザの領域の一部にパレスチナ自治政府が成立したという歴史的経緯をも踏まえた表現である。

私自身はこれまでも世界史の文脈でパレスチナ問題そのものを位置づける作業を行って、拙著『世界史の中のパレスチナ問題』（講談社現代新書、2013年）を刊行した。本論では拙著の内容を前提としつつもオスロ合意を近代以降の国民国家の形成の文脈において検討してみたいと思っている。

ところで、このところオスロ合意に基づく和平交渉（あるいはその失敗）に関するテクニカルなレベルからの議論はすでに出揃った感がある。ここで、その議論の概要を繰り返すことはしない。本論でとりわけ注目したい研究は、中短期的な観点からオスロ合意に基づく和平交渉をめぐるアメリカ政府の対応にきわめて批判的な姿勢を明確に表明しているラシード・ハーリディー『欺瞞の仲介者――いかにしてアメリカは中東和平をだめにしたか』（Rashid Khalidi, *Brokers of Deceit: How the U.S. Has Undermined Peace in the Middle East*, Boston: Beacon Press, 2013.）である。ハーリディー・コロンビア大学教授はパレスチナのエルサレムの名望家出身である。

私自身はハーリディーの議論を念頭に置いて、さらに長いタイムスパンを設定してオスロ合意20周年という節目にインターネット版『ＡＳＡＨＩ中東マガジン』（http://middleeast.asahi.com/ ただし、２０１５年1月31日をもって休止）においてコラム「オスロ合意20年」と題して5回にわたって拙論を発表した。その第1回目の論考「オスロ合意の和平の枠組みの起源としてのキャンプ・デービッド合意」において、オスロ合意を歴史的に、とりわけ世界史という文脈で位置づけるため、とりあえず第一次世界大戦をパレスチナ問題の起源と措定して、次のような時期区分を行った。以下はその引用である。

第一次世界大戦後を「パレスチナ現代史」だと考えて、パレスチナ人のリーダーシップの下でのパレスチナ国家建設に向けてどんなふうに考えたかという観点から、かなりざっくりと区分してみると、オスロ合意までの時期は次のように大きく分けることが可能だろう。／①イギリスによるパレスチナ委任統治期（１９２２～48年）における「名望家政治」の時代、②イスラエル建国から第三次中東戦争でのヨルダン川西岸・ガザの占領まで（１９４８～67年）のアラブ・ナショナリズムの時代、③ＰＬＯによる武装闘争期で第三次中東戦争からレバノン戦争まで（１９６７～82年）のアラファートＰＬＯ議長指導下でのパレスチナ解放闘争時代、④ＰＬＯによる事実上のミニ・パレスチナ国家案の受諾期（１９８２～１９９３年）である。現在の段階は、④の延長線上にある第5段階である、⑤オスロ合意期、と呼ぶことができる。／もちろん、事実上のオスロ合意の破綻といってもいい２０００年9月の第二次インティファーダ勃発を境に⑤を前期と後期に分けることもできるだろう。（／は改行を示す。以下同様。傍線部は引用者による。http://middleeast.asahi.com/column/2013052100004.html ２０１５年1月31日まで）

上記の時期区分は、第一次世界大戦以降パレスチナを支配する国家の変遷（①イギリス、②イスラエル／ヨルダン、③〜⑤イスラエル）に基づいたものであり、パレスチナの政治指導のあり方についても次のように時系列的に整理した。すなわち、①パレスチナ委任統治下での「名望家政治」とその破綻、②アラブ・ナショナリズムの影響下においてアラブ連盟という枠組み内での全パレスチナ解放の路線、あるいはパレスチナ指導部とエジプトおよびヨルダン・ハーシム王国との協調と軋轢、③全パレスチナ解放のためのＰＬＯ（パレスチナ解放機構）の武装闘争、④ＰＬＯの外交攻勢への転換とレーガン提案後におけるミニ・パレスチナ国家案（西岸・ガザ）の選択、⑤オスロ合意以降のパレスチナ自治の開始、という5段階である。

もちろん、④の時期に勃発した第一次インティファーダ以降、ハマースという全パレスチナの解放を目ざすイスラーム主義政党の台頭と、ヨルダン川西岸・ガザにその領土を限定したミニ・パレスチナ国家案を目ざすファタハとの対立というパレスチナ解放運動内部の路線争いが顕在化し、⑤のオスロ合意期以降は、その対立が２００７年のファタハとハマースによる自治政府の分裂という深刻な事態を引き起こした時期を画する転換点と考えることも可能である。ファタハとハマースの分裂は、両者の国家観あるいは世界観の相違という政治的原則レベルにおける対立であるがゆえに、容易には和解しえないことは、今後のパレスチナにおける政治指導を検討する際には念頭に置いておく必要があろう。

さて、改めてパレスチナ現代史を振り返ってみると、議論の出発点を第一次世界大戦に置くことで、たとえ「欺瞞のオスロ合意」であったとしても、同合意が20世紀末においてパレスチナ独立国家樹立に向けて一歩を踏み出した歴史的な意義を持っていることは明白であろう。というのも、第一次世界大戦は従属諸民族が独立国として国民国家を持つことのできる絶好の政治的機会であったからである。もちろん、1917年にイギリスからバルフォア宣言を引き出したユダヤ人シオニストはヨーロッパに起源を持つ政治運動として第一次世界大戦という絶好の機会を外交的に逃さずに、時代の流れに乗ることができたわけであるが、パレスチナにおけるアラブ民族運動指導部は独立民族国家形成には失敗したという意味で両者は対照的な歴史的帰結を迎えたと評価することもできる。

第一次世界大戦後は新国際秩序の形成過程において、ヨーロッパ・中東地域におけるロシア帝国、オーストリア・ハンガリー帝国、そしてオスマン帝国といった多民族帝国が解体し、ウィルソン米大統領による民族自決の提唱に鼓舞されて、従属諸民族による国民国家が戦後新たに誕生した決定的な時期であった。ところが、旧オスマン帝国領であったパレスチナにおけるアラブ人は、他のアジア・アフリカ地域の諸民族とともに（アラブ諸国でいえばエジプトの1919年革命の挫折を含めて）、後で論じるように、英仏の旧植民地帝国による政治的抑圧によって、第一次世界大戦後における独立達成という機会が潰されてしまったのである。その後、パレスチナにおけるアラブ民族運動による独立国家樹立の試みがことごとく失敗してしまった歴史的な事実は、アジア・アフリカ地域の諸民族に共通した過酷な歴史的諸条件下における政治的蹉跌であって、それ自体が議論の対象になってくることはいうまでもない。

第一次世界大戦を契機とする世界史レベルにおけるヨーロッパ地域と非ヨーロッパ地域における従属諸民族間のこの明暗のはっきりした歴史的命運の違いの重要性はいくら強調しても強調しすぎるこ

とはない。第一次世界大戦勃発から1世紀が経過して、21世紀に入ってようやく中東において政治的地殻変動が起こりつつあることの歴史的な重要性を改めて確認しておきたい。

言うまでもなく、アラブ世界にパレスチナ委任統治を含む〈アラブ諸「国」体制〉（板垣雄三氏が提唱した概念）が成立したという意味において第一次世界大戦を現在のパレスチナ問題の出発点とすることは多くの論者が合意するところである。しかし、少なくともパレスチナ出身のアラブ人（すなわち、パレスチナ人）の政治運動は、1964年のアラブ連盟におけるPLOの設立まではパン・アラブ的なアラブ民族主義者運動（カウミーユーン・アル・アラブ、ANM）、ナセル主義者、バアス主義者、ムスリム同胞団あるいは共産主義者などのアラブ諸国全体の政治的諸潮流の一部として形成されたというべきであろう。もちろん、ヤースィル・アラファートによるファタハ（パレスチナ解放運動）の始動は1957年からではあるが、離散の地のクウェートに拠点があり、旧委任統治領パレスチナ域内から生まれた内側からの政治運動ではなかった。

そのような諸潮流の中で、第二次世界大戦後の1950年代から1960年代のアジア・アフリカ諸国の植民地支配からの解放を目ざして民族的独立を達成しようとする第三世界のナショナリズムの諸潮流もあいまって、パレスチナ人を含むアラブ人は「アラブ統一」という政治的スローガンの下にアラブ・ナショナリズムという政治的方向性を志向した。アラブ世界においてはこのようなカウミーヤ（パン・アラブ）的な民族運動と並行して、ワタニーヤ（パトリオティズム）的・地域的な独立を目ざす民族運動も展開された。とりわけ、1954年から62年まで闘われたアルジェリア解放戦争（アジアではベトナム解放戦争が注目される）がワタニーヤ的・地域的民族解放運動の代表的なものであった。

ファタハの政治指導者であったアラファートが、パレスチナ解放においてはアラブの心とパレスチナの心は表裏一体であると表明した際、パン・アラブ的連帯意識、パレスチナ人アイデンティティ、さらにムスリムとしての同胞意識も、1950年代後半から60年代前半の段階では相互に矛盾するものではなかった。

パレスチナ解放運動が、パレスチナ・ナショナリズムに特化してアラブ民族主義からの自立化の道を歩み始めるのが1967年の第三次中東戦争後であった。すなわち、エジプト主導のアラブ統一という広域ナショナリズム（カウミーヤ）に基づいてパレスチナ解放を目ざす戦略から、自らの手で地域ナショナリズム（ワタニーヤ）を通してパレスチナ国家を実現する政治目標への転換は、解放戦略の優先順位を逆転させたものであった。以後、PLOは1970年代を通じて武装闘争を全面的に展開していったが、逆にPLOが政治的・軍事的拠点を置いたアラブ諸国の既存の政治体制との軋轢を強めることになった。とりわけ、ヨルダン・ハーシム王制との対立は1970年に黒い9月事件（ヨルダン内戦）を引き起こし、レバノンにおいては1975年にレバノン内戦を惹起し、そして1982年にイスラエルがレバノンを侵攻するという事件（レバノン戦争）に帰着した。その結果、PLOはレバノン戦争を契機にその本部をチュニスに移して、武装闘争から外交攻勢にその路線を変更した。そのためオスロ合意への道は準備されたのである。

レバノン戦争後、レーガン米大統領による中東和平提案が提出されたが、その構想においてはパレスチナ独立国家ではなく、ヨルダン・パレスチナ連合国家案であった。PLOのアラファート指導部がパレスチナ独立国家の青写真を具体化したのは1987年末の第一次インティファーダ勃発の翌年

11月にアルジェで開催されたパレスチナ民族評議会におけるパレスチナ独立国家樹立宣言であった。しかし、この「独立宣言」も、１９９1年1月に勃発した湾岸戦争においてアラファート議長がクウェートを侵攻したイラクを支持したため、欧米諸国・アラブ湾岸産油国などの反発を招き、１００ヶ国以上の承認を得たものの、結果的に幻の独立宣言となった。

だが、米ソ冷戦の終焉とソ連邦の崩壊という国際環境の劇的な変化によって、１９９1年のマドリード国際会議、そしてノルウェーの首都オスロにおけるイスラエルとＰＬＯとの間の秘密交渉という中東和平に向けての歴史的な転回が可能となった。その和平プロセスは１９９3年9月のオスロ合意に結実したわけだが、パレスチナ指導部はオスロ合意の秘密交渉をパレスチナ独立国家の建設に向けての第一歩にするという淡い期待を抱いていた。しかし、その夢は達成されることはなかった。では、いったいオスロ合意のどこに問題があったのであろうか。

2　パレスチナ独立国家樹立をめぐるオスロ合意の孕む諸問題

オスロ合意をどのように評価するかをめぐっては、イスラエル側とパレスチナ側では著しく評価が異なるものの、イスラエルとパレスチナの双方から対照的な理由でオスロ合意に対する失望の声が上がっている。パレスチナ側からみれば、署名者である故イツハク・ラビン元首相の政治的意図が問題だった。ラビン首相は軍人出身だけに老練な現実主義者であり、オスロ合意によってパレスチナ国家建設を許すなどといったことは考えていなかった。その証言として和平交渉に当たった首相側近のシュロモ・ベンアミが、2013年9月13日付『朝日新聞』のオスロ合意20周年特集「進まぬ和平共存遠く　イスラエル・パレスチナ　オスロ合意から20年」と題する同紙とのインタビューにおいて明らかにしている。すなわち、和平交渉は「土地と平和の交換」の原則に基づいて行われていたが、「ラビン氏はすべての土地を返そうとは考えていなかった。彼が生きていれば和平が実現したと思うのは無意味だ。彼は『和平の聖人』ではない。和平を真剣に考えたが、その代価をすべて支払う準備はできていなかった」と述べている。他方、イスラエル側では、オスロ合意の結果、パレスチナ人による一連のテロ、さらに第二次インティファーダといった暴力が横行するようになっただけであり、そのようなオスロ合意を締結したラビン首相こそが諸悪の根源だといった右派的な意見も声高に語られるようになった。その意味でオスロ合意は現在では両サイドから挟撃を受けているともいえる。

オスロ合意はその正式名称が示す通り「パレスチナ暫定自治に関する原則宣言」である。同宣言の中に「パレスチナ国家」を樹立するという具体的な文言が見いだせない以上、オスロ合意に基づくパレスチナ国家建設は見果てぬ夢である。ところが、調印直後のパレスチナ人側の熱烈な歓迎ぶりは、合意がイスラエル占領からの解放を約束するものであり、独立国家建設へのステップだと多くの人びとが考えたことを示している。実際、1994年にガザとエリコで先行的にパレスチナ暫定自治が開始され、アラファート議長がパレスチナの地に帰還した時点でパレスチナ国家の建設への望みを含めてオスロ合意への期待はピークに達した。

しかし、自治が開始されて時間が経てば経つほど、アラファート議長の政治手法がアラブ諸国の権威主義体制下の従来のアラブ政治指導者のそれとほとんど変わらないことが明らかになっていった。

自治政府とは名前だけで民主的な政治運営が行われず、アラファートの私的機関といってもいいような複数の治安諸組織のみが肥大化していっただけだったからである。パレスチナ民衆のオスロ合意への過度といっていい期待は、むしろ期待への反動のため深い失望に変わっていった。と同時に、政治指導部におけるアラファートに代表される離散の地の出身者の「帰還組」と、ヨルダン川西岸・ガザ内部でイスラエル占領と直接闘ってきた現地の「生え抜き組」との政治的主導権をめぐる対立も明確になっていった。それは「離散組」の「パレスチナ革命世代」と「生え抜き組」の「イスラエル占領世代」との間のパレスチナ人の新旧世代をめぐる対立でもあった。

オスロ合意体制の下ではパレスチナ自治政府は国家でないがゆえに防衛権も外交権も持っていなかった。また、国家として圧倒的な軍事力を誇るイスラエルは、パレスチナ側のテロからの安全が保障されない限り和平交渉にも応じないし、また占領地からの撤退を行わないとして、ハマース等によるテロに対して効果的な抑止措置を取らないアラファート指導部への不信感を露わにした。とりわけ、シャロン政権は2001年の9・11事件以降のアメリカによる「対テロ戦争」の追い風に乗って、アラファートをテロリスト支援の政治指導者として、アメリカの黙認のもとにラーマッラーのパレスチナ大統領府に監禁状態にし、結果的にアラファートの健康状態は悪化することになった。

2004年11月のアラファートの死後、マフムード・アッバースが自治政府の大統領に就任した。ところが、2006年1月に行われたパレスチナ民族議会選挙においてファタハが敗北し、ハマースが地滑り的勝利を挙げて議会第一党になって、ハマース指導者のイスマーイール・ハニーヤが首相に選ばれた。ところが、アッバースは大統領権限を発動して選挙自体を無効にしてしまった。そのため、ファタハとハマースの対立が決定的となり、両者の間に武装衝突も起こって、パレスチナ自治政府は、ガザを実効支配するハマースと西岸を支配するファタハとに事実上、分裂してしまったのである。

以上のようなパレスチナ側の厳しい現実を前にして、米ソ冷戦終焉以降、唯一の大国として和平交渉を推進してきたアメリカの仲介者としての政治的役割が疑問視されるに至って、在米パレスチナ人であるラシード・ハーリディー・コロンビア大学教授のようにアメリカを「欺瞞の仲介者」として強く非難するような政治的立場も登場することになった。オスロ合意もアメリカとの協調と協力に支えられた強者イスラエルを前にして、政治的選択肢が限りなく狭められていった弱者パレスチナ人との間のパワー・ポリティックスにおける両者間の不均衡の帰結だったのである。

ところで、ハーリディーはオスロ合意の原型を1978年にエジプトとイスラエルの間で締結されたキャンプ・デービッド合意に見ている。彼の言葉を借りれば次のようになる。

客観的に観察すると、中東におけるアメリカの外交努力――もしそのようなものがあるとするならば――は、パレスチナ人とイスラエルとの間の平和達成をより一層困難にしたと評価することができる。その外交努力はアメリカの仲介でエジプトとイスラエルの間で1978年に締結されたキャンプ・デービッド合意にまで遡ることができ……カーター、レーガン、ジョージ・H・W・ブッシュ、オバマといった歴代大統領の和平イニシアティブも同合意に倣うものであった。これらの歴代大統領のイニシアティブはジョンソン、ニクソン、そしてフォードといったそれぞれ先行する政権の政策に必ずや影響されていた。つまり、アメリカはパレスチナ問題を根本から変えるように決して対処しようとはしなかったということなのである。(Khalidi, op.cit., pp.xiv-xv)

アメリカが真摯に外交努力を行ってこなかった以上、オスロ合意に基づく和平プロセスは、あらかじめ失敗が内包されていた合意であったといった評価が出てくることになる。アメリカの歴代大統領も、イスラエルの歴代首相も、キャンプ・デービッド合意の枠組みの中で「和平交渉」なるものを考えており、せいぜいのところパレスチナ自治はイスラエルの治安にとって軍事的かつ財政的に見合う限りにおいて、最低限の条件下において認めるものの、「パレスチナ独立国家」の設立を認めるつもりなどはなからなかったということになる。

オスロ合意に基づく和平交渉が、キャンプ・デービッド合意を締結したイスラエル側の首相であったメナヘム・ベギンが提唱したパレスチナ問題の包括的解決という枠組みに基づくという前提が正しいとするならば、キャンプ・デービッド合意以来、オスロ合意に至るまで、パレスチナ独立国家などは絵に描いた餅であったとハーリディーは主張する。したがって、オスロ合意もたんなる「パレスチナ暫定自治に関する原則宣言」であって、お互いにまず交渉を始めるという原則レベルの合意ではあっても、パレスチナ独立国家への道を約束した内容ではないということになる。換言すれば、オスロ合意に基づけば、パレスチナ独立国家の実現などとうてい無理で、当初から見果てぬ夢に終わってしまうことを、イスラエル側は最初から織り込み済みだったということになる。ハーリディーはいささかセンセーショナルなタイトルの著作において「公正な仲介者」の役割を果たせなかったアメリカを厳しく批判する。したがって、彼の見方はあまりにも悲観的で反米的過ぎるという評価もあろう。

しかし、現在のオスロ合意の陥った隘路ともいうべき停滞とイスラエル軍による占領の継続というパレスチナ人にとっての厳しい現実をみれば、ハーリディーの立論も批判のための批判という側面だけではないということになるのである。

ハーリディーの問題提起を真摯に受け止めるならば、「和平交渉」の枠組みの前提そのものへの疑問が呈されることになる。というのも、現在の和平交渉の出発点はすべて1967年の「第三次中東戦争」後に採択された国連安全保障理事会決議242号に示された「和平と領土の交換」の原則に基づいているからである。同時に、PLOは当時まだ交渉主体として国際社会において認められていなかったという外交的な事情もある。アラブ諸国とイスラエルとの間での「和平交渉」が目ざす解決案とは、要するに1967年の「第三次中東戦争」前の原状に戻すことであり、それはすなわち、イスラエルがそれぞれのアラブ諸国にその占領地を返還すれば、アラブ諸国はその見返りとしてイスラエルを国家として承認する、すなわち両国が外交関係を樹立することを意味していたのである。

ところが、パレスチナ人から見れば、どのような「和平交渉」においてもパレスチナ人の代表はつねに不在であった。そもそも、PLOが問題解決のための交渉の主体として国際社会において認められていなかったためである。だからこそ、オスロ合意によってPLOがイスラエルとの交渉の主体として承認されたという歴史的な意義は決して小さくないという事実も、ここで確認しておく必要があろう。つまり、イスラエルとPLOとが相互承認したのである。それ以前はPLOが交渉しようにもイスラエルあるいはアメリカから見れば交渉相手としてのパレスチナ人は存在しないのも同然であった。

しかしさらに問題になってくるのは、それ以前に国連で採択された決定的な決議である「国連パレスチナ分割決議」（国連総会決議181号）はどうなるのだというPLOの主張がある。イスラエルは国連パレスチナ分割に基づいてそのユダヤ国家予定地を事実上の領土として建国を宣言したにもかかわらず、1948年5月に勃発した「第一次中東戦争」において、この決議において指定された「ユダヤ人国家」の領域よりもはるかに広い地域を軍事占領下に置いた。すなわち、戦争終結に当たっては、イスラエルは隣接する参戦国である周辺アラブ諸国（エジプト、ヨルダン、シリア、レバノン）とロードス休戦協定を締結し、同協定で合意した軍事的な休戦ライン（グリーンライン）をイスラエル国家と周辺アラブ諸国との事実上の「国境」とみなし、グリーンライン内の領域をイスラエルの「領土」としてしまい、国際社会もその多くがそのようなイスラエルの事実上の「国境線」を既成事実として承認したのである。もちろん、ベングリオン・イスラエル首相はさらなる領土拡大を画策しており、むしろグリーンラインという軍事境界線の設定の方が政治的には都合がよかったということもあろう。

パレスチナ人の不在あるいは代表権の欠如に加えて、さらに次のような事実も指摘しておく必要があろう。すなわち、パレスチナ現代史という短い歴史を振り返っただけでも、パレスチナ人から見た場合、その運命は「不正義」の連続であったという事実である。この場合の「不正義」とは、イギリスの植民地主義的政策のためにディアスポラ・ユダヤ人あるいはパレスチナのユダヤ人に比較して、パレスチナのアラブ人への政治的な公正さがまったく保障されてこなかったということである。

まず、イスラエル建国の前提となった1917年のバルフォア宣言である。イギリスによるパレスチナ委任統治は1922年に国際連盟において正式に承認された。バルフォア宣言は当初は将来的にユダヤ人国家になるだろうとの想定（1921年チャーチル白書）の下で、ユダヤ人のための「ナショナル・ホーム」としてその建設が始まった。当然ながら、ユダヤ人のために一方的に「ナショナル・ホーム」の建設を推進するイギリスによるパレスチナ委任統治とはパレスチナに住むアラブ人にとっていったい何であったのか、という問いが投げかけられることになる。というのも、パレスチナのアラブ人は問題の当事者としてその政治的権利が認められることはなかったからである。実際、パレスチナのアラブ人によるバルフォア宣言への強い反対の意思は政治的抗議デモや民衆反乱というかたちであらわれた。

バルフォア宣言そのものの文言にしたがえば、現在でいうパレスチナ人（当時の文脈では、パレスチナ国籍を有するユダヤ人 Palestinian Jews との対比で、パレスチナ国籍を有するアラブ人 Palestinian Arabs、すなわちパレスチナ委任統治領内に住むアラブ市民）は「パレスチナに現存する非ユダヤ人諸コミュニティ existing non-Jewish communities in Palestine」と呼ばれ、そのような人びとの「市民としての、あるいは信仰者としての諸権利 civil and religious rights」が侵害されないとしか記されていないのである。他方、同宣言では主語で表現されている（したがって、同宣言では「ユダヤ人対非ユダヤ人諸コミュニティ」という「A対非A」という対語で語られることになる）ユダヤ人には、「（パレスチナ以外の）他のあらゆる国のユダヤ人によって享受されている（すべての）諸権利および政治的地位 the rights and political status enjoyed by Jews in any other country」は侵害されないとして、欧米諸国（とくにイギリス）に市民として居住して諸々の諸権利を享受している同化ユダヤ人への政治的な配慮がなされているのである。もちろん、この付帯条項は、シオニスト以外の同化ユダヤ人によるバルフォア宣言への強い反対・反発に対するイギリス国内における政治的対応という意味を持っていることは、ここで指摘しておきたい。

　1922年には国際連盟の場において、パレスチナ委任統治そのものが、バルフォア宣言をパレスチナ委任統治規約前文に逐語的に組み込んだかたちで承認されたため、同宣言が初めて国際社会において認められた文書と見なされるようになったという事実をも忘れるべきでないだろう。それ以前、同宣言はイギリス政府がイギリス国内のユダヤ人シオニスト指導者に与えた国内的な約束事に過ぎなかったからである。

　パレスチナ問題の起源をめぐる歴史解釈の問題はこれだけにはとどまらない。なぜならば、これまで支配的な歴史観といっていい「シオニズム史観」によるパレスチナ問題に関する歴史叙述の偏向もあるからである。すなわち、パレスチナ・アラブ民族運動をシオニズムに基づくユダヤ人のパレスチナへの移民・入植とそれに対するパレスチナ人の対応あるいは抵抗として矮小化して描く立場である。実はこの歴史観は極めて根深い問題を持っている。というのも、パレスチナのアラブ人のナショナリズムはシオニズムによるユダヤ人移民・入植への政治的反応だとして立論されると、パレスチナ・ナショナリズムは常に受動的・防御的運動として描かれることになるからである。すなわち、主体としてのユダヤ人シオニストと客体としてのパレスチナのアラブ人という二分法の構図の中に流し込まれ、後者は自らを表象＝代表（represent）できない存在になってしまい、シオニズムという合わせ鏡があって初めて自らを表現することができるようになるからである。このような立場を、パレスチナ・ナショナリズムの発生をシオニズムに求めるという、エドワード・サイード的な意味でのオリエンタリズム的な思考様式に基づく「シオニズム中心史観」とここでは呼んでおこう。

シオニズム中心史観は、それが孕む問題として、自らを「中立」と位置づけている論者であるほど陥りやすい立場である。そのような立場は、自明の前提として、イスラエル側とパレスチナ側を「対等」な当事者として描く立場である。かつて私自身は次のような指摘をしたことがあった。いささか長くはなるがそのまま引用してみたい。以下の議論はオスロ合意の帰結を議論するに当たっても適用できると思うからである。

まず何よりもここで強調しておきたいことはイスラエルとパレスチナ人の両者を政治的に対等な主体として並べて双方に偏りがないように描くことが必ずしも歴史記述として正当とは言えないという「ポリティカル・コレクトネス」の問題である。もちろん、イスラエルとパレスチナ人には双方それぞれが主張する「正義」があり、その「正義」はそれぞれ正当であるということを認めたうえでの立論である。この両者にとってそれぞれの「正義」があるということはすべての議論の前提である。しかしながら、ことパレスチナ問題にかぎっては両者を同じように紙幅をさいて並立して叙述することが必ずしも歴史的に「客観的」であることを意味しないと考える。それは以下の理由からである。すなわち、パレスチナ・イスラエル紛争の起源の19世紀終わりの段階においてパレスチナ人（当時はパレスチナ人として民族的アイデンティティはまだ分節化されていなかったとしても）はシオニストによる初期のパレスチナ移民およびその入植に対してあくまで受動的な立場を強いられた。その後も、シオニズム運動がイギリスを中心とするヨーロッパ列強との協力関係の下で、パレスチナに住む人々の意思とはまったく関わりなくナショナル・ホーム建設のためにありとあらゆる手段をもってパレスチナへのユダヤ人移民・入植を進めて行ったという歴史的な事実は否定できない。たとえヨーロッパにおけるユダヤ人の状況がいかにひどいものであったとしても、である。換言すれば、パレスチナあるいはエレツ・イスラエルと呼ばれる場所をめぐるユダヤ人とパレスチナ人の関係は歴史を大局的に見たとき、まず入植者と現地の住民という植民地主義的な関係として出発しており、当初から強者と弱者の間の力の不均衡な、非対称性をもった紛争構造をもっていたのである。（臼杵陽「解題」ダン・コンシャーボク、ダウド・アラミー著、臼杵陽監訳『双方の視点から描く パレスチナ／イスラエル紛争史』岩波書店、2011年、267〜268頁）

この非対称性の対立の構図の中で辿り着いたのがオスロ合意だったとすれば、少なくともイスラエル側の領土的な妥協が前提となった和平交渉自体が公正な解決を用意するはずがないということになる。第一次世界大戦以来、パレスチナ問題が抱え込んできたアラブ人（＝非ユダヤ人諸コミュニティ）とユダヤ人という構造的な非対称性の孕む矛盾を棚上げしているからである。以上を前提として、シオニストは、受動的な役回りを演じなければならなかったパレスチナ人の政治的レベルにおける非妥協的な態度のために、パレスチナ人は本来獲得できるはずであった諸権利をも結局は獲得できなかったという議論を展開する。具体的には、パレスチナ人が委任統治期におけるアラブ機関や立法評議会設立などの政治的代表権をめぐるイギリスによる提案を拒否してきた、あるいは国連パレスチナ分割決議案も拒絶したといったような、パレスチナ側の非妥協的態度があたかも問題であるかのような議論が展開されてきたのである。その後の交渉におけるパレスチナ人の頑なさが問題にされるのである。アバ・エバン元外相が「パレスチナ人は機会を逃すという機会をこれまで決して逃すことがなかった(Palestinians have never missed an opportunity to miss an opportunity)」と揶揄したように、入り組んだ表現で和平の機会を逃してきたパレスチナ人に皮肉を投げかけるのである。

シオニズム中心史観への批判はユダヤ人あるいはイスラエル内部からも生まれてきて、アカデミアを中心に活発に行われてきたこともたしかである。新たな局面を開いたのが「新しい歴史家論争」またはー「修正主義論争」、あるいはさらに発展していった「ポスト・シオニズム論争」ということになろう。しかし、ここでは論争そのものには踏み込まない。

3 世界史の中のオスロ合意

巨視的なレベルから遡及的に考えてみると、パレスチナ問題の起源として本論において設定した第一次世界大戦は、フランス革命以降形成されたウィーン体制と呼ばれる国際秩序の帰結であるとみなすことができる。さらに遡ると、フランス革命はそれ以前の1648年以来の旧国際秩序であったウェストファリア体制を崩壊に導いた。すなわち、世界史の大きな流れの中において、これまでの国際秩序を、ウェストファリア体制、広義のウィーン体制、パックス・ブリタニカを基軸とする両大戦間期、そして第二次世界大戦後における米ソ冷戦とみなして大雑把に捉えてみると(第二次世界大戦までの時期区分は、E・H・カー、大窪愿二訳『ナショナリズムの発展』新版、みすず書房、2006年、に従った)、オスロ合意は、米ソ冷戦終焉後のアメリカ一極化の下での新たな国際秩序の形成の中で試みられたパレスチナ独立国家樹立という国民国家設立を目ざす近代のプロジェクトであったとみなすことができる。

本論においてはフランス革命という市民革命以降の国民国家体制の形成の試みをあえて「近代のプロジェクト」と呼ぶが、オスロ合意はその「近代のプロジェクト」に向けての第一歩であると同時に、そのプロジェクトは挫折があらかじめ用意されていたという両義的な性格を持つものとして位置づけられる。この「近代のプロジェクト」とは、一民族一国家という19世紀的な政治理念に基づく「国民国家 **nation-state**」を形成するということを意味している。換言すれば、オスロ合意は、少なくともパレスチナ解放運動指導部の立場からすれば、国民国家体制の枠内において20世紀末に試みられた、遅れてきた独立国家樹立に向けての政治的な努力であった。しかし、20世紀という時代において、そのような試みを行うこと自体に歴史的な限界を孕んでいた。

パレスチナ問題に関していえば、この「近代のプロジェクト」の持つ歴史的射程は、フランス革命さなかに発布された1791年のユダヤ人解放令まで遡及できる。というのも、パレスチナ問題において主役となるユダヤ人がようやく市民として法の前に平等になったからである。しかし、この国民国家体制はハンナ・アーレントの『全体主義の起源』（みすず書房、1972〜1974年）に従えば、19世紀末以降の「帝国主義の時代」において、反ユダヤ主義《アンティ・セミティズム》と人種主義、さらには大戦間期には全体主義を生み出すことになったのである。

そもそも、フランス革命の人権宣言第一条において「人は、自由かつ権利において平等なものとして出生し、かつ生存する」（高木八尺他編『人権宣言集』岩波文庫、1957年、131頁）と規定された。この条項がユダヤ人にも適用され、1791年9月、国民議会はユダヤ人解放令を可決し、フランスにおいてユダヤ人は完全な市民権が認められたのである。この点ではミラボーが重要な役割を果たした。

バスティーユの襲撃があったのち、ユダヤ人指導者が革命裁判に姿を現し、彼らにも市民としての平等の権利があるはずだと主張した。この言い分に注目したのがミラボーだった。盛んな議論が行われ、ついにこの件は投票によって決着がつけられることになった。反ユダヤ的な者たちは彼らの勝利を確信していたが、結果はあけてびっくり、彼らはひどい負けを見た。……1791年、フランスの7万人のユダヤ人は平等の権利をもつ市民になった。（M・ディモント、藤本和子訳『ユダヤ人　神と歴史のはざまで』朝日新聞社、1977年、328頁）

しかし、19世紀末に「帝国主義の時代」に突入すると、市民として平等であるがゆえにユダヤ人を排斥する「ユダヤ人問題」が人種主義、社会進化論などとも相俟って誕生することになる。これを転機に、前近代におけるキリスト教的な「イエス・キリスト殺しのユダヤ人」という反ユダヤ教的な宗教感情は質的な変化を遂げることになり、反セム主義という最悪の人種主義を生み出すことになった。というのも、市民として対等であるがゆえに、国民国家の中の「民族」的な少数派として人種主義によって「ユダヤ人」を差別的に位置づけることになったからである。このような反ユダヤ主義あるいはアンティ・セミティズムと呼ばれる問題への質的転換、すなわち宗教的なユダヤ嫌悪から人種主義的差別の問題への変質は同時に、ユダヤ人が自ら「国民国家」の建設に向けてユダヤ人ナショナリズムであるシオニズムという思想とその運動を始動させていく出発点になった。ユダヤ人シオニストは1897年に第一回世界シオニスト会議を開催し、世界シオニスト機構の下にディアスポラのユダヤ人を政治的・外交的に組織化していったのである。

さらに、第一次世界大戦末期になると民族をめぐる中心となる論点は「民族自決権（self-determination）」に移行することになる。この考え方は周知のとおり、ウッドロー・ウィルソン米大統領が第一次世界大戦後に提唱した。辞典的には「各民族が、自己の政治組織または帰属を、他の民族や国家によって干渉されることなく、自ら任意に選択し決定すること。第一次大戦後、アメリカのウィルソン大統領が唱道。第二次大戦後、植民地独立のための政策の指導原理となった。人民の自決とも」（『広辞苑第六版』）となる。しかし、民族自決権はあくまでヨーロッパ的文脈における「民族」に限定された提言であった。

パレスチナの場合、パレスチナ人が国民国家＝民族国家を建設して、具体的に一歩を踏み出そうとする政治的な夢を語ることのできたオスロ合意締結の時点では、ヨーロッパの諸民族が独立国家を達成した時期からすでに80年もの歳月が経過しており、パレスチナを含む中東イスラーム世界もすべての面で遅れてその国家形成を出発せざるをえなかったところに民族的な独立国家の実現の困難さがあったのである。

ところで、ロシア帝国、オーストリア・ハンガリー帝国、オスマン帝国といった大戦前の大帝国の崩壊に伴って、ロシア帝国やオーストリア・ハンガリー帝国の支配下にあったヨーロッパの諸民族は第一次世界大戦後、それぞれの民族国家の独立を達成した。ユダヤ人の場合も当然ながら、バルフォア宣言もこの民族自決権の文脈で位置づける必要がある。その意味では、ユダヤ人という存在は、オスロ合意を考える際にもきわめて重要な意義を持つことになる。すなわち、少なくとも当時の国際政治的状況からは便宜的ではあれ、ユダヤ人が主権を持ち、将来「国家」を樹立するに値する「民族」であることを、たとえどのような政治的思惑からであったとしても、シオニスト・ユダヤ人が第一次世界大戦中にイギリス政府に認めさせ、委任統治という政治制度に組み込むことに成功した点においてバルフォア宣言は画期的な事件であったからである。

繰り返しになるが、その際、ユダヤ人や中東欧の諸民族とは対照的に、オスマン帝国解体に伴って、同帝国支配下の地域において民族自決を求めた諸民族の独立への意思は英仏などの旧植民地帝国によって承認されることはなかった。というのも、ウィルソン大統領の民族自決の原則は体裁としてはすべての民族を対象にしているかのようにみえるが、結局はヨーロッパの諸民族を対象としたものであって、アジア・アフリカにおける英仏の植民地の諸民族を対象とはしていなかったのである（Erez Manela, *The Wilsonian Moment: Self-determination and the International Origins of Anticolonial Nationalism*, New York: Oxford University Press, 2009.）。

マルクス主義の伝統では、ユダヤ人が民族であることは一貫して否定されてきた歴史がある。オーストリア・ハンガリー帝国内のマルクス主義者は文化的自治を主張して、独立国家樹立は求めてこなかった。また、オスマン帝国内のアラブ民族運動も初期の段階ではオスマン帝国内の自治であって、決して主権を持つ「民族」国家の樹立を目標とはしていなかった。ただ、アラブ民族意識の形成と並行して、アラブとは区別されるパレスチナという地域に住むパレスチナ人としての民族意識も原初的なかたちながら生まれたという研究もなされている現状に鑑みると、現在ではシオニズム中心史観の相対化は進んでいるということができよう。

そもそも、原理的に国民国家体制における問題性として、主権 sovereignty が「民族」に適用されるという点がある。主権とは「その国家自身の意思によるほか、他国の支配に服さない統治権力。国家構成の要素で、最高・独立・絶対の権力。統治権」である。フランス革命において確立された主権在民の考え方はシェイエスの「第三身分」に代表されるように貴族・僧侶などの特権階級以外すべてを含むものであった。後にブルジョアジーと呼ばれるようになる市民階級である。この主権概念を「民族」に適用することはかなり理論的困難を伴う。すなわち、主権を行使する民族の主体をどのように定義するのかという問題に直面することになるからである。「民族」という単位のレベルでいえば、これは民族としての主権の無限の分割が予想され、この単位設定がきわめて恣意的、あるいは政治的に操作されて生成されることになる。だからこそ、「ユダヤ人」が主権を持つ主体としてヨーロッパ諸列強に認定される具体的な政治過程が重要な意義を持つ所以である。

しかし、オスマン帝国支配地域においては伝統的にヨーロッパ的国民国家という枠組みを超えるパン(汎)的な思想と運動がヨーロッパ植民地主義への抵抗の文脈で生まれてきたという19世紀末以来のこの地域の歴史がある。汎イスラーム主義あるいは汎アラブ主義である。このムスリムのウンマあるいはアラブ民族の連帯と統一に基づき、植民地主義的国境線を超えた広領域を包括するムスリムあるいはアラブ民族が主体となる主権国家を設立しようという理念は、ヨーロッパ出自の国民国家の理念とは相反してきた。このことはこれまでもアカデミアの議論でも「中東例外論」として指摘されてきたことである。

植民地支配下における被抑圧民族が解放を求めて民族自決権を要求するという事態はとりわけ第二次世界大戦後、国際連合という国際機関の場においても承認されてきたため、アジア・アフリカ諸国の独立として1960年代以降主流となった。パレスチナ解放運動もこの民族解放の道筋を辿ったということができる。その意味ではオスロ合意は第二次世界大戦後の民族自決権の実現とその帰結でもあったのである。

4　むすびに代えて

ユダヤ人解放令の1791年を起点として「世界史の中のオスロ合意」を考えると、150年目に当たる1994年にパレスチナ暫定自治が開始された事実は象徴的である。この事実に鑑みると、1994年はパレスチナ人にとっては150年目にしてようやく踏み出した「国民国家」形成という「近代のプロジェクト」に向けての第一歩であった。しかし、それは自治というかたちのとりあえずの目標の達成であったと同時に、遅れてきた「民族」の宿命として「近代のプロジェクト」に向けて、あらかじめ用意されていた挫折への第一歩を踏み出したという両義性を伴う悲喜劇の事態でもあったということになる。

アラブ世界における「国民国家」への方向性が未完のプロジェクトとして終わらざるをえない諸要

因として、アラブ・ナショナリズム（パン・アラブ主義）、パン・イスラーム主義、イスラーム改革運動、パレスチナ・ナショナリズムといった各地域のナショナリズム、インターナショナリズム、イントラナショナリズムあるいはトランスナショナリズムなどといった諸潮流が錯綜して発展してきたという歴史がある。

２０１５年に入った時点でこのような諸潮流を改めて検討せざるをえなくなる事態が生じた。すなわち、国民国家モデルの主権国家が内戦的状況というかたちで破綻したイラク・シリアにまたがるかたちで実効支配している「イスラーム国」によるカリフ制の宣言である。シーア派ムスリムを排斥してスンナ派ムスリムに特化したウンマというイスラーム的ユートピアを実現しようとするダーイシュ（ＩＳＩＳ、イラク・シャーム・イスラーム国）を前身とする運動による事実上の「国家」の誕生である。イスラエルというユートピアとしてのユダヤ人国家をこのイスラーム国が何らかのかたちで教訓として学んでいる可能性は否定できない。この微妙な政治的問題はまた別の文脈で論じる必要があろう。

また２０１４年末には西欧諸国における議会で政府に対してパレスチナ国家承認を求める動きがあった。この動きは２０１４年夏のイスラエルによるガザ攻撃という深刻な事態に対応してヨーロッパ的な国民国家システムを前提として、国家としての実体が伴うかどうかは別として、パレスチナを国家として承認することによってパレスチナ問題の早期解決を図ろうとする動きとして注目できよう。いずれにせよ、オスロ合意の問うている問題は世界史的に見れば「国民国家」のあり方を21世紀の時点で問い直す、きわめて重要な政治課題であると言えよう。

コラム 2
日本とパレスチナ

近代日本における日本人とパレスチナとの関わりはキリスト教徒が主役となる。17世紀初めにペトロ岐部がエルサレムへの巡礼を果たしたともいわれるが、すでに江戸期の鎖国時代に入っており、パレスチナとの関係は途切れた。開国して明治に入って、西本願寺の島地黙雷が欧州視察の帰途、エルサレムを訪れた。その後はパレスチナとは日本人キリスト者の聖地巡礼とシオニズムへの関心に基づいて接点ができる。

日本は第一次世界大戦で戦勝国となり、パレスチナ問題そのものの発生に深く関わることになった。というのも、大国の仲間入りを果たした日本は国際連盟のパレスチナ委任統治の形成に英仏とともに関与したからである。民間レベルで特記すべきなのはキリスト者で作家である徳富蘆花（健次郎）だろう。蘆花は日露戦争直後と第一次世界大戦後の二度にわたって聖地を訪れ、『巡礼紀行』（1906年）と『日本から日本へ』（1919年）という訪問記を刊行した。後者のパレスチナ・エジプト訪問の部分はアラビア語にも翻訳されている。

その後、東大総長を務めた矢内原忠雄らの無教会派キリスト者が訪れて記録を残している。第一次世界大戦直後で特に注目すべきは、アジア主義者であり同時に国家主義者でもあった大川周明や満川亀太郎などが、シオニズム運動をアジア復興の文脈で高く評価してパレスチナに関心を持っていたことである。

大戦間期には反ユダヤ主義的な傾向を持つ軍人がパレスチナとの接点を作った。もっとも著名なのは陸軍の安江仙弘《のりひろ》で、1927年に英語通訳として酒井勝軍《かつとき》を伴ってパレスチナを訪問し『猶太の人々』といった著作を上梓している。酒井はすでに『猶太人の世界征略運動』、『猶太民族の大陰謀』、『世界の正体と猶太人』といった神がかり的反ユダヤ主義を唱え、後に日ユ同祖論者として知られるようになる人物である。また、四王天延孝も戦時中、国会議員として反ユダヤ主義を大々的に唱えた軍人・政治家として著名である。

敗戦後、日本は米占領下にあったため、パレスチナ問題の帰趨を決する重要な決定には加わることができなかった。そのため、日本はパレスチナ問題には手を汚していないというイメージが植えつけられることになった。日本は米占領下にあったため、1947年11月の国連パレスチナ分割決議に関わっていないからである。日本は1951年、サンフランシスコ講和条約で独立を獲得すると、翌年にはイスラエルと国交を樹立した。

戦後日本がパレスチナ問題との関係で転換点となったのは、1973年の第四次中東戦争に伴う石油危機であった。アラブ・ボイコットによって日本は石油が輸入できなくなる事態に直面したからである。この時期、石油安定供給のために対アラブ外交の中で重要な意味を持ったのは、パレスチナ解放という「アラブの大義」の支援であった。他方で、日本赤軍もPFLP（パレスチナ解放人民戦線）と共闘した。

日本政府はPLO（パレスチナ解放機構）をパレスチナ人の唯一正当な代表と承認し、1977年にPLO東京事務所の開設を認めた。そして1981年にはアラファートPLO議長の訪日が実現したのである。日本政府は1993年のオスロ合意以降、パレスチナ・イスラエルが併存する二国家解決案を支持し、同時にパレスチナ難民救済事業機関（UNRWA）への拠出を続けている。

現在、パレスチナと日本との関係は民間レベルでも活発になっている。パレスチナ難民への里親運動やパレスチナ産のオリーブ製品などのフェアトレードを含むパレスチナ支援のためのNGOなどが設立され、ボランティアや学生を通じた日本とパレスチナとの人的・物的な交流はますます活発になっている。

（臼杵　陽）

第3章 シリア
——内戦と多民族・多宗派問題

シリア内戦は様々な姿を見せている。独裁政権による民主化運動の弾圧、米ロやサウジアラビア・イランの対抗関係を反映した代理戦争、イスラーム過激派の跳梁……シリアの多民族・多宗派構成とどのように関連しているのだろうか。

黒木　英充

始まって5年間が経過したシリアの内戦は、この国の長い歴史のなかで最も激烈な破壊と殺傷を引き起こしている。さらに、戦闘や対立の様相が猛烈な速さで変異を繰り返し、トルコやサウジアラビア、イランなど周辺国と米ロ超大国を巻き込んでいる。21世紀の世界の大混乱、もしかすると「世界大戦」への導火線なのかもしれない、あるいはこれ自体がすでに新しい形の「世界戦争」なのではないか、との議論が国内外で始まっている。

どうしてシリアはこのような台風の目になってしまったのか。本章ではシリア内戦の背景とその展開のダイナミズムを考察することとしたい。

1　シリア内戦の経過――民主化闘争か代理戦争か

シリア内戦の特徴は、対立の軸、戦闘形態と支配領域、関与するプレーヤーの編成や外部から介入するパワーとの関係などが、複雑に、かつ目まぐるしい速さで変化・展開してきたことである。隣国のレバノン内戦（1975～90年）も複雑怪奇な過程をたどり、外部介入勢力との関係など質的な共通点は見られるが、シリア内戦の方がより短期間ではるかに多くの犠牲者を出しており、難民問題が比較にならないほど大規模化している。印象論的な記述をお許し頂くならば、スペイン内戦やカンボジア内戦、ユーゴスラビア内戦といった20世紀の世界の代表的な内戦と比べても、変数の多さ・複雑さと変化の速さという点で、シリア内戦は突出していると言えよう。

以下、2011年から2016年初めまでの時期を五つに分け、できるだけ簡略化して流れを押さえておこう。

（1）第一期　アサド政権への抗議運動と内戦化（2011年3月から2012年5月まで）

ヨルダン国境の町ダラアで治安機関が子どもを拷問したことに対する人々の抗議から、すべてが始まった。これに治安部隊が容赦ない弾圧を加え、デモがさらに繰り返されて広がる悪循環に陥ったが、この局面は明らかにチュニジアからエジプトへと広がったアラブ民衆運動の流れの中に位置づけられる。ただし体制打倒に成功した両国との最大の違いは、チュニジアとエジプトでは軍が立ち上がった民衆の側についたのに対し、シリアでは軍が完全に政権の統制下にあって弾圧に徹したことだった。同じ国民への流血的弾圧に抵抗する兵士は軍から離脱し、7月には「自由シリア軍」を結成した。この段階でヨルダンやレバノンなどの国境を越えて外部からの武器流入や工作は始まっていたと見られ、事実上の内戦状態に突入したと言えよう。ただし、10月にホムスで市街戦が始まり、外部の介入が強まっていたとはいえ、まだ騒乱を治安部隊が鎮圧する構図であって、「民主化闘争と弾圧」の側面は残っていた。

アメリカは英仏とサウジアラビアなどに引きずられる形で8月にオバマ大統領がアサドに大統領辞任要求を突き付ける。これは以後アメリカの外交活動をしばり続けた。トルコのエルドアン首相（当時）も、8月にイスタンブルでシリア反体制派に「シリア国民評議会」を結成させ、11月には長年の友アサドをヒトラーになぞらえて辞任を要求した。

この「初動」の時期が決定的だった。あらゆる勢力が自分に都合良くものを考えて道筋を見誤った。アサド政権は基本的に反政府運動を武力鎮圧できると考えていた。米欧・トルコ・湾岸諸国は早期の政権打倒を可能と見越して、好機到来とばかりに支援を強め、反体制派もそれを期待した。2015年9月15日の英紙『ガーディアン』によれば、フィンランド元大統領マルッティ・アハティサーリ（2008年ノーベル平和賞受賞者）は、2012年2月にニューヨークで旧知のロシア国連大使に頼まれてシリア問題収拾三項目提案（反体制派に武器を渡さず、アサド政権と反体制派の中間で仲裁、アサドの権力移譲を穏便に実現）を米英仏に取り次いだが、完全に無視されたと証言している。今日の悲惨な状況を回避できたかもしれない貴重な機会はむざむざ失われた。

（2）第二期　内戦の深化と代理戦争化・調整（2012年6月から2013年5月まで）

2012年6月、アサド大統領は反体制派に宣戦布告し、戦闘機やヘリを投入して空から攻撃し始めた。政権側からしても「騒乱」から「戦争」になったのである。反体制派が手にする武器も強力になってきた。市街戦はアレッポに拡大する一方、中部の農村地帯では宗派間紛争に誘導するような下手人不明の大量虐殺事件が次々に発生。西側諸国はロシアを巻き込んでジュネーブで会議を開催し、同床異夢ながら移行政府に向けて枠組み作りに合意した。周辺諸国・超大国間の「代理戦争」とその調整の動きが明らかになってきた。

7月には首都ダマスクス中心部で国防大臣やアサドの義兄（副大臣）ら政府高官の爆殺事件が発生、内通者の存在が疑われて政権が危機に瀕していると見られた。一方、トルコに足場を置く「シリア国民評議会」はアメリカなどの信頼を得られぬまま、11月にはカタルのドーハにて他の組織も糾合した「シリア国民会議」に吸収された。何百という数に膨れ上がる反体制民兵集団の中で、8月頃からジハード主義者が目立つようになっていたが、米国防省の文書によれば、ペンタゴンは早くもこの段階でアサド政権打倒戦略の失敗を認識し、「イラクのイスラーム国」のシリアへの拡大を警戒していた。にもかかわらず、以後2年間にわたってアメリカはその「イスラーム国」への成長の動きを傍観していたことになる。またカダフィ体制打倒後のリビアからシリアへの大量の武器移動も把握していたのであった。

オバマ大統領は、シリア軍が内戦で化学兵器を使用せぬよう、「化学兵器レッドライン」宣言を8月に発したが、これは化学兵器がシリアからレバノンのヒズブッラーに渡ってイスラエル（核兵器を保有）への脅威とならぬよう、イスラエルの安全のための念押しと見られた。

そして2013年3月、「レッドライン」宣言に呼応するかのように化学兵器で苦しむ一般市民の様子がネット上に現れた。場所は、政府軍とアルカーイダ系「ヌスラ戦線」が激戦を交わしていたアレッポ西郊の農村ハーン・アルアサルであったが、26人の死者の中に政府軍兵士が含まれていたことは、ほとんど報道されなかった。

（3）第三期　化学兵器問題とその余波（2013年6月から2014年5月まで）

2013年6月、内戦は軍事的な一つの曲がり角を迎える。アサド政権側は中部のホムスに近い小都市クサイルを奪還した。そこはダマスクスから北上して西に向かい地中海沿岸部に至る、アサド政権にとって生命線の幹線道路に近く、レバノン国境にも近いことから、反体制派を支援するレバノンの「3月14日派」（サウジアラビアやカタルの支援を受けるスンナ派主体の政治勢力）の内戦介入の足場となっていた。この戦略的要衝をアサド政権側に奪われたのは、反体制派にとって痛撃であった。

しかし大きな逆流が起こる。8月下旬、5ヶ月前に北部で発生した化学兵器事件を調査する国連専門家チームがダマスクスに到着したが、3日後、調査隊がアレッポに向けて出発する直前に、反体制派支配下のダマスクス近郊でサリンガスによる大量殺人事件が発生した。国連からシリア政府への調査協力要請になぜか時間がかかり、5日後になって国連チームは調査先を変更して現場に入った。報告書は犯行主体に言及しなかったが、欧米とトルコ・湾岸アラブ諸国はアサド政権の仕業と決めつけ、真っ先にフランスが対シリア政府軍攻撃を主張した。空母が派遣されて米仏英による軍事介入が間近となり、事態は大いに緊迫した。

しかし英議会の不介入決議、オバマ大統領の議会交渉で時間が経過する間に、ロシアのラヴロフ外相がケリー米国務長官とジュネーブで膝詰め談判を続け、シリア政府の全化学兵器廃棄を条件に、軍事介入中止の合意を取り付けた。早々に戦艦を東地中海に派遣していたフランスは、一人取り残されて惨めな姿をさらした。

3ヶ月前にクサイル奪還で優位に立ったアサド政権が、逆にコーナーに追い詰められた局面であったが、米ロが初めて共同歩調をとったことで、息を吹き返した形になった。この化学兵器事件の真相、つまり誰が何のためにこの攻撃を行ったのか、は謎のままである。後にアメリカのジャーナリスト、シーモア・ハーシュが各方面に精力的に取材し、この化学兵器は反体制側のものとの結論を導き出しているが（http://www.lrb.co.uk/2013/12/08/seymour-m-hersh/whose-sarin〔日本語訳：「サリンは誰のものか？」『世界』岩波書店、2014年5月号〕、http://www.lrb.co.uk/v36/n08/seymour-m-hersh/the-red-line-and-the-rat-line）、これはいずれ多方面から検証されることであろう。将来、シリア内戦を過去のものとして振り返る日が来るとき、この化学兵器事件は一つの節目であり、戦争の性格付けのための最重要の出来事として位置づけられると思われる。

さて、その間、「イラク・シリアのイスラーム国」（後のＩＳ）が北部で徐々に勢力を強め、12月には反体制派「自由シリア軍」の司令官をトルコに放逐した。反体制派の中では、「ヌスラ戦線」を初めとする多数のジハード主義的グループが圧倒的なプレゼンスを占めて相互に競い合う状況となっていた。2014年1月にスイスにて和平会議「ジュネーブ2」が開催されて初めて政権側代表が参加したが、仮にそこで何か合意できたとしても、在外シリア人中心の「シリア国民連合」の意思がシリア国内の民兵組織に伝わることはなかっただろう。なお、この頃「イラク・シリアのイスラーム国」はイラク中部のスンナ派多数の地域を広く掌握する形で、力を伸張させていた。同時にトルコのシリア国境管理の甘さ、すなわち世界各地からシリアに向かう「義勇兵」の通廊として、また反体制派への武器弾薬・資金・物資の補給路として同国が機能していることの問題性が、ようやく西側メディアにて公然と指摘されるようになった。

(4) 第四期 「イスラーム国」問題の前面化 (2014年6月から2015年8月まで)

2014年6月、アサド政権は支配領域において大統領選挙を実施、圧倒的多数をもって「再選」された。政権の正統性持続の演出であったが、西部の大都市部の人々(宗派としてはスンナ派が過半)の多くにとっては反体制派よりはマシ、との意思表明でもあった。その直後、シリア北部から退却したと見られた「イラク・シリアのイスラーム国」部隊が、実際には東に展開し、イラク北部の中心都市モスルを占領、との報が世界を駆け巡った。イラク国軍兵士が戦わずして敗走、兵器や弾薬が分捕られ、数百人の兵士が荒野を行進させられて大量虐殺され、その動画がネット上に流れた。指導者バグダーディーはカリフ即位と「イスラーム国」樹立を宣言、シリア・イラク間の国境検問所を爆破し、全世界のムスリムに対して移住を呼び掛けた。すでにシリアにおいて「ヌスラ戦線」などアルカーイダ系組織の跳梁は知られていたが、新手の強力なプレーヤーが一挙に前面に出たのである。アメリカは、急ぎイラク政府の要請とアサド政権の水面下の同意とを得て、9月には「イスラーム国」諸拠点の爆撃を開始した。シリア北部では、トルコ国境沿いにクルド人組織がベルト状の自治区域を形成しつつ、「イスラーム国」と熾烈な戦闘を続けた。アメリカは対「イスラーム国」戦争にトルコの協力を要請するが、エルドアン政権は「イスラーム国」によるクルド人勢力放逐を望んでいたため、アサド政権打倒が優先と主張し、シリア側国境地帯での非武装地帯の設定を唱え続け、時間を稼いだ。爆撃を受ける「イスラーム国」は、欧米人や日本人の人質、あるいはイラク北部のヤズィード派など少数宗派に対する残虐な殺害シーンや遺跡破壊の様子を次々とネット上に流し、多言語オンライン雑誌を使って独特の宣伝戦を展開した。その「洗練」された誌面やビデオを見れば欧米社会における共鳴分子との共同作業が明確に看て取れる。

他方、アルカーイダ系の「ヌスラ戦線」は、アレッポから西方の農村地帯を中心に根強い勢力を維持していたが、アサド政権側と共に消耗戦による疲弊の影が忍び寄ってきた。

この状況に業を煮やしたサウジアラビアのサルマーン新国王は、2015年3月、トルコのエルドアン大統領とカタルのタミーム首長をリヤドに招聘し、さらにエジプトのシーシー大統領も呼び寄せた。以前は、スンナ派諸国間のリーダーシップをめぐってサウジにカタルが対抗し、ムルシー政権打倒後のシーシー政権のエジプトがサウジと結び、ムルシーと親密だったトルコがエジプトとの関係を極度に悪化させてカタルとますます強く結ぶ、という連合的な対抗関係があった。その分裂がシリア反体制派の効果的な支援を妨げる原因だったとして、シーア派のイランに対抗してアサド政権を打倒する目標に向けて大同団結を呼びかけたのである。もはやスンナ派対シーア派の宗派的対立感情の中東全体規模の高まりを押さえることは難しくなってきた。

これはアサド政権にとって甚大な脅威となった。エジプトとトルコは和解できなかったものの、サウジ、カタル、トルコは連携してシリア反体制派への軍事的・財政的支援に当たるようになり、それが奏功して「ヌスラ戦線」を中心に反体制派が各地で攻勢に転じ、政権側はじりじりと退却を余儀なくされた。

そんななか、7月に「核開発問題」とされるところの原子力発電所問題をめぐってアメリカとイランの間で合意が成立、またもや風向きが変わり始める。

(5) 第五期　難民問題の前面化とロシアの本格的介入(2015年9月から)

9月初め、数千人のシリア(とイラク、アフガニスタンなど諸国)の難民がドイツを目指してギリシャ、セルビア、ハンガリーなどバルカン諸国の国境に押し寄せる映像が、メディアを席巻した。旧約聖書の「出エジプト」のごとき衝撃的なこの光景は、ヨーロッパ諸国がシリア内戦に介入した結果、ブーメランのようにしっぺ返しを受けたものであった。内戦の終結への見通しが立たず、生存を脅かされ将来に絶望した人々は、国境を越えて別の場所に逃れるしかない。外交上の体面を保つためにシリア内戦に加担し、あるいは状況悪化を他人事のように座視してきた国々のうち、特に陸続きのヨーロッパ諸国が、この難民問題の臨界点到達によって待ったなしの対応を迫られたのである。海浜に打ち上げられた幼児の遺体の写真が、難民への人道的対応を求める世論を押し上げた。

このタイミングを見計らったようにロシアが前面に躍り出る。9月初旬、シリアの地中海沿岸部の主要都市ラタキア郊外に滑走路を建設、月末にはイスラーム国を対象としながらもヌスラ戦線およびそれと共闘する反体制派を中心的な標的とした爆撃を開始した。10月にはアサド大統領をモスクワに招いてあくまでも支える姿勢を鮮明にしたが、短期間であれアサド大統領が国を空けて移動できたことは世界を驚かせた。

ところが11月、ロシアの空爆作戦に思わぬ横槍が入る。トルコ軍機によるロシア軍機の撃墜事件である。表向きの理由はシリア側に突き出たトルコ領上空をロシア軍機が侵犯した（実際には秒単位の通過のはずで、ロシアはそれをも否定）というものであった。しかし実際には、ロシアが「イスラーム国」のみならずアルカーイダ系のジハード主義組織も爆撃対象にしたため、「ヌスラ戦線」と共闘していた「トルクメン旅団」も攻撃されており、これに対する報復なのであった（トルクメンはシリアやイラクでは少数派のトルコ系民族であり、トルコの軍事的・経済的支援を受けた民兵組織をもっている）。プーチン大統領は激怒し、トルコに対する経済制裁を繰り出したが、この事件はシリア内戦をめぐってNATO加盟国とロシアとが軍事的に衝突しうることを示した点で甚大な意味をもった。もっとも、アメリカはNATOの盟主としてトルコの肩をもつ基本姿勢を崩さなかったものの、その支持はあくまでも冷たいものであった。

一方、撃墜事件の10日前にパリにて発生した主にフランス生まれのIS共鳴分子による同時多発襲撃事件は、ヨーロッパ諸国の難民に対する人道的受け入れの気運を一瞬にして潰えさせ、オランド大統領をしてISに対する報復の「対テロ戦争」を宣言させ、シリアでの爆撃を開始させることとなった。

米欧の対IS空爆と、ロシアの対ISおよびその他の反体制派空爆とが同時並行した。ただ前者に比べて後者は政権側の地上軍との連携ができていたために軍事的に大きな意味をもった。シリア北西部のアレッポ周辺地域で政府軍がいくつかの戦略的要衝を奪還し、2016年3月にはイラクも含めたこの地域の十字路に位置する古代遺跡の町パルミラからISを駆逐した。その一方、ジュネーブで政権側と反体制側（ISとヌスラ戦線を除く）との和平交渉（ジュネーブ3）開始を前に、ロシアはシリアから空軍の部分撤退を発表、必ずしも軍事介入一本槍ではない姿勢をアピールする。

米欧からすれば、対IS攻撃をズルズルと続けるものの内戦終結と内戦後のシリアについてのプランは描けず、トルコがクルド問題を国内外で再燃させたために対IS戦の足を引っ張られる。また難民問題がヨーロッパを直撃したために難民の流入抑制・送還をめぐってトルコに依存せざるを得ないが、そのトルコはサウジアラビアを中心とする「ムスリム対テロ（＝対シーア派）枢軸」に深入りし、同時にクルド問題の激化のために言論の自由という西側共通の民主主義的価値をないがしろにする。そうしたジレンマに陥っている間にロシアはアサド政権にテコ入れして着々と地歩を固める、という事態になったのである。

主導権を握ったロシアは当面の妥協案として、旧ユーゴ内戦の経験を踏まえたシリア三分割連邦案を想定していると言われる。すなわち、政権側支配領域を中心とした多宗派地域、クルド人支配地域、それ以外のスンナ派地域（IS支配地域に相当）というものであるが、2016年3月にクルド人は自らの領域を構成要素の一つとする連邦制を宣言、モスクワに代表事務所を置くなど、この分割案に沿った動きを見せている。この点についてアサド政権は強く反発している。

2　シリア社会の多民族・多宗派構成——モザイク社会なのか

一般に「中東」というと「イスラーム諸国」が多く、人口のほとんどはムスリムだと思われている。しかし実際にはキリスト教徒やユダヤ教徒をはじめ非ムスリムも一定数存在し、ムスリムとされる人々の中にも様々な宗派があり、同じ宗派の中でも政治的・宗教的・社会的考え方は千差万別であり、また非ムスリムも含めてアラブ人だけでなく他の言語を母語とする民族集団もある。特にシリア、レバノン両国の社会は宗教宗派が多彩であるために、しばしば「民族・宗教のモザイク社会」だと表現されることがある。

これは多様性を表現する点においては有効かもしれない。しかし個々の人々の意識の中で民族や宗教・宗派の境界線のもつ意味は強弱があるだけでなく状況によって様々に変化することや、対立や対抗、連合や同盟の実際のあり方は個々のモザイクのもつ輪郭を自在に越えて交錯しながら刻々と動いていることを考えれば、不適当な言葉である。またこうした民族的・宗教・宗派的な差異を乗り越えて人々が社会や国を作り上げてきた営みを、「モザイク」という動かない静的なイメージの言葉を使うことで無視してしまいがちになるのも問題である。

しかし、実際には中東でスンナ派とシーア派が対立を深めているではないか、迫害を受けたクルド人が民族として独自の国家をもとうとしているではないか、という意見もあるだろう。確かに民族や宗教・宗派の単位で紛争が起こっているようにも見える。では、民族や宗教・宗派が多数混在するから紛争や内戦が起こるのだろうか。この問題を考えるために、まずシリアの民族・宗教・宗派の構成について、その概念の問題も含めて見渡しておきたい。

（1）「ターイフィーヤ」の語をめぐって

「民族」と「宗教・宗派」は別の次元の概念である。しかし、ある部分でそれが重なり合うことがある。たとえば「アルメニア人」は民族名でありながら、アルメニア語を典礼に使うキリスト教会に属する信徒たちを意味し、そこにいくつかの宗派が含まれることがある。「ユダヤ人」「ユダヤ教徒」と日本語では使い分けが可能な英語のJew、アラビア語のyahudも、その重なり合いとズレそれ自体が大きな問題をなしている。こうした問題は、民族問題、民族論、ネイション論、ナショナリズム、エスニシティ論といったテーマの下で様々に議論されてきた。

19世紀後半から20世紀後半にかけて国家形成が最大の目標となってアラブ民族主義が盛んになった時期には、民族論が語られる際にはアラビア語のqawmiya（カウミーヤ、族的な観念で国家を超えるもの）がまず使われた。また国民国家の枠内での国民統合が問題となる局面ではwataniya（ワタニーヤ、土地に根差した愛国主義とも訳せる）が使われたが、いずれも「人々がいかなる形でつながりを形成し、獲得できるか」がテーマとなったのであった。しかし21世紀初めの現在、内戦や紛争・対立が激化する状況下では、民族にせよ宗教・宗派にせよ、あたかもそれが単位になって問題が起こっているかのような議論がなされる。アラビア語ではta'ifiya（ターイフィーヤ）という言葉が使われるのであるが、英語ではsectarianismあるいはconfessionalism、日本語では「宗派主義」と表現されるのが普通である。

ターイフィーヤは「ターイファ ta'ifa」から派生しており、このターイファは「ターファ」という動詞が基になっている。「経巡る」「ぐるっと回る」の意味であるが（メッカ巡礼でカーバ神殿の周りを回る「タワーフ」も同根）、ターイファはそうした動きのなかから親和性のある者たちによって形成される集団のことで、歴史的にも「同業者組合」「部族集団」から「宗派」「国家」まで様々なレベルの集団を意味してきた、伸縮性に富んだ言葉である。現在、「ターイファ」といえば多くの場合「宗派」を意味するが、「ターイフィーヤ」といえば宗派のみならず、われわれが「民族」という言葉で理解する集団も含めて、それら多数が相互に資源や権力、さらには生存圏をめぐって対立したり、利害を調整するべくシステムをつくったりする状況を意味することになる。レバノンが宗教・宗派ごとに国会の議席を配分したり、大統領など政府の要職を予め特定宗派に指定したりしている「宗派体制」は、まさにアラビア語で「ターイフィーヤ」なのである。

（2）シリアの多民族社会

シリアの国名は「シリア・アラブ共和国」であり、「シリアはアラブの国である」ということはあながち誤りとは言えない。そもそも「アラブ」とは、突き詰めるところ「アラビア語を話す人」以外に定義のしようがない。それが第一言語であれ、第二言語であれ、シリアに住むほぼ全ての人はアラビア語を話すので、右の表現が成り立つとは言える。

ただ、第一言語として、あるいは日常的にどれほど頻繁に使用するかはさておき主観的に自らの母語として、アラビア語以外の言語を位置づける人々は一定数いる。主要なのがクルド人である。

図1　シリア内戦における軍事的支配領域（2015年9月段階）

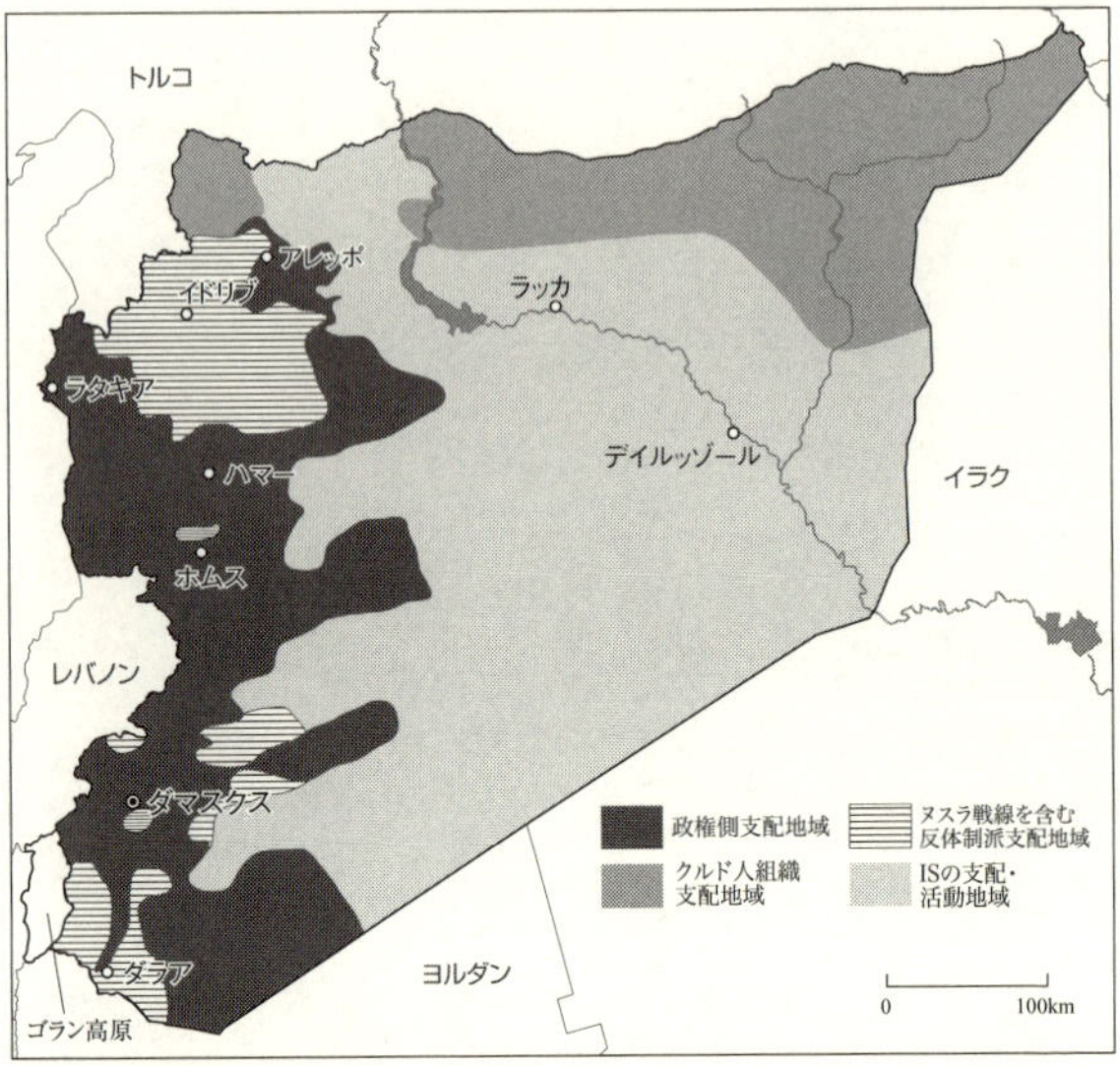

出典：https://en.wikipedia.org/wiki/Syrian_Civil_War をもとに修正。

クルド人は、トルコ南東部からイラク北部、イラン西部にかけて居住する「国家をもたない最大の民族」（推定人口3000万人）としてよく知られている。シリアにも北部のトルコ国境沿いの地域に多く居住しており、トルコやイラクのクルド人たちと本来はつながっていた人々が国境線で分断されたのだとわかる。ただし注意すべきは、その地域においてはトルコ語を話すムスリムに加えて、アルメニア人やシリア教会のキリスト教徒らと混住してきたこと、かつては遊牧民としてアラブ遊牧民諸部族と乾燥地帯に暮らしてきた人々が農民として定住してきたこと、20世紀を通じて都市に移住する者も多く、「アラブ化」した人も多かったことである。20世紀前半に活躍したシリア・ナショナリストのムハンマド・クルド・アリーは、ダマスクス生まれの歴史家にしてジャーナリストであり、アラビア語アカデミーの設立者でもあったが、父親がクルド人であった。このような例も多いので、2011年の段階でざっとシリアの人口

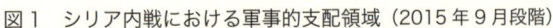

2300万人のうちの10%がクルド人だとされていても、それはあくまでも一つの目安でしかない。内戦状況の現在、トルコ国境沿いに「クルド人支配領域」が2カ所に分かれて存在するが、ここに住んでいるのはクルド人だけではないし、アレッポやダマスクスをはじめ都市部に居住するクルド人もいるのである。なお、シリアのクルド人の大半はスンナ派のムスリムである。

そして2011年段階の人口の約1%、20万人余りの中にアルメニア人(キリスト教徒)、チェルケス人やトルクメン(いずれもスンナ派ムスリム)といった他の少数派民族が含まれることになる。アルメニア人は、十字軍時代に現在のトルコ南東部の都市アダナ周辺にキリキア王国を建てた時以来、シリア北部とりわけ商業都市アレッポにおいて一定のプレゼンスを占めており、オスマン帝国時代を通じてアナトリア南東部の山地からアレッポへの移住は常に見られていた。さらに第一次世界大戦期に極点に達したアルメニア人大虐殺においてシリアの都市部に流入した難民が定着し、世代を経た人々である。チェルケス人は主に19世紀後半のロシアのコーカサス戦争により難民となってオスマン帝国に移住した人々であり、時のオスマン政府がシリアからヨルダンにかけてメッカ巡礼路の守護隊として定着させたり、北シリア地域で農村開発のために定住させたりなどした人々の末裔である。トルクメンは、中央アジアのトルコ系遊牧民オグズが数世紀にわたって西方へ拡散・移住したものの子孫でシリア領内のトルコ国境付近に居住している人々である。

このように、非アラブ系の少数民族は遊牧民として、あるいは移民・難民としてシリアの地に様々な時代に到来し、受け入れられ、定着した人々の後裔である。一方、多数を占める「アラブ」も一枚岩ではない。都市と非都市部(遊牧民の活動する乾燥地域や農村)とでは、そこに同じ「アラブ」が住んでいて相互に様々な交渉があったとしても、政治・経済・社会・文化的な差異や格差は、同じ空間に住む異民族間のものよりもはるかに大きな意味をもった。シリアの人口は、バアス党が政権を掌握した1963年の推定約500万人から、半世紀で4・5倍の約2300万人に膨れ上がった。遊牧民は大半が定着政策により新農村開発の主力となり、急増した農村人口はそこで支えられなくなると都市に流入し、都市郊外を拡大させて新たな都市民を急増させた。もともとシリア北部の農村地帯に居住していたクルド人もこうした流れに乗って多数都市部に移動したのである。

(3) シリアの多宗教・宗派社会

2011年以来のシリア内戦は、4年間で推定430万人（全人口の約2割）を難民として国外に出し、さらに800万人近い人々が国内避難民として家を追われることとなった。全人口の半分が本来の住居を出て国内外に流動する生活を強いられているのである。従って、内戦を通じてシリアの人口の民族別・宗教宗派別割合や分布状況は劇的に変化してしまったと考えるべきであろう。

あくまでも内戦前の推計であるが、最大宗派はイスラームのスンナ派で、ほぼ人口の4分の3を占め、次にアラウィー派（アサド大統領はこの宗派に属する）とより少数のドルーズ派やイスマーイール派という、シーア派からの分派が合せて16％ほど、残り1割程度がキリスト教徒という構成であった。注意すべきは、これらの複合的な宗教宗派が一様に混じり合っていたのではなく、地域的な偏りがあったことである。アラウィー派は北西部の地中海に近い丘陵地帯を中心とし、ドルーズ派は南部のハウラーン地方、イスマーイール派はハマー近郊の農村部を中心としながら、いずれも20世紀を通じてダマスクスなどの大都市部に多くが移住した。

キリスト教徒は、内部で多数の宗派に分かれる。人口として最大のギリシャ正教（東方正教）は大都市部とホムス、ハマー周辺の中部農村地帯に、ギリシャ・カトリック（ギリシャ正教から分かれてローマ教皇を戴くカトリックの一部となった教会）は主に大都市部に、アルメニア正教、アルメニア・カトリック、シリア正教、シリア・カトリックといった単性論派の諸教会の信徒たちは歴史的にアレッポを中心にシリア北部・北東部に住んでいたが、20世紀を通じてダマスクスなど大都市部においてもプレゼンスを増していった。右にすでに述べたアルメニア人大虐殺は、アナトリア南東部だけでなく、そこからシリアのユーフラテス川流域に強制連行される形でも行われたが、シリア教会の信徒たちも同様の被害に遭い、その難民たちもアレッポなど大都市部に流入した。マロン派は主にアレッポ市内に居住してきた。なお、ユダヤ教徒は

図2　シリア国内の宗教・宗派分布（2008～09年）

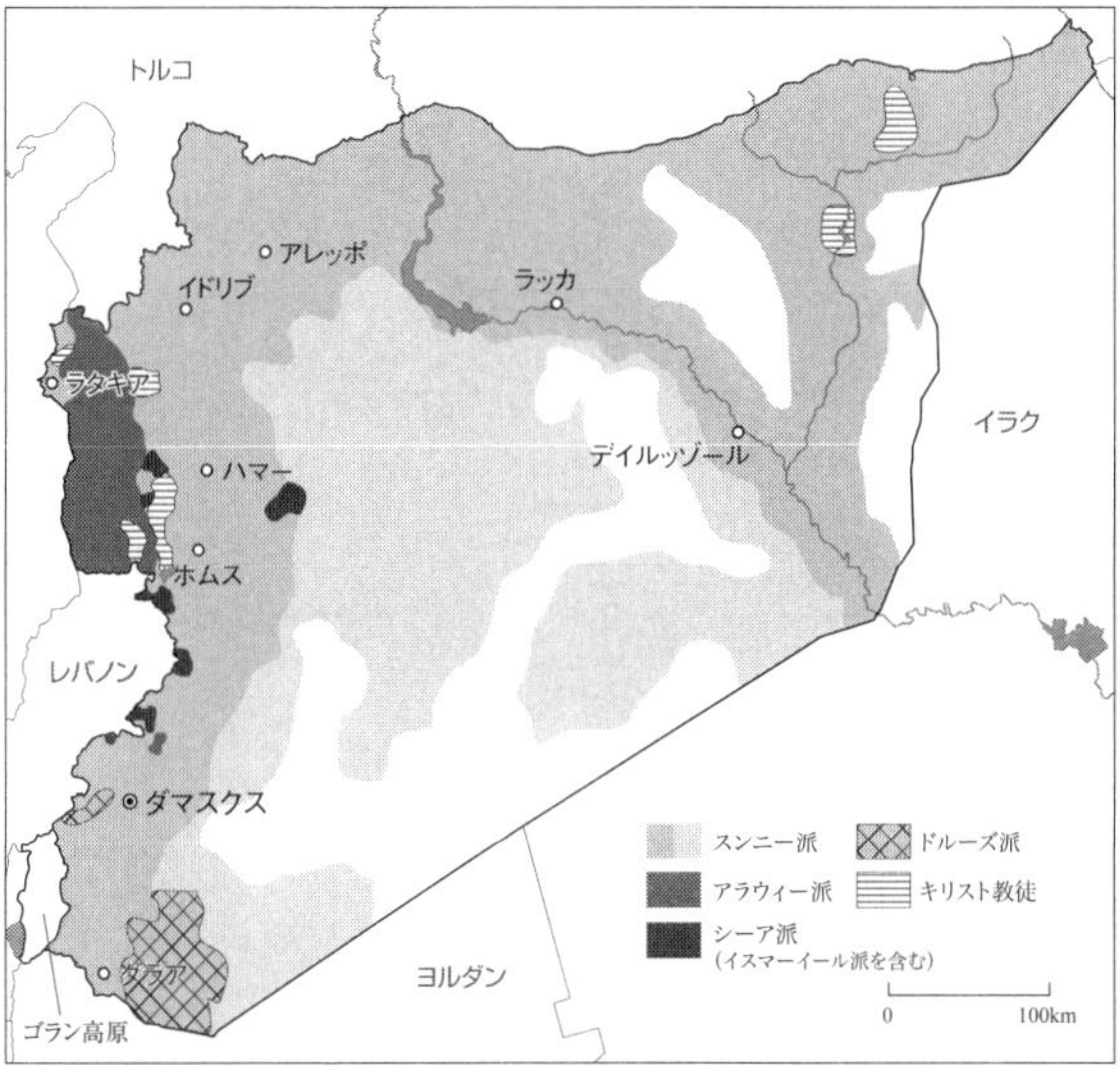

出　典：http://gulf2000.columbia.edu/images/maps/Levant_Ethnicity_summary_sm.png をもとに修正。

もともとごく少数がダマスクスやアレッポといった大都市部にのみ居住していたが、イスラエル建国後、移住によりさらに減少の一途をたどった。

このように、スンナ派以外の少数宗派は、大都市部や地中海に近い地域、シリア中部の農村地帯に偏って居住してきた。もちろん、大都市部でもスンナ派が最大の割合を占めてきたのであるが、キリスト教徒やユダヤ教徒も含めた複合的でコスモポリタンな社会が形成されてきたのである。この複合性は、さらに隣接するレバノン領内でいっそう高まる形となっている。

内戦がシリア社会に及ぼした最も深刻な影響の一つは、複数の宗派が混住してきた都市や村において、その共存関係が崩壊したことである。たとえば市街地の戦闘が最も激しく展開されたアレッポにおいては大半のキリスト教徒が町を離れて外国に逃れたり、シリア中西部の諸宗派が混住していた村において、そこが反体制派に制圧されるとアラウィー派の住民が追放されたり、政権側民兵に制圧されるとスンナ派の住民が追放されたり、クルド人が北部で「イスラーム国」を駆逐して村を占拠すると、それまで「イスラーム国」支配下にあったスンナ派アラブ住民を追い出したり、といったことが見られた。2003年のイラク戦争後に内戦状態に陥ったバグダードで、それまで混住していた市民が移動してスンナ派地区とシーア派地区への分離・分極化が進んだのと同様である。1975~90年のレバノン内戦においても各所でムスリム・キリスト教徒間の分離が進行した。

ただし、反体制派（「イスラーム国」も含めて）がスンナ派、アサド大統領がアラウィー派だからといって、スンナ派対アラウィー派の全面対決になっているのではないことに注意を払う必要がある。政権側の軍隊は依然として過半数はスンナ派によって構成されていると推定され、また政権側が押さえている大都市部の人口の圧倒的多数はスンナ派なのであり、彼らも「消去法」によって消極的にアサド政権を支持している、あるいは仕方なくその下に留まっていると考えられるのである。

3　宗派紛争の万華鏡——多層構造の理解に向けて

右に述べてきたことから、単にシリアの中で民族や宗派の数が多いがゆえに紛争が起こるのではないのはご理解頂けたかと思う。もしもそれが紛争の直接の原因ならば、シリアの地域は何世紀にもわたって常に戦乱で明け暮れていたことになる。今回の内戦は、おそらく11世紀の末から始まった十字軍と13世紀のモンゴル軍侵入とによる戦乱の時代以来の大混乱と位置づけられるであろう。また今日の武器や兵器の性格から、この人類最古の都市文明を誇る地域において未曽有の規模の暴力的破壊が進行しているのである。では、どのようにしてこの地域が歴史的にも稀な戦争状態に陥り、そこで宗派的な紛争が発生しているのだろうか。

（1）原因は外部にあるのか

２０１１年3月にダラアで民衆の抗議運動が始まった当初から、アサド政権はこれを外国勢力の支援を受けた「テロリスト」によるものと断定していた。政権打倒あるいはシリアを混乱に陥れるための外部からの介入によって暴動が発生、しかも外部からの煽動は激化し、シリア人の間での宗派的対立感情を高めて紛争を起こすまでになった、と説明したのである。それは内乱であり、これを武力鎮圧することは国民を守るためとして正当化された。

ここには若干の真実がある。ダラアの騒乱の内実は検証の必要があるが、そこがヨルダン国境に接する町であったことや、1ヶ月後にはレバノン国境やトルコ国境付近で治安警察に対する襲撃事件が発生し、非武装で平和的と言われたデモの群衆の中に武器携行者も散見されていた。いずれにせよ、3～4ヶ月のうちに武器が続々とシリアに送られて流通したのは確かだった。

内戦が激化するにつれて政権側にロシア、イランが、反体制側に米欧、サウジアラビア、トルコなどがつき、典型的な代理戦争の様相を呈した。これも外部勢力こそが戦争の動因なのであって、宗派的対立もサウジアラビア（スンナ派）とイラン（シーア派）の対抗関係の反映であり、シリア人は本来このような対立とは無縁なのだ、という考え方もある。ここにはさらに大きな真実があるように見える。実際に、レバノン内戦（1975～90年）と並んでシリア内戦は、他の内戦と比べても外国勢力の介入が極めて顕著で、軍事的・政治的・経済的に非常に激しい形でなされている点に特徴がある。

それでは、シリアで戦っている当事者たちは外部勢力の操り人形で、主体性のない存在なのだろうか。

外部勢力の介入は宗派紛争の一つの要因であることは確かである。この地域におけるその原型は、1830年代から1860年代にかけてのレバノンに見出される。エジプトで近代化改革を進めて自立勢力として力を蓄えていたムハンマド・アリー政権がシリア地域に出兵してオスマン帝国軍と戦火を交え、今日のパレスチナ／イスラエル、ヨルダン、シリア、レバノンの地域を1832年から1840年まで占領した。この時、レバノン山地の行政区ではマロン派がエジプト側を、ドルーズ派がオスマン政府側を支持し、両派の間に対立関係が生じた。そのマロン派をフランスが、ドルーズ派をイギリスが支援した。この関係が深刻化して１８４０年代から両派間で武力衝突が始まり、１８６０年に大規模な内戦を迎えたのであった。19世紀初めまで、マロン派とドルーズ派はその宗教の違いゆえに衝突したことはなく、むしろ協力してレバノン山地独自の首長制度をオスマン政府支配下で維持してきたのであった。それが国際環境の激変の中で崩れていったのである。現在のレバノンの宗派体制の原型は、この内戦終結後のレバノン山地の統治体制再編について、オスマン帝国領内にもかかわらずフランス、イギリス、ロシア、オーストリア、プロシアが国際的協議の場を設けて介入することによって出来上がった。

１９７５〜90年のレバノン内戦には、米ソはもちろん、フランスなどヨーロッパ諸国のみならず、サウジアラビアやイラク、イラン、シリア、エジプト、リビア、イスラエルなどなど周辺国も寄ってたかって介入した。資金や武器、人員・物資だけでなく民兵の訓練などがレバノンの諸々の民兵組織に供与され、時に直接の軍事的攻撃も加えられ、その傀儡メディアを通じてのプロパガンダも展開された。あらゆる民兵・政治組織は「ヒモ付き」になったのであるが、逆に言えば民兵・政治組織の側も競って外部勢力をパトロンとして利用したのであった。

今回のシリア内戦も基本的に同様の仕組みがはたらいている。ある歴史的な環境変化の中で内部・外部それぞれの対抗関係が相互に連関して内戦が発生し、宗派的紛争が続発したのである。ただ、これだけでシリア内戦のすべてを説明することはできない。内部の対抗関係は最初から外部勢力が創り出すものとは限らないからである。

（2）宗派紛争を生み出す多層的要因

右で述べたように、一口にシリアのスンナ派と言っても、その戦闘参加者は反体制派、「イスラーム国」や「ヌスラ戦線」、アサド政権側のそれぞれに所属している。反体制派の中にも世俗的な考え方のスンナ派もいれば、「ヌスラ戦線」とほとんど同様の考え方のスンナ派もいる。その一方で、反体制派のスンナ派民兵が、シーア派やキリスト教の宗教施設を破壊してきたのも、また事実である。このように錯綜する対立関係を見れば、単純に宗教・宗派の集団単位で対抗関係をとらえるのは有効でないことがわかる。しかし一方で、「イスラーム国」のプロパガンダや、サウジアラビアとイランの角逐の激化を見れば、対立の位相が徐々に宗教・宗派の全面的対決の方向に向かっていく危険も察知されるであろう。

図３　宗派対立の多層構造

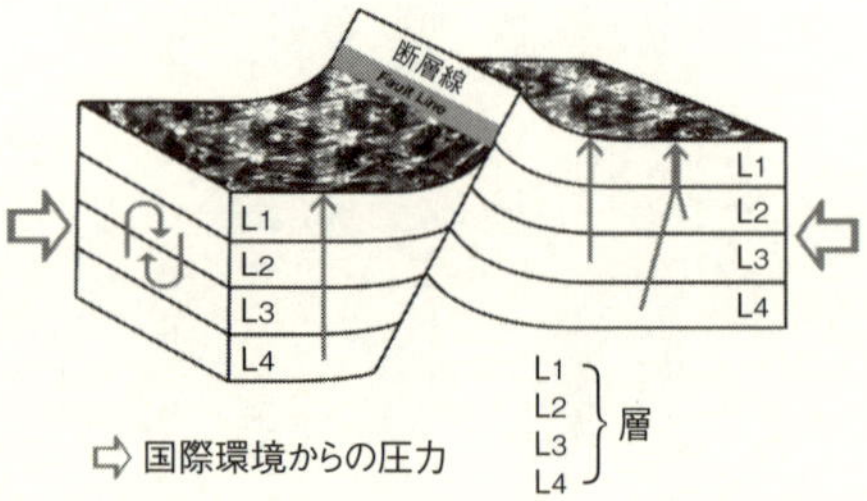

　この相互に矛盾し、相反するような状況を統合的に理解するためには、最終的に宗派紛争に至る対立の諸々の軸を、平面上に並べて考えるのではなく、縦に並べて多層・重層的なものとして眺める必要がある。そこでは深層ほど長期的スパンで動くもの、浅い層ほど短期的スパンで動くものとして、それら様々な層が相互にいろいろな組み合わせをもって表層に対する力を及ぼし、それが宗派的対立・内戦における対抗のラインという断層線として表れるものと考える。時には層の上下が入れ替わることもあろう。多くの層が動き出すきっかけとなる

のが、国際環境の変化による圧力である。表面は下からの合力に応じて揺れ動くこととなり、そこにはもはや静止した「モザイク」は存在しない。時をおいて動いて乱反射する「万華鏡」のような世界が現出する。

シリア内戦の現実に即して層を設定するならば、最深層は「都市・非都市空間の人間移動と格差」の層で、その上に「イスラーム運動の担い手の変化と政府の対応」の層、その上に「中東域内の国際関係の層」次いで「グローバルな国際関係の層」、そして表面のすぐ下に「難民問題の層」という5層を設定してみるとわかりやすいかもしれない。最深層は古代から持続する長周期の層で、シリア内戦の通奏低音として常に下から働きかけている。表層に近いほど国際社会の喫緊の対応が要請される問題と言える。そして国際環境からの圧力は、言うまでもなく2011年のチュニジアとエジプトにおいて顕在化したアラブ市民革命の動きである。論者によって様々な層の設定がなされ、相互に比較して議論されるようになれば、シリア内戦そのものへの反省的検証と本格的な研究が展開するであろう。

かつてシリアはレバノン内戦に軍事介入し、またシリア人とレバノン人は相互に姻戚関係にある人々も多いため、シリア人は内戦がいかに悲惨な結果を生むか、身をもって知っていた。またイラク戦争の後にシリアは100万人以上のイラク人を難民として受け入れた。内戦が始まる直前の段階で、シリア国内のパレスチナ人も50万人近くに上っていた。アサド父子政権の独裁体制の下でシリア人が40年余りにわたり我慢してきたのも、内戦に至るような対立関係を引き起こせば、国全体が破滅に向かつて転げ落ちることを自覚していたからである。表面を「モザイク」のまま留め置こうとする「恐怖の抑止力」と表現することもできよう。しかし今回、その抑止力は最終的には下からの層の合力に凌駕され、表面には縦横に断層線が走ることとなった。

現在のシリアの破壊・殺戮に満ちた画像・映像しか目にしない人たちには、かつていかにシリアの人々が開放的で、治安の良い社会に暮らしていたか、信じてもらえないかもしれない。独裁政治の下にありながらも、人々は苦労と工夫を重ねて、家族を中心にした誇り高い生活を維持してきた。それが（この国の長い歴史に鑑みれば）一瞬の動きのなかで崩壊することとなった。私たちがその過程から学ぶべきことはあまりにも多いのである。

コラム 3

シリア内戦とレバノン内戦

レバノン内戦（1975～90年）は、宗派体制の矛盾とパレスチナ問題とが密接に絡み合って爆発したものだった。1990年の湾岸危機でアメリカ側についたシリアが、アメリカの暗黙の了解を得て最終的な軍事介入を行い、内戦を終結させた。その後約四半世紀余り、特に最近5年間はシリア内戦の直接的影響を受けてアサド政権側・反体制側双方に連携する分子を内部に抱え込みつつも、レバノンは何とか持ちこたえてきた。

好悪の感情は様々あれども、レバノン人にとってシリアは、そしてシリア人にとってレバノンは、最も身近で関係の深い国である。文化や歴史的経験を共有し合い、多くの人々が相手国に縁戚関係を持ち合って一緒に商売をしてきた。そして互いの内戦に介入し合ってきた。

将来、両国の内戦は様々な角度から比較研究の対象になると思われる。双方には多くの共通点があるとともに相違点もある。まだ時期尚早ではあるが、内戦後のシリアを見通すために、ここで準備作業をしておこう。

主な共通点の第一は、諸外国の介入の激しさである。レバノンの場合は米ソ超大国、ヨーロッパや中東の主要国が入り乱れて介入した。シリアの場合は米ロ、サウジアラビア・イランの対抗関係を基軸に、トルコ、カタル、イランなど周辺国やヨーロッパ諸国が介入してきたのは第Ⅱ部第3章で見た通りである。そこでは在外のレバノン（系）人、シリア（系）人も媒介者的な役割を果たしてきた。第二は、当初は長期的な本格的戦争になるとは予想されていなかったが、実際にはズルズルと長引いて激化し、宗派紛争の性格を強めたことである。その過程で死傷者、行方不明者、強制追放者、性的犯罪・拉致被害者が増加の一途をたどったが、これは内戦一般に広く見られる。第三は、民兵集団などが割拠して国

レバノン内戦終了の記念碑「平和の希望」。彫刻芸術家アルマン・フェルナンデスによる1995年の作品で、実物の戦車のスクラップを積み上げてコンクリートで固めたもの。ベイルート近郊のレバノン国軍敷地内にある。シリア内戦終了の記念碑はつくられるだろうか［筆者撮影、2009年］

土を分割し、境界地帯にチェックポイントを設けて人や資源の移動を管理したことである。互いに戦争しつつ、保護と称して支配下の住民から同じやり方で絞り取るのである。

相違点は多々ある。第一に、国土や人口規模の違いに加えて、武器や兵器の性能の違いから、破壊や殺傷の規模がシリアの方が格段に大きく見受けられる。またコンピューターや情報通信機器も進歩して汎用化したため、シリア内戦では戦闘・被害経験の共有やプロパガンダが地球規模で展開されている。第二に、シリアではISなどジハード主義的組織が反体制側で圧倒的なプレゼンスを占めているが、レバノンではほぼ見られなかった。第三に、レバノン内戦時の流出人口は「移民」として世界各地に拡散していった観があるが（彼らの多くは「目的地に降り立った翌日から仕事を始めた」と語る）、シリアは第II部第3章でふれたように、すでに国民の半数が国内外で難民となって（もちろん都市出身のシリア「難民」にも移住先ビジネスでの成功者は多い）、受け入れ国に大きな負担を強いている。第四に、内戦の終結に際して、レバノンの場合は1989年の「ターイフ合意」が従前の宗派体制を微調整して戦後の政治システムの構築に貢献したが、シリアの場合はアサド政権の存続か否か、「否」の場合の見取り図も描けない、という落としどころの見えない状況に陥っている。その背景には、レバノンでは基本的に19世紀以来の有力家系の地盤を受け継いだ指導者たちが民兵指導者となり、戦後も政治家として影響力を維持したのに対して（ヒズブッラーは例外）、シリアでは1940年代から50年代にかけて相次いだクーデターや1960年代のバアス党の政権掌握により、旧来の都市名望家層が力を失って退場し、40年間に及ぶアサド父子独裁を通じて代替勢力が育ってこなかった。第五に、レバノンの戦後復興の経済的基盤は主に湾岸諸国によって提供されたが、シリアの場合、戦後の政治体制いかんに加えて、原油価格が大幅に下落した結果、今後も湾岸諸国などにその余力があるのかという問題がある。戦後シリアの展望が描きにくい所以である。

他にも内戦の記憶、「失われた世代」の教育問題など、比較すべき難問が山積している。（黒木英充）

第4章

イラク

——戦後統治の失敗から「イスラーム国」の台頭へ

吉岡　明子

なぜ「イスラーム国」に領土の一部を奪われたのか。また、様々な宗教・宗派、民族を抱えたイラク政府は、将来どのような形で統治されていくのだろうか。イラク戦争後の政治の流れを振り返り、今後の課題は何かを考える。

2014年6月、首都バグダードに次ぐイラク第二の都市モスルを含む多くの町が、武装過激派組織「イスラーム国」によって制圧された。2003年のイラク戦争から10年以上もの間、イラクでは不安定な治安状態が続いている。それでも、米軍が撤退した2011年末頃には、国内のかなり多くの地域で、例えば仕事に、買い物に、学校に出かけるといった通常の日常生活が営める程度にまで事態は落ち着きつつあった。しかし、2013年春頃から、一度は沈静化していた「イスラーム国」のようなイスラーム過激派が再び勢力を増し、治安が悪化し始めた。テロ事件が頻発するようになり、ついには、彼らの攻勢の前に複数の都市でイラク軍が敗走し、イラクは領土の一部の支配を失うことになった。それ以来、イラク政府は米国や隣国イランの支援を仰いで、戦争状態へと突入している。

いったい何故、イラクはこのような危機に陥ることになったのだろうか。本章では、イラクにおける統治の問題を振り返り、「イスラーム国」との戦闘の現状、そしてイラクの将来を展望する。

なお、「イスラーム国」は過去10年ほどの間に何度もその名称を変更しているが、煩雑さを避けるため、本章では原則として時期を問わず「イスラーム国」の名称で表記を統一する。

1　政治の失敗

(1) マーリキ首相の蹉跌

2003年のイラク戦争によって、それまで四半世紀に及んだバアス党の統治が終焉した。イラクを占領した米軍と、彼らと共にイラクに帰国した亡命政治家たちは、二度と旧体制が復活することのないように、バアス党とイラク軍の両方を完全解体する決定を行った。だが、解体はできても、新たな軍隊がすぐに形成されるわけではないし、町の津々浦々の秩序維持を行えるほどの米軍兵士が派遣されていたわけでもない。そしてイラク人の多くが、米軍がサッダーム・フセインを倒すこと自体は歓迎しても、我が物顔で米軍がイラクに駐留することを歓迎したわけではない。米軍兵士によるイラク人捕虜虐待事件が明るみに出たことも、米軍のイメージを極めて悪化させた。

イラク戦争終結から程なくして、治安の空白をつく形で、占領軍である米軍や、その協力者と位置づけられたイラク政府や治安部隊を標的にした反占領闘争、シーア派民兵とスンナ派武装勢力間の宗派対立、さらにはシーア派民兵間、およびスンナ派武装勢力間における激しい勢力争いなどが広がっていくことになる。イラクは内戦状態へと陥り、最悪期だった2005〜2007年頃には多数の難民・避難民が発生する事態となっていった。とりわけ、過激なイスラーム武装組織はアルカーイダのイラク支部を設立し、異教徒である米軍と並んで、彼らが背教者と位置づけるシーア派の住民を狙い撃ちにする形で執拗に攻撃し、イラクに宗派間対立を深刻化させる一因を作った。

その後、イラクで治安維持を担っていた米軍が中部のスンナ派地元部族を取り込んだことなどをきっかけに、治安状況は2007年後半頃から好転し始めた。一時は民間人死者数が1か月に3000人を超えていたが、2008年後半から2012年にかけては2000〜6000人程度まで減少した。2011年末に米軍が完全撤退したことにより反米武装闘争も沈静化し、また、シーア派民兵が表立った武装活動を控えるようになったことから、宗派間対立もかなりの程度収束した。1日に数十名の犠牲者が発生する大規模テロ事件が依然として散発はしていたものの、少なくとも2010年前後の頃は、状況は改善方向に向かっていた。

だが、2006年からイラクで首相を務めていたヌーリ・マーリキは、とりわけ2010年以降の二期目に入ってから、権力を首相のもとに集中させようとして、強権的な統治姿勢を取り始める。イラク戦争後の政治プロセスでは、長く続いた独裁体制によって市民活動や政党活動が広がっていない中、まず選挙という形で民主化が進められた。その結果、アラブ人やクルド人、シーア派やスンナ派、というように民族や宗派で投票行動が決定されるようになる。選挙結果は人口比を反映してアラブ人シーア派が最大勢力で、クルド人やアラブ人スンナ派がそれに続く勢力となったため、イラクではシーア派主導の政権が続いてきた。マーリキ首相はシーア派の政党に所属している。政治権力から特定のグループを排除することのないよう、イラク戦争後一貫して、すべての主要政党が政府に参加する挙国一致内閣の形成が原則とされてきたものの、これは政府の中にいわば与党も野党も存在するような状況であるため、舵取りが難しいという問題を恒常的に抱えることを意味していた。

そこで、事態を打開するために、マーリキ首相は挙国一致内閣を形骸化させ、自らの手に権力を集中させ始めた。具体的には、首相府から軍の司令官に直結する指令系統を構築して、国防相や参謀総長を迂回して部隊に直接命令を下す、あるいは圧力を通じて政権に都合の良い司法判決を引き出すといった手法だ。こうすることによって、政界のライバルに対して、司法機関に逮捕状を発行させ、自分の手足となる治安部隊にそれを実行させることができる。そうして政界を追われた当時の副大統領も、財務相も、国会議員も、スンナ派の政党に所属していた。

また、旧バアス党の復権を防ぐために適用される問責・更正法（脱バアス党法の後継）の適用によって、２０１０年の国民議会選挙立候補者のうち４００名以上が立候補資格を事実上剥奪されたが、そこには、スンナ派住民からの支持が厚い政党連合の所属候補者が多く含まれていた。

あるいは、２０１１年秋頃には、スンナ派住民が多い県で、自治区を形成するための住民投票を行う決議が県議会で採択されたが、マーリキ首相はそれを拒否し、司法も黙認した。加えて、イラクの治安部隊が、テロ対策と称して大勢の住民を違法逮捕し、裁判もないまま長期間拘束することや、秘密勾留所で拷問を行うことが繰り返されてきたが、そうした勾留者には、もちろん様々な住民が含まれていたものの、圧倒的に多かったのはスンナ派の住民であった。このように、マーリキ首相の権力掌握によって、もっとも不満を募らせたのがスンナ派の住民や政党だったのである。

こうした状況への反発が、２０１２年末から始まったスンナ派住民の反政府デモだった。当初、自然発生的に始まったデモは、複数の町で毎週繰り返されるうちに、次第に武装勢力のフロント・グループが取り仕切るようになり、彼らが影響力を浸透させていったと見られる。すると政権側は、デモ隊とテロリストを同一視するようになり、２０１３年4月にはキルクーク県でデモ隊と治安部隊の間で大規模な衝突に至って、50名以上の死者を出す事態となった。これを契機に、各地で武装勢力の活動が活発化し、かつ、デモ隊がより武装化することへとつながっていった。

折しも、２０１1年からの「アラブの春」の影響で、隣国シリアは内戦に陥り、アサド政権はシリア国内や対イラク国境のコントロールを失っていた。その結果、かつてはイラクを主戦場としていた過激派が、今度はシリアを拠点にして活動を再び活発化し始める。「イラク・イスラーム国」と名乗っていたイラクにおけるアルカーイダ・グループは、２０１３年4月に「イラクとシャームのイスラーム国」と改名し、イラクとシリアやレバノンなどを連続する一つの戦場と見なして、武装活動の前線を拡大させようとしていた。

このように、マーリキ首相の統治や政策に不満を抱くイラクのスンナ派住民の反発が、シリア内戦で勢いづいたイスラーム過激派に、活動の余地を与える結果になったのである。

(2) スンナ派勢力の隘路

他方で、首相がマーリキでなくとも、シーア派の首相であれば誰であれ、イラクでの政権運営が困難であっただろうことは間違いない。前述した通り、イラク戦争後の政治プロセスは、民主化の観点から選挙によって政治体制を形成してきたが、そもそも選挙を戦うための組織力、集票力の点で旧反体制派政党が有利であったことや、バアス党を排除した後の受け皿組織が決定的に欠如していたことから、選挙の動員は宗派的・民族的基盤に依存することになり、人口構成が政治権力に直結する結果を生んだ。

イラクにおいて、マイノリティであるという立場を認識した上で、だからこそ北部に築いていた自治区の維持とその権限強化に全力に傾けた少数民族のクルド人とは異なり、クルド人と同程度の人口構成（約20％）であるスンナ派アラブ人は、そうした宗派民族間の亀裂を所与のものとした政治体制を築くこと、その上でシーア派が主導する政権を受け入れるということに、そもそも否定的だった。というのも、イラクの歴史において、国家建設の主導権を握ってきたスンナ派が、自らをマイノリティ集団として自覚する経験は皆無だったからだ。

スンナ派住民の間では、スンナ派が人口面で多数派を占めている、すなわち、アラブ人スンナ派が相対多数の勢力であり、クルド人を含めるとスンナ派が過半数を占める、という旧政権時代に意図的に流布された誤認識が今もなお広く信じられていると言われている。スンナ派の政治家はしばしば、公務員採用や軍の司令官ポストなどにおいて、スンナ派の人口構成が適切に反映されるべきだと主張する。しかしながら、イラク戦争後の脱バアス党政策の恣意的な運用によって、スンナ派がそうしたポストから集中的に排除されたという側面は否定できないものの、そもそもの人口構成の認識に齟齬があるとすると、このバランス論においてはいつまで経っても不公平感が解消されることがない。

イラク戦争後、2005年、2010年、2014年に国民議会選挙が行われており、スンナ派住民が多い中部においても、必ずしも投票率は低いわけではない。治安の問題もあって、県によっては投票率が50％を切るケースもあったが、概ね他の地域と同等であり、新しい政治プロセスの正統性がスンナ派住民に全否定されているわけではない。したがって、現政権の正統性を全否定して武装闘争に従事している過激派や武装勢力は、少数に留まると言える。だが同時に、積極的にイラク政府を支持する勢力もまた、少数派に留まっており、政治的野心からであれ何であれ、２０１４年まで首相を務めたマーリキを明確に支持したスンナ派の政治家は、地元のコミュニティ内での支持を失うという問題も抱えてきた。

２０１１年末に、テロ支援容疑でマーリキ首相によって副大統領のポストを追われ、国外に逃れたターリク・ハーシミは、２０１４年6月のインタビューで、「イスラーム国」の存在を否定しないまでもその存在を極めて矮小化し、（モスル陥落という）今起こっていることは、11年間虐げられてきた人々の反乱なのだ、と語った。そうしたゆがんだ現状認識は、とりもなおさず、それがスンナ派コミュニティにおいて支持が得られやすい言説であるということを示している。反政府のためならば、過激派さえも利用あるいは協力しようという姿勢は、政治家のみならずスンナ派の宗教界にも見られる。だが、シーア派を背教者と断罪し、集中的に標的にして凄惨な殺戮を行う過激派に対するこうした融和的な態度が、シーア派の住民や政治家から不信を買っていることは疑い得ない。

２０１２年末から中部地域に広まった大規模な反政府デモにおいては、しばしば旧バアス党政権時代の国旗が掲げられていた。旧政権に郷愁を抱く人々が少なくないとするならば、単にマイノリティとしてのスンナ派の権利確保だけでは満足し得ない層もまた、少なくないと推察することができる。

そうした人々の不満を背景にした政治交渉は、極めて妥協点の難しいものになる。例えば、脱バアス党政策の撤廃という要求は、誰であれシーア派の首相がそれを承諾する可能性はゼロに近いからだ。

現在の政治体制への不満に対して、現実的な妥協点をどこに設定して交渉するのか、あるいは交渉さえしないのか、クルドのように自治区を形成することでマイノリティとして自立性を高めるのか、シーア派優位の政治体制そのものに反対するのか。スンナ派コミュニティ内においてさえ、意見は未だ収斂していない。つまるところ、イラク戦争後の政治プロセスにおいて、シーア派が率いる新しいイラクにおいて、スンナ派の居場所をどこに求めるのか、というコンセンサスを築くことに、スンナ派政治家たちは失敗してきたのだ。

(3) 瓦解する軍隊

政治の失敗は、軍事面にも直接的に影響を及ぼしてきた。モスル陥落後のわずか数日間に「イスラーム国」が次々と征服地を広げていくことができたのは、イラク軍が続々と敗走していったからに他ならない。数の上で圧倒的に勝るはずのイラク軍が劣勢に立たされるという状況は、国軍がそもそもまともに機能していなかったことを意味している。この背景には、汚職、プロ意識の欠如、訓練不足といった問題がある。例えば、モスルを県都とするニナワ県では、県知事が部隊に特定の場所への駐留を命じても、危険すぎるという理由で大隊司令官が命令を拒否するといった事例が何年も前からあったという。

そして、前述したように治安部隊が違法逮捕を繰り返し、スンナ派住民を不当に拷問、殺害してい

図１　イラクの治安部隊構成の変化

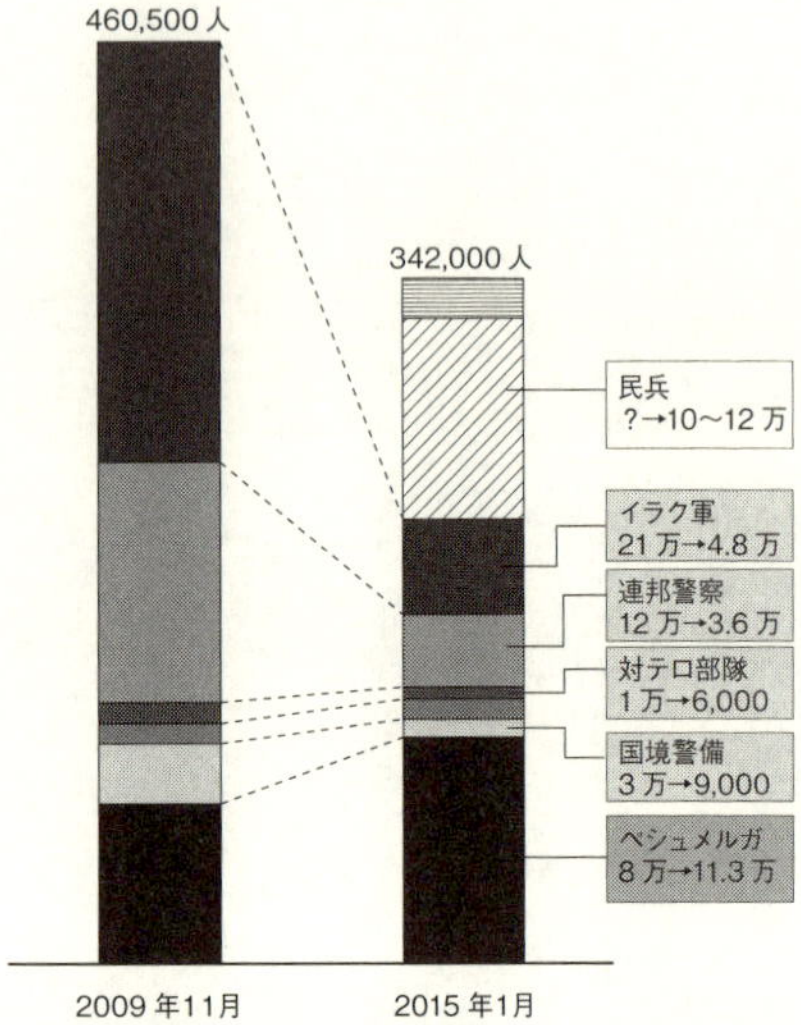

出 所：Michael Knights, “The Long Haul: Rebooting U.S. Security Cooperation in Iraq,” *Policy Focus* 137, The Washington Institute for Near East Policy より筆者作成。

るというニュースは、武装勢力につながるテレビ局だけでなく、政治プロセスを支援しているスンナ派系のテレビ局でも、日々取り上げられていた。このような状況のなかで、イラク軍が国軍として地域住民の支持を得ていなかったことは明らかだ。治安維持のためには、地域住民、警官や兵士、部隊司令官、国防相、そして最高司令官である首相へとつながる相互の信頼関係があってこそ機能する。その信頼関係がスンナ派住民地域では決定的に壊れていたことが、「イスラーム国」の攻勢に直面したことで露呈した。

加えて、軍に入り込んだ反政府勢力によるクーデターを恐れたマーリキ首相が、意図的に軍隊を弱くしていたという側面もある。例えば首相は、２０１１年の時点でも、イラクは未だバアス党復権の危険の最中にあると述べ、独裁の復活を防がなければならないと国民に語っていた。そうした認識ゆえに、マーリキは、司令官や軍の高官の選任には、自らに忠実であるかどうかを最重要視し、能力よりも忠誠心に基づく人事を行ってきたと言われる。それは、首相の身を脅かさない保証にはなっても、イラク国軍としての能力を犠牲にするものだった。

そして、「イスラーム国」の攻勢を受けて瓦解したイラク軍や治安部隊は、数の上でも大きく縮小してしまった。ワシントン近東政策研究所の推計によれば、2009年11月と2015年1月の治安部隊構成員を比較すると、イラク軍は21万人から4・8万に、連邦警察は12万人から3・6万人に、国境警備隊は3万人から9000人に、減少している。今後の治安維持のためには軍や警察の再建は不可欠だが、道のりは遠いと言わざるを得ない。

2 「イスラーム国」との戦闘

(1) モスル陥落と人民動員部隊の形成

「イスラーム国」は、イラクで長くテロ活動を繰り返してきたが、それはあくまで隠れ家に潜伏しながらの活動であり、一つの町全体を支配するに至ったのは、2014年初のアンバール県のファッルージャが最初だった。このときは、2013年末にイラク政府がテロ根絶のためアンバール県で大規模な軍事作戦を開始し、あわせて1年近く続いていた反政府デモ隊の拠点排除に乗り出したところ、地元の強い反発を招き、治安部隊がファッルージャと県都ラマーディから撤退を余儀なくされたという経緯がある。「イスラーム国」が混乱に乗じて町を支配するに至った後、治安部隊は地元部族の協力を得てラマーディを取り返したものの、ファッルージャから「イスラーム国」を掃討することはできなかった。

そして、その半年後の2014年6月には、「イスラーム国」が大都市モスルへ大規模な攻勢に打って出た。イラク軍が総崩れになったことを受けて、「イスラーム国」は同月末までにモスルを中心とするニナワ県、その南東のサラーハッディーン県、イラク西部のアンバール県に広がる広大な土地を支配するに至った。「イスラーム国」はさらに南下して首都バグダードを狙ったが、イラク政府が防御を固め、首都に侵攻することはできなかった。

その後、8月に入ると「イスラーム国」は北部に戦線を拡大させ、今度はイラク軍ではなく、クルディスタン地域（自治区）の軍隊ペシュメルガが「イスラーム国」と対峙することになる。ニナワ県北部やエルビル県南部、キルクーク県などが主たる戦場となり、「イスラーム国」はさらに版図を広げた。

そして、クルディスタン地域の主都エルビルが危機的な状況に陥ったことを受けて、米軍が2014年8月からイラクで空爆実施に踏み切った。2011年末のイラクからの撤退以降初めて、米軍は再び戦闘へ直接的に関与することとなった。空爆支援の下、態勢を立て直したペシュメルガが反撃に出た結果、2014年8月に奪われた北部の土地は、2015年末時点でモスル周辺の一部を除いた9割がすでに奪還済みとなっている。ただし、ペシュメルガと「イスラーム国」は約1000㎞の前線を挟んで現在もにらみ合っており、前線上では散発的な戦闘が続いている。

また、イラク軍とシーア派民兵の混成部隊も、サラーハッディーン県、ディヤーラ県、バービル県などで「イスラーム国」を複数の町から駆逐しており、2015年3月には約1か月間の攻防戦の末、サラーハッディーン県の県都ティクリートを奪還することに成功した。そして、政府軍と「イスラーム国」との間で何度も攻防戦が繰り広げられていた同県北部のベイジについても、2015年10月に政府側が勝利を宣言した。

こうした「イスラーム国」との戦闘の前線でイラク軍以上に活躍しているのがシーア派民兵だ。モスル陥落直後にシーア派宗教界の重鎮であるシスターニ師が、武器を取って「イスラーム国」と戦うようイラク国民に呼びかけたことをきっかけに義勇兵が集まった。「イスラーム国」が猛威を振るった場所はイラク中部付近に限られており、南部は彼らのとの戦闘に直面していない。それでも、南部から多くの若者が、イラクの国難に立ち向かうべく、義勇兵として前線に駆けつけた。同時に、既存のシーア派民兵がそうした義勇兵を取り込む形で拡充し、彼らは「人民動員部隊」という名で緩やかにイラク政府のもとで組織化されている。今では40以上のグループが参加し、その規模は10万人前後と推計されている。２００５～２００７年の内戦時には多くのシーア派民兵がイラクで活動していたが、内戦の収束と共にスンナ派武装勢力との抗争は減り、２０１１年末以降には米軍が撤退したため反米武装闘争も沈静化した。その結果、こうした民兵の活動はかなり抑制されるようになっていた。しかし、前述したスンナ派住民の反政府デモの拡大と共に、２０１３年頃から徐々にイラク国内でテロ事件が増加するなど治安が悪化してくるに連れて、自警団のような形で民兵がバグダードで治安維持に当たる姿が散見されるようになり、シーア派聖地防衛などの名目でシリア内戦に参加するなど、組織的な動きが目立ち始めていた。そこに、「イスラーム国」がモスルを占拠するという国家的危機が発生し、一気に民兵の動員が進んだ。

イラク軍よりも士気が高いと言われ、実際に戦果を上げている人民動員部隊だが、問題もある。一つは米国との関係だ。もともとこうしたシーア民兵の成り立ちとして、１９８０年代のイラン・イラク戦争時にイランの革命防衛隊が訓練し形成した組織も多く、今でもイランとの関係は極めて密接だ。そうしたイランとの近さやシーア派という宗派色の強さゆえに、米軍は人民動員部隊との協調行動には消極的であり、民兵が展開しているエリアには米軍は空爆を実施しないことを原則としている。イラク政府が間に入っているとはいえ、人民動員部隊と米軍の間の直接的なコンタクトがない以上、誤爆の危険がつきまとうからだ。民兵の側にも対米不信が根強く存在し、米国が「イスラーム国」を支援しているといった陰謀論も珍しくない。それゆえ、米国の同盟国であり、かつイランの支援もあおぐイラク政府にとって、民兵の扱いは難しいものになっている。

さらに大きな問題は、宗派間対立の可能性だろう。人民動員部隊にはキリスト教徒やトゥルクマン人、スンナ派アラブ人なども一部参加しているが、その存在感は小さく、シーア派色が強い。例えば、2015年3月のティクリート奪還作戦に参加した2・5万〜3万の人民動員部隊の戦闘員のうち、スンナ派戦闘員は約3000人程度とみられている。そしてシーア派民兵はしばしば、「イスラーム国」による残虐行為の報復の対象を、一般スンナ派住民に向けてきた。人民動員部隊が関与したと言われる殺害事件や誘拐事件は多く、彼らの振るまいがイラク国内の宗派間の対立を助長しかねないという懸念がある。だからこそ、バービル県やディヤーラ県など、比較的シーア派住民が多い地域ではともかく、圧倒的にスンナ派住民が多いサラーハッディーン県、アンバール県、ニナワ県などでの対「イスラーム国」戦線において、そしてその後の治安時において、彼らをどう使うか、という点はイラク政府にとって悩ましい問題になっている。

（2）誰がスンナ派住民を守るのか

イラクにおける対「イスラーム国」戦線の最大の課題は、アンバール県やニナワ県など、スンナ派住民の多い地域からいかに「イスラーム国」を放逐し、その後の治安を維持し続けるのかということだ。２０１４年９月頃から、イラク軍と人民動員部隊の混成部隊による奪還作戦が一定の成果を上げるようになり、「イスラーム国」の支配地域は確実に北側へと狭まっている。

他方で、西方のアンバール県では「イスラーム国」の封じ込めに難儀し、奪還作戦が開始された後も、ヒート（２０１４年10月）、ラマーディ（２０１５年５月）など、彼らの支配地域は逆に広がった。特にラマーディは、アンバール県の県庁所在地という重要都市でもあり、イラク政府が「イスラーム国」との戦闘に本腰を入れてから1年近く経っているにもかかわらず、新たに町の支配を失ったことは大きな痛手となった。

ラマーディは２０１４年初めに一旦イラク治安部隊が町の支配を取り返した後も、断続的に「イスラーム国」が攻勢をしかけ、16か月以上にわたって武装した地元部族と警察、イラク軍特殊部隊などの治安機関が町を防衛してきた。しかし、アンバール県では往々にして、そうした現場と、それを指揮し支援するはずのイラク政府との連携や協調がスムーズに行っていない。その結果、２０１５年５月に「イスラーム国」がラマーディへ数十台の自動車爆弾を一斉に投入して大攻勢を仕掛けた際、防衛ラインが瓦解した。「イスラーム国」の攻撃が極めて大規模だったことは事実だが、それでも、諜報や後方支援体制がうまく機能していれば、イラク政府が数か月前にロシアから購入していたコルネット対戦車ミサイルを事前に配備できた可能性があることも指摘されており、現場と中央政府との間の意思疎通不足がラマーディ陥落の一因になったと言える。

その後、イラク軍が中心となって、米軍の支援を受けて長期にわたる作戦を実施し、ようやく2015年末に、ラマーディの支配を取り戻すことに成功した。ここで興味深いことは、ラマーディの奪還においてはシーア派民兵を中心とする人民動員部隊が前面に出ていないという点である。作戦は基本的に、特殊部隊を含むイラク軍、地元警察と並んで、スンナ派の地元部族兵が参加したと報じられている。ラマーディはもともと地元部族とイラク政府との関係が比較的良好であったために、こうした部隊構成が可能になったとみられるが、問題は、今後の治安維持である。

イラクの治安部隊を再建するには長い時間がかかり、かつ、これまでもそうした治安部隊が十分に機能してこなかったことを背景に、モスル陥落後は、治安権限を各県に一定程度委譲するという案が浮上した。これは、2014年9月の新政府組閣時に、スンナ派政党が要望していたことの一つであり、マーリキに代わって首相に就任したハイダル・アバーディも、施政方針演説において、「各県における防衛部隊の立ち上げ」に言及していた。ここでは、自治区であるクルディスタン地域の軍隊ペシュメルガのように、地元の住民から構成され、イラク政府からはある程度独立した形の治安機関を立ち上げることが想定されていた。しかし、この構想はその後、国民防衛隊法案として2015年2月に閣議承認されたものの、議会審議が紛糾して成立に至っていない。シーア派政党の間には、現在のイラクで過度に治安部隊を分権化することは、国家の事実上の分裂につながりかねないという懸念があり、県単位で治安部隊を組織すること自体への反対があるからだ。そのため、アバーディ首相はスンナ派の地元部族兵を支援し、既存の人民動員部隊に取り込むことで、一定程度組織化し、国民防衛隊構想の代替とすることを目指していると思われる。

だが、人民動員部隊におけるスンナ派の地位は極めて流動的であり、その治安維持機能は未知数だと言わざるを得ない。イラク軍や警察組織の再建も進められているが、一朝一夕に実現可能な課題ではない。そして何より、そうした治安機関を率いるイラク政府への信頼が構築され、軍は誰のために何のために戦うのかという問いに答えが出なければ、イラクの統治、とりわけスンナ派住民が多い地域の統治は難しいものにならざるを得ないだろう。

（3）第二の敵としての「イスラーム国」

米軍を中心とする対「イスラーム国」有志連合参加国は、人道支援を行う日本も含め、60か国以上に上っている。米軍はイラクで空爆を開始した翌月の2014年9月から、シリアでも空爆に踏み切っており、地上軍は派遣していないものの、2015年にはイラクとシリアの両方に、米軍特殊部隊が展開していることが明らかになっている。

上述の通り、「イスラーム国」はイラク国内の複数の町の支配を失っており、シリアでも2014年から2015年にかけて、激戦の末に北部のコバニを陥落させられなかったことは、「イスラーム国」の失速を印象づけた。しかしながら、依然としてイラクとシリアにまたがる広大な土地を保持し続けているという事実、そしてそれをさらに拡張しようと戦闘を継続していること自体が、「イスラーム国」が対外的に利用し得る大きな戦果となっていることは否めない。戦闘では「イスラーム国」側にも多数の死者が出ているが、他方で、主としてトルコからシリア北部を経由して、周辺国や欧州、旧ソ連、アジアなど多様な国籍の戦闘員が「イスラーム国」に流れ込んでおり、その数は数万人と推計されている。また、そうした外国人戦闘員は、地元住民とのコネクションがないゆえに、より残虐な振る舞いをする傾向にある。インターネット上のメディア広報戦略を通じて「イスラーム国」が世界各地から継続的に戦闘員を惹き付けていることは確かであり、それが「イスラーム国」が勢力を維持し続けている理由の一つと言えよう。

広報戦略は、外に向けて行われるだけでなく内に向けて、すなわち支配地域の住民に向けても実施されている。例えば「イスラーム国」は、2014年10月にアンバール県でブーニムル部族を狙い撃ちにする形で300人以上を虐殺した。政府と協力して「イスラーム国」と戦う彼らの士気を挫くことが目的と見られる。また、2015年4月には「イスラーム国」はアンバール県のサルサール・ダム周辺でイラク軍兵士ら140名を処刑したと宣伝し、イラク政府は否定したものの、イラク国内では国防相の責任を問う声が高まるなど、大きな騒ぎとなった。こうした宣伝活動でイラク国内の動揺を誘い、兵士の士気を挫き、「イスラーム国」への反攻を防ぐことを狙っていると見られる。

加えて、彼らが資金源を確保していることも重要である。2014年秋頃までは石油の密輸が彼らの収入の4割を占め、最大の資金源となっていたようだが、その後、2015年に入ってからは戦闘で複数の油田の支配を失い、国際石油価格が大幅に下落するに至って、石油密輸収入も落ち込んだ。代わって主たる収入源になったのが「税金」である。イラク政府は、2015年末夏頃まで「イスラーム国」に占領された地域の公務員にも、原則として給与支払いを続けていた。そうした給与に対し、支配者の側の「イスラーム国」は30％とも50％とも言われる「税金」を課し、こうした「税収入」は1日に100万ドルにも上っていたという推計もある。その他、モスルへ入域するトラックから350ドルの「関税」を徴収していることや、農家に対して生産物の10％を納めさせていることなどが報じられている。基本的には略奪経済で成り立っており、統治しているとは言っても「イスラーム国」が支配地域のインフラ整備などを行っているわけではない。恐怖政治のもとに置かれた住民の生活は厳しいものと考えられる。

図2　イラク各地の支配勢力（2016年2月）

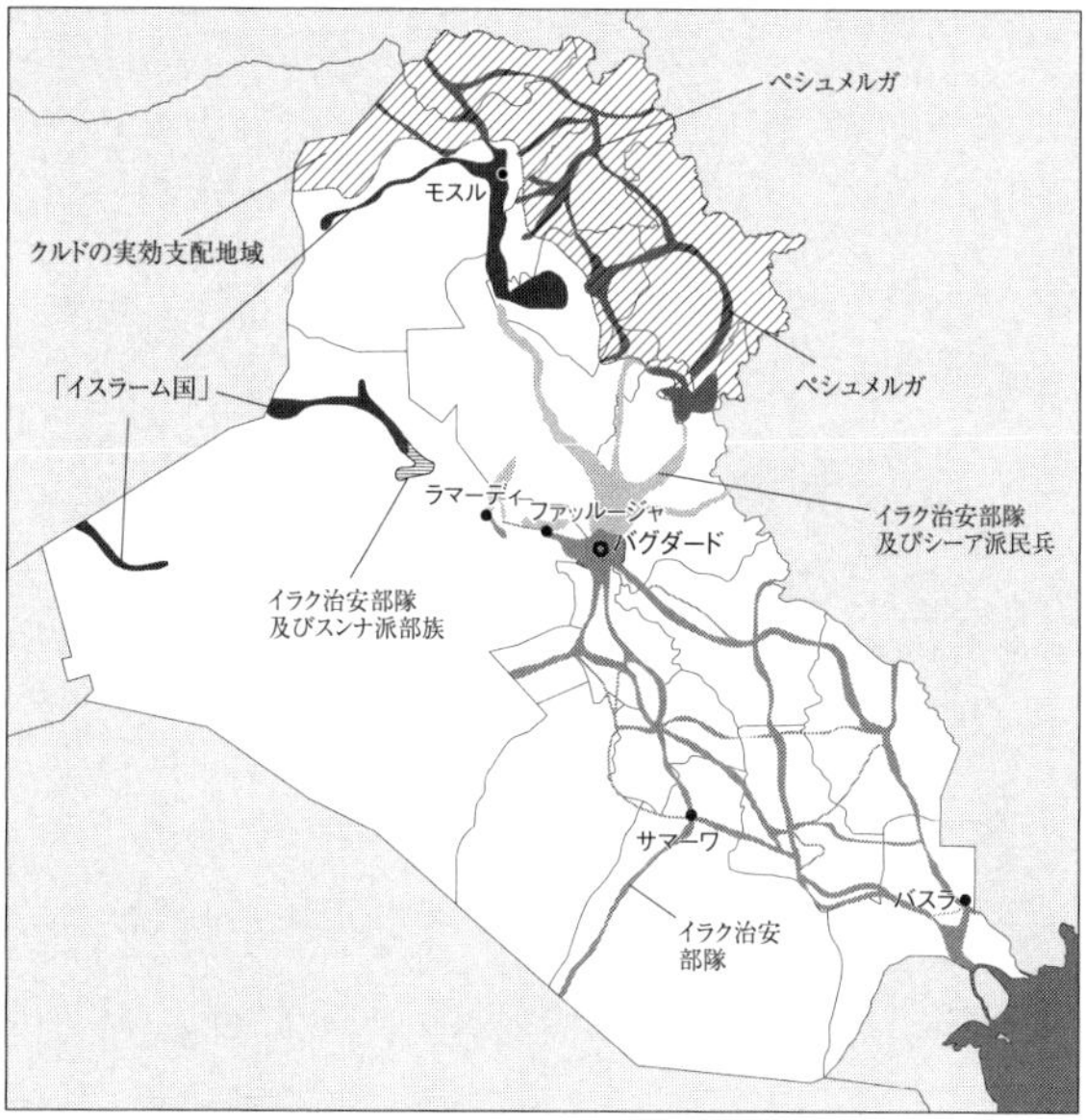

出所：Institute for the Study of War ウェブサイトより。
http://www.understandingwar.org/sites/default/files/Iraq%20Blobby%20map%20 25%20NOV%202015%20high%20%28004%29_13.png

　イラク、シリア、その周辺国、そして欧米諸国に至るまで、「イスラーム国」を公式に支持する国は世界中に一つも存在せず、彼らはいわば万人の敵という位置づけにある。だが、それは、彼らが各国にとって最大の敵であるということを意味しない。少なくとも、イラク政府にとっては、「イスラーム国」は最大の敵であり、彼らの壊滅が最重要課題であることは間違いない。だが、だからといって、かつてのように数十万人の米兵の駐留を望む声は国内からは出ていない。可能性は薄いが、仮に、米国政府がイラクへの大々的な地上軍の派遣に意欲を示したとしても、国内からの反発を考えればイラク政府がそれを受け入れるとは考えにくい。北部のクルドの自治政府にしても、「イスラーム国」が最大の治安上の脅威であることは間違いないが、イラク軍や人民動員部隊と積極的に協力して、その結果、自治区の境界付近にイラク政府の部隊や民兵が支配地域を築き、将来ペシュメルガに対峙する事態を招くことは望んでいない。シリアのアサド政権にとっては、首都ダマスクス周辺に迫る反体制派の方が当面、「イスラーム国」よりも大きい脅威だろう。「イスラーム国」はトルコ国内でテロ事件を起こしているが、トルコ政府にとっては、トルコやシリアで武装闘争を行ってトルコの安定を脅かそうとしているクルド・ゲリラへの対策の方が喫緊の課題である。サウジアラビアなどの湾岸諸国は、強大化した「イスラーム国」の刃が自国に向かうことを懸念していながらも、同時に、対「イスラーム国」戦争の過程でイランが中東域内に影響力を伸張することを警戒している。このように、各国ともにそれぞれの国内事情を抱えているからこそ、万人の敵だからといって、「イスラーム国」対策で一致した足並みをとることが難しいというのが現状である。それゆえ、各地で「イスラーム国」に対する軍事作戦が展開されても、あたかも膨らんだ風船の一部を握ったかのごとく、「イスラーム国」は支配領域の別の場所に逃げ込み、領域内で武器や物資、戦闘員などの補充をある程度融通して、再び攻撃を仕掛けるということが繰り返されているのである。

3　イラクの今後

イラク政府は、首都バグダードの防衛を強化すると同時に、軍事作戦を継続し、徐々に「イスラーム国」の支配地域を狭め、いずれモスルを奪還したい考えだ。「イスラーム国」はイラク国内で、支配下においていない町にも浸透し、散発的に爆弾テロ事件を起こしている。それゆえ、仮にモスルを奪還してもそうしたテロの脅威は続くだろうが、少なくとも、イラク政府は、彼らがイラク国土の一定の領域を支配するという異常な状況を修正し、国家による統治を取り戻そうとしている。

「イスラーム国」がこれほどイラクにおいて拡大した背景には、２００３年以降のイラクの政治プロセスにおいて周辺化されたスンナ派の不満があった。彼らは、そうした不満につけ込んで、勢力を拡張し、ついにはイラクの一部を乗っ取るまでに至った。だが、皮肉なことに、テロ組織による領域統治という国難に直面したがゆえに、それに対抗する軍事的対策の必要性が高まり、人民動員部隊のようなよりシーア派色の強い組織の勢力が格段に増すことになった。彼らはイラク南部のシーア派住民の間では、まさにヒーローという受け止められ方をしている。他方で、地元住民とのつながりを失ったスンナ派政治家の発言力は、イラク政界において格段に低下した。言うなれば、「イスラーム国」による国土の占領という危機的状況を奇貨として、テロとの戦いの旗印のもと、イラク政府はよりシーア派主導へとシフトしていくことになったと言える。

似たようなことは、北部のクルドの自治政府にも当てはまる。「イスラーム国」に攻め込まれ、自治区は一時的に混乱したが、その後はほとんどの領域を取り返し、現在は、彼らにとっていわば国境にあたる自治区の境界の守りを固めている。その多くは、イラク政府と自治政府との間で政治的に帰属がはっきりしていない係争地で、「イスラーム国」がモスルを支配する前には、イラク軍とペシュメルガとの間でしばしば領土を巡る紛争が起こっていた。だが、イラク軍が瓦解し、「イスラーム国」を駆逐したことで、ペシュメルガはこうした係争地の多くを、事実上支配下に置くことが可能になった。とりわけ、巨大油田を擁しクルドにとって旧政権の迫害の象徴だったキルクークについては、もはや彼らが自主的に手放す可能性はほとんどない。そして、対「イスラーム国」戦に必要という理由で、これまでイラク政府にしか与えられてこなかった欧米各国からの軍事支援の一部が、ペシュメルガにも振り向けられるようになっている。自治区でありながら、「事実上の国家」と言われるまでに自立性の高い統治を行ってきたクルディスタン地域だが、彼らは、「イスラーム国」との戦闘を、将来の独立国家形成のための新たな布石に転じようとしているのである。

モスル陥落後の２０１４年９月に発足したアバーディ政権は、従来型の挙国一致政権を維持し、イラクの統一を維持して、国家の統合を図ろうと試みている。だが、中央政界には発言力を増した人民動員部隊などのシーア派勢力がいて、北部にはますます自立性を高めようとするクルド勢力がいる。そして、新政権がこれまでの政治プロセスの延長線上に存在するがゆえに、例えば脱バアス党政策の撤廃や治安権限の地方への全面委譲といった、スンナ派の利益を反映した大胆な方向転換を図ることは難しい。「イスラーム国」を仮に軍事的に駆逐したとしても、果たしてイラク政府はイラクという国家を安定的に統治し得るのかという、極めて大きな問いが残されている。

コラム 4

親日国のイラク

中東の国々の多くが、親日国だと言われるが、中でもイラクはその傾向が強く、日本人だというと無条件に歓迎してくれる人に出会うことが多い。その理由には、もちろん中東全般に広く普及している日本車や日本製品の高い品質、アラビア語に翻訳された日本のアニメの存在などがあるが、それだけではない。

1970年代から80年代にかけて、イラクが石油輸出収入を元手に近代国家建設に邁進していた頃、それを支えた国の一つが日本だったのだ。当時のイラクでは、インフラ建設や都市開発、港湾整備、石油開発など様々な経済プロジェクトが一斉に行われており、総合商社や建設会社、プラントメーカーなど、多くの日本企業がイラク市場に参入していた。駐在員の家族も含め、最盛期のバグダードの在留邦人は5000名に上ったという。現在、中東で最も在留邦人が多い町はアラブ首長国連邦（UAE）のドバイだが、それでも2000名程度であることと比較すると、当時のバグダードの重要性がわかるだろう。そして、そこで日本人と共に働いたイラク人の間で、必ず工期を守る、仕事が丁寧で誠実、といった日本の評判が揺るぎないものとになっていったという。

しかし、1980年代から始まったイラン・イラク戦争は徐々にイラクの財政を蝕み、1990年のクウェート侵攻とそれに続く湾岸戦争と国連経済制裁の結果、イラクでのビジネスはほぼ途絶えてしまった。イラクにとっても、経済制裁下に置かれた1990年代は国外との交流がない、いわば鎖国状態になってしまった。

イラクとの関係が復活するのは、2003年のイラク戦争以降のことだ。鎖国状態から抜け出し、新たな国造りが始まった。それが平坦な道のりでなかったことは第Ⅱ部第4章で述べた通りだが、経済面では戦後復興需要は旺盛で、復旧や新設が必要とされたインフラ設備は数限りなく、日本企業への期待は大きく膨らんでいた。だが、治安の悪化という新たな壁が、残念ながら両国間の経済交流の拡大の前に立ちはだかっている。

なお、イラク北部の自治区、クルディスタン地域では、そもそもイラク戦争前からペシュメルガが治安維持を担い、バアス党政権崩壊に伴う治安上の混乱がなかったため、イラク戦争後も概ね平穏な状況が続いている。復興需要が旺盛なのは北部も同じなので、まずはこのクルディスタン地域に進出する欧米企業が相次いだ。旧政権時代に移民や難民として欧州に逃れたクルド人が多く、彼らを通じたコネクションが存在することも背景にあるのだろう。他方で日本はというと、そもそもクルディスタンという土地にあまり馴染みがない。イラクで日本企業が活躍した時代、クルド勢力は山岳地帯から反政府ゲリラ活動を行っており、当時の日本人にとって北部は危険というイメージもあったという。中東での例に漏れずクルド人も総じて親日家だが、クルディスタン地域と日本との本格的な交流は、まだまだこれからというところだろう。

現在、民間企業によるイラク市場への参入はまだ限定的だが、それを補うべく、政府レベルでの対

2015年末に開催されたバスラにおける日本イラク学術交流の一コマ［筆者提供］

イラク支援は、イラク戦争から10年以上経った今も続けられている。無償援助や円借款案件による経済開発プロジェクトが実施されている他、人材開発や技術協力の一環として、6000人を超えるイラク人が研修のために日本を訪れていることは特筆されていい。70~80年代に日本人と共に働いた経験を持つイラク人のほとんどが引退を迎えようとしている中で、こうした研修が日本という国を直接肌で知る貴重な機会を、特にこれからのイラクの国造りを担う若手に提供しているからだ。

そして、息の長い支援を提供しているのは政府だけではない。日本の熱心なNGOのスタッフがイラクで医療支援や避難民支援などに取り組み続けていることは、現場で高く評価されている。また、バグダード大学には、日本との学術交流に熱心な先生が多く、2009年からこれまでに5回にわたって、日本とイラクの関係や日本の近代史などを取り上げたシンポジウムを日本およびイラクで開催している。そうした先生方の尽力で、2015年末には、初の日本式の教育方法を取り入れた私立小学校もバグダードに開校された。

まだまだ多くの困難に直面するイラクだが、政府、企業、NGO、学術界など、様々なレベルで日本とイラクとの関係が深まり、親日層の厚みが増していくことを期待したい。

（吉岡明子）

第5章

イラン

――政治の底流にある諸派閥攻防の歴史と展望

ケイワン・アブドリ

イランは宗教イデオロギー的性格の強い独特な政治制度をもつ。この20年間、派閥型権力闘争を原動力とする国内政治の情勢やアメリカ、EUおよび周辺諸国との外交関係は大きく変容し、イランにとっては浮沈の激しい時代であった。

21世紀が始まるとともに中東は激動の時代に突入した。アメリカの軍事介入、イスラエルとヒズブッラー（ヒズボラ）およびハマースとの度重なる軍事衝突、石油価格の急騰、そして「アラブの春」とその余波による中東各地の内戦等々。イランにとってもこの15年間余りは激しい変動の時代であった。2000年代初期には政治エリート間の激しい権力闘争で政治の機能が低下する中、イランの隣国であるアフガニスタンとイラクにアメリカが軍事介入し、またイランの核開発プログラムが暴露され、イランの安全保障に関わる事態が次々と発生した。

混迷が深まる中で実施された2004年の国会（正式名称は「イスラーム・ショーラー議会」）の選挙と翌年の大統領選でイラン国内の政治事情は大きく変化し、このことが外交政策の大転換にも繋がることになった。イランは核問題で強硬な姿勢をとり中東地域におけるアメリカ主導の秩序に挑もうとしたが、このイラン外交の大転換を当時の高い石油価格が支えていた。

2000年代半ば以降、中東地域におけるイランの台頭は目覚ましく、影響力は日増しに拡大しているようにみえた。しかし、実際にはこれを支える基盤は脆弱であり、2009年を境に徐々にその勢いを失っていった。失速の主たる要因は、その依って立つ経済と政治の危機にあった。2009年の大統領選をきっかけにイスラーム共和国史上最も深刻な政治危機が起こり、激しい権力闘争が再び顕在化していく中、核開発をめぐるアメリカをはじめとする国々による制裁はイランの経済を窮地に陥れた。また「アラブの春」の影響もイランと周辺諸国の関係を混乱させ、イランは大きな負担を強いられることになった。

ここでは2000年以降のイラン国内の政治情勢の変化を考察し、これと深く関連する中東地域におけるイランの立ち位置と役割について分析し、今後の展望を示すことにする。

1　イスラーム共和国の特徴

イラン・イスラーム共和国という政治体制は、1979年に成就した反王政の革命後に誕生した。この体制は「近代世界における唯一の神権政治体制」と呼ばれることもある特異な体制であり、憲法は革命の指導者であったホメイニー師の「イスラーム体制論」の理念と民主主義に普遍的な理念を折衷したものである。このためイスラーム共和国の体制には「イスラーム性」を体現する制度・組織と

図1　イランの政治体制

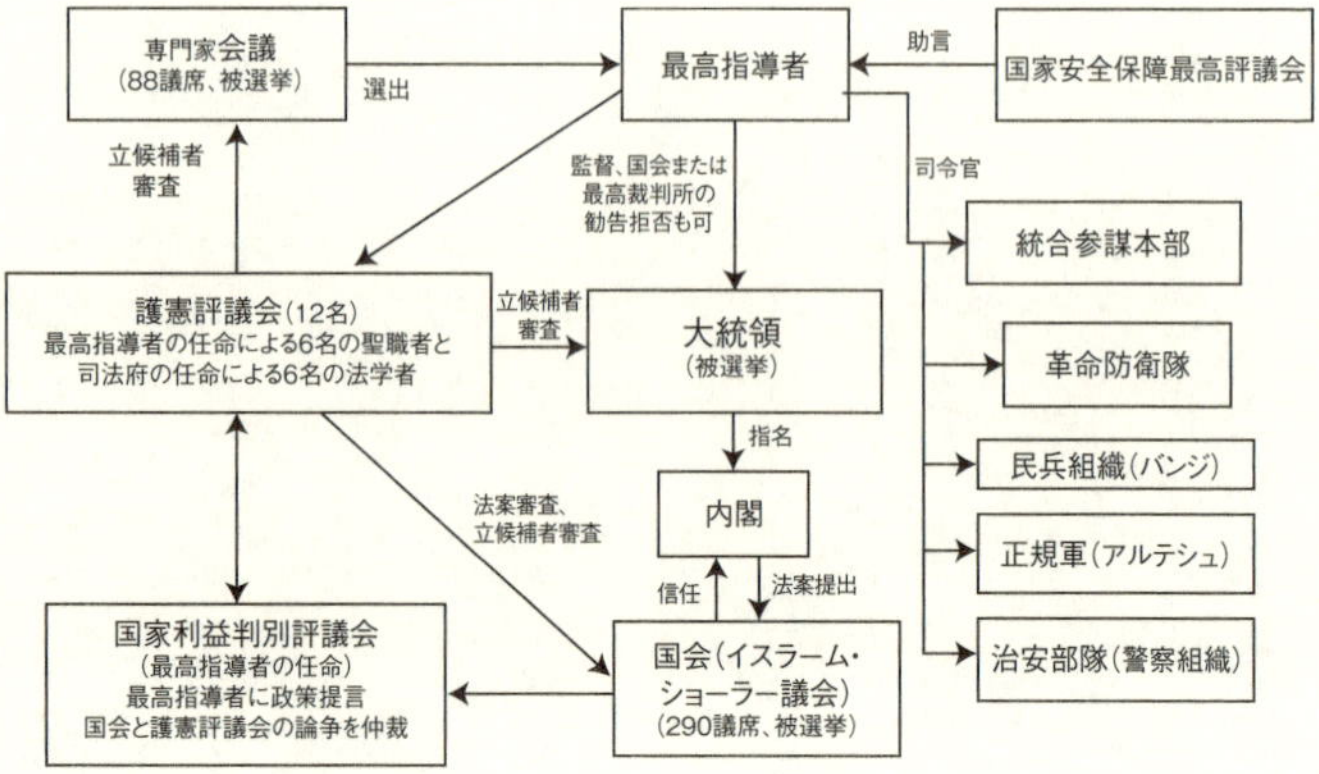

「民主性」を体現する制度・組織が共存している。

前者の中核となるのは「最高指導者」という制度であり、最高指導者と最高指導者によって任命されている「司法」、「護憲評議会」、「国家利益判別審議会」などで代表される。これに対して、国民の直接投票で選出される「大統領」と「国会」は後者を代表する制度である。国家機構の権力図（図1）からもわかるように、チェック・アンド・バランスの観点からみれば、イランの「民主的制度」は「イスラーム的制度」によってチェックされ、一方、「イスラーム的制度」は最高指導者にだけ説明責任がありチェックされる。また最高指導者自身は「指導者専門家会議」によって選出されるものの、説明責任を負うことは制度的にない。

(1) 選　挙

イラン・イスラーム共和国の民主度を敢えて表現するのならば、「管理された民主主義」といってよい。被選挙権は国民に普遍的な権利ではなく、「護憲評議会」によってその有無が審査される。立候補希望者は登録期間内に内務省に必要な書類を提出し、「選挙実行本部」の書類審査を通過した後、護憲評議会の「登竜門」で審査を受ける。護憲評議会は、立候補希望者が「イスラームと体制に十分に忠実」であるかを審査し、忠実ではないと判断したらその人物の立候補を許可しない。そして資格がないと判断してもその理由を説明する必要がないことになっている。実際にほとんどの場合、護憲評議会は被選挙権の有無を政治的な理由で判断している。

（2）派閥の誕生

イランでは国政選挙は定期的に行われている。多くの制約があるものの、一部の政治エリートは選挙を通じて権力を争っており、そこから必然的にある種の政治ダイナミズムが生まれる。しかしイランには未だに政党と呼ぶべきものが存在せず、代わりに「政治派閥」が最大規模の政治単位になっている。ここでの政治派閥は、一人か数人の領袖を中心にいくつかの政治集団からなる政治ネットワークのことである。その政治集団は、フォーマルな場合に「政党」、「協会」、「機構」などもっともらしい名前をもっているが、実際にそのほとんどは規模が小さく、中には地縁や血縁をベースにしている政治集団もある。

イランにおける派閥政治は1990年代から定着したが、派閥の誕生は革命後程なく1980年代初期に遡る。ホメイニー主義のイスラーム勢力でいえば、例えば対外貿易の国有化や農地改革を推進しようとした「左派」、それに慎重な「右派」、そして実利主義的な「現実派」と経済政策の違いで分かれている。

1988年イラン・イラク戦争に終止符が打たれた。その翌年ホメイニー師は亡くなり、また同年に最高指導者と大統領の権限を大幅に強化した新憲法が制定された。そして新しい憲法のもとで、ハーメネイー師とラフサンジャーニー師が新しい最高指導者と大統領に選任され二頭体制が誕生した。新体制のもとでは、経済の自由化を支持する「右派」と「現実派」で政策の方向性が一致し、社会主義的色彩の強い政策を進めたい「左派」の弱体化を進める動きをみせた。1992年の国会選挙後、最高指導者の後押しもあって「左派」勢力は事実上権力の中枢から遠ざけられた。

ところで弱体化した「左派」の中から革命の理念にイスラーム共和国体制の現状を照らし合わせた上、自らの世界観や政策的志向を再検討しようとするグループが現れた。彼らは、1990年初期に格差と腐敗が横行するイランの状況が革命当初の理想と大きく乖離している現実をみて、国家介入型の経済政策や権威主義的な政治、それに革命的な外交政策を改めるべく大きな方向転換が必要だという結論に達した。さらに社会の多様性をある程度認めて、革命後に周辺化されてきた都市部の中産階級、女性、若年層を取り込み、自らの支持基盤の裾野を広げようとした。そして市民の権利を強める方向での制度や政策の「改革」を求めるようになった。

「改革勢力」を中心に「左派」の国家像や政策が明確に示されるにつれて、「右派」(=保守)も左派との違いをより明示的に示すようになった。端的に言えば、体制の「民主性」を重視する「改革派」に対して、「右派」は体制の「イスラーム性」に重きを置き、それを体現している「最高指導者」を絶対視すべきだと主張した。また市民の諸権利に対して「右派」(保守派)は社会をイスラーム・革命に忠実な「身内」(Khodi)とそうでない「よそもの」(Qeir-e Khodi)とに分け、政治に積極的な参加を許されるのは「身内」のみであるとしてそれまでの路線の踏襲を主張した。

2　改革派の台頭と衰退

１９９７年６月に行われた第７期大統領選挙は歴史的な選挙となった。それは従来の大統領選と違って体制寄りの高位聖職者層、政治エリートの上層部、高級官僚、革命防衛隊幹部をはじめ軍事エリートなどからなるエスタブリッシュメント（支配層）の総意を得ていないモハンマド・ハータミー元文化・指導相が地滑り的な勝利を収めたからである。これは「改革」という看板のもとで戦った旧「左派」の初めての勝利であった。社会の多様性を認め、政治システムの自由化と民主化を公約に掲げた勢力が勝利したことで、１９９７年がイラン民主化の元年になる期待が高まった。

しかし当初から「改革派」の公約実現は前途多難とみられていた。その理由は、一つに改革派を構成している政治勢力が一枚岩ではなく、自由化・民主化にあまり賛同しない勢力も含まれていたことにある。また一つは保守派による強い抵抗と妨害であった。彼らは政治イデオロギーの違いから、また革命後に獲得した政治的あるいは経済的利権を守るためにいかなる手段もとると思われていた。さらに不確定要素としての外的要因も考えられた。実際に、ハータミー政権誕生の直後に起こったアジア経済危機や石油価格の急落が政治改革にブレーキをかける要因となったことは間違いない。

他方で、ハータミー政権は保守派勢力に期待されたところもあった。というのも１９９７年頃にはイランを取り巻く外交環境は非常に厳しくなっており、イランにとって重い経済的・政治的負担になっていたからである。イランとEUとの関係は、1989年にホメイニー師が『悪魔の詩』という小説でイスラーム教預言者ムハンマドを侮辱した罪でイギリス人作家のラシュディに対して死刑を宣告したことで、大きく後退した。死刑宣告問題がまだ尾を引いていた1997年にドイツの裁判所が5年前にベルリンで起きたテロ事件におけるイランの指導部の関与を認めたことで悪化し、EU諸国が在イラン大使らを本国に召還した。

隣国のサウジアラビアとの関係は90年代前半にかなり改善していたが、1996年にサウジのアル・ホバルの米軍居住施設を狙った爆発の後に再びギクシャクするようになっていた。そして国交断絶状態のアメリカとの関係も、湾岸戦争を契機に改善の兆しを見せていたものの、クリントン政権の誕生後アメリカはイランに対して再び強硬な姿勢を取り、イスラエルとパレスチナの和平プロセスの妨害等を理由にイランを封じ込めるために経済圧力を強めた。

しかしハータミーの外交政策は意外にも早く成果を上げることができた。EUはハータミーの改革路線を後押しするためにベルリンのテロ事件をめぐる確執を抑える方向に動き、またラシュディ問題に関しても当事国イギリスはイランと合意し、イランとEUの関係は急速に改善した。ハータミーはヨーロッパを訪れるイラン初の大統領としてパリやローマなどを公式訪問した。またサウジアラビアとの関係の立て直しもスムーズに進み、ハータミーは1999年にサウジを訪問するイラン初めての大統領になり、2001年には両国の間で治安維持協定も結ばれた。そしてアメリカによる圧力を和らげるために、ハータミーはアメリカの主要メディアとのインタビューなどを通じて積極的にアメリカ世論に訴えかけ、関係改善への意思をアピールした。これに応える形でクリントン政権もイランとの緊張緩和に舵を切った。しかしイラン国内における反対で両国の直接交渉や国交正常化までたどり着くことはできなかった。

政治改革においてもハータミー政権の滑り出しは悪くはなかった。新政権が検閲規制を緩和したことで、活字メディアや書籍出版を通じての言論活動が活発化し、それまでタブー視されていたテーマまでも扱われるようになった。また学生団体、女性団体や活動停止に追い込まれていた一部の古い政党なども活動を再開また強化し、市民社会が活性化の兆しを見せるようになった。しかし、ハータミーの政治改革に対して保守勢力とその同盟関係にあった治安機構、革命防衛隊は徐々に反撃に出た。国会は「刊行物法」を改正し、報道の自由に対する制限を一段と厳しくし、改革の旗振り役の大臣を弾劾した。革命防衛隊や他の治安機構は改革派や世俗系活動家を取り締まり、彼らの組織を家宅捜査したりして活動を抑圧した。そして司法は改革支持の活字メディアを発行禁止に処し、活動家たちを禁固刑に処したりして保守勢力の補完制度としての役割を果たした。

改革の後退感が漂い始めた頃、改革派の中から一定の制度改革がなければ政治の自由化や民主化は進まないのではないかという議論が浮上した。具体的には司法、護憲評議会や革命防衛隊などの組織に説明責任を負わせて透明性を高め、国民に直接選ばれる大統領や国会がこうした制度や組織をチェックできるようにする改革が必要だと考えるようになった。彼らは第６期国会の選挙が近づくと、改革を前進させるための制度改正を目指す勢力の勝利が不可欠だと国民に訴えた。これは功を奏し、改革派の諸勢力は国会選挙で圧勝した。しかしそれでも改革には大きな前進が見られなかった。と言うのも国会が政治改革を後押しする法律を制定しても、護憲評議会が立ちはだかり、この種の法律を憲法もしくはイスラーム法に反すると認定してことごとく否決したからである。また司法、とくに「テヘラン・革命検事総長」は改革派寄りの新聞や雑誌の取り締まりを一段と厳しくした。かくて国会の選挙で改革派が圧勝したものの、その勢いは程なくしてしぼんでしまった。

このように両派の間の攻防が続く中で、2001年6月に第8期大統領選は行われた。しかし現職の大統領以外に大物政治家が誰も出馬せず、ハータミーは圧倒的な得票数で再選を果たした。再選後、民主化の後退という批判に対してハータミーは求心力を取り戻すために大統領の権限に関する新しい法律の制定を目指した。しかしこれも護憲評議会に跳ね返されて失敗に終わった。改革派は権力の中枢にあったが改革計画そのものは徐々に自然消滅してしまった。

ハータミー政権が2期目に入った直後に9・11の同時テロ事件が勃発し、ハータミー大統領は国内問題よりもアメリカや周辺地域との関係で頭を悩ますことになった。アメリカがその年の10月にタリバン政権の転覆を狙ってアフガニスタンへの攻撃を開始すると、イランはこの攻撃を巡って非常に複雑な状況に直面した。当時、イランはスンナ派原理主義のタリバン政権と敵対関係にありタリバン政権の転覆を歓迎したかったが、アメリカがアフガニスタンに長期に軍を駐留したり主導権を握ったりするのも受け入れられなかった。しかし総合的に見れば、その時点でイランの選択肢が限られていたのも事実である。イランは表向き中立な立場をとりながら、タリバンの軍事情報をアメリカに提供するなどアメリカの攻撃を支援するという側面もあった。にもかかわらず翌年1月の一般教書演説でブッシュ大統領はイラクと北朝鮮と並んでイランを「悪の枢軸」の一角とし、「大量破壊兵器の開発やテロ輸出」を理由にイランを強く非難した。9・11以降、イランに対してとくに厳しい見方をするネオコンが台頭したこともアメリカの対イラン政策に影響した。一般教書演説の直前にはイランからパレスチナ武装組織に武器を運んでいたKarine A号貨物船がイスラエルに拿捕される事件があり、ネオコンたちにイランが口実を与えた面もあった。

「悪の枢軸」発言の波紋がまだ消えていない同年8月、イランが広範な核開発プログラムを秘密裏に進めていることが発覚、それから10数年にわたって核問題は亡霊のようにその影をイランの対外関係に落とし続けた。イランの核問題が発覚して数か月後、アメリカ主導の有志連合は核兵器を含む大量破壊兵器開発の疑いでイラクを攻撃し、イランではアメリカの次のターゲットがイランになるという憶測と懸念が広まった。そこでイランは国際原子力機関（IAEA）の査察を受け入れ、またEUを代表する英・独・仏参加国（EUトロイカ）との交渉を重ねて事態の収拾を図ろうとした。その際イランの代表として交渉に当たったのが国家安全保障最高評議会（INSC）の事務局長を務めていたロウハーニー師であった。結局イランとEUトロイカは2003年10月のテヘラン合意を経て、イランはウラン濃縮を自主的に中断することを認め、一旦事態の悪化を回避することができた。

3　保守派の巻き返しとアフマディーネジャード政権の誕生

対外関係の緊張が続く中、イランは2004年2月に第7期国会の選挙を迎えた。国政選挙で3回連続改革派に大敗した保守派は、改革派の政治改革計画と外交融和政策に強い不満をもつ革命防衛隊をはじめエスタブリッシュメントの大部分の直接・間接の支援を得てこの選挙に臨んだ。その中で護憲評議会は数千人にも上る改革派や彼らに近い候補者から立候補資格を剥奪し、保守派が選挙で勝利するための舞台を作った。

結果、国会選挙で保守派が圧勝し、続いて保守派の諸勢力は翌年の大統領選に照準を合わせて候補者の調整に入った。しかしこの調整は意外にも難航した。というのも、1990年代に保守派の中核をなしていた人物や政治集団が求心力を失っていたことに加え、革命第一世代の政治家が徐々に政治の一線から身を引いていたからである。一方、政治的野心をもつ革命第二世代からは多くの政治家が大統領選に挑戦しようとしており、調整を重ねた結果、保守派から3人、改革派から3人、それにラフサンジャーニー元大統領も本命不在の選挙に出馬することになった。候補者の乱立でいずれの候補者の得票率も絶対多数に届かず上位2名が決選投票に進んだ。決戦を争ったのは現実派の領袖であるラフサンジャーニー師と候補者中最も無名でテヘラン市長だったアフマディーネジャードであり、大方の予想を覆しアフマディーネジャードが大差をつけて勝利を収めた。

大規模な不正や革命防衛隊による組織的支援などアフマディーネジャード候補の勝利は様々な憶測を呼んだが、彼が採用した典型的なポピュリズム手法が功を奏したことは確かである。つまり「大衆の一員」である彼は、外交問題では「イラン国民の正統な権利」である核の平和利用を侵害しようとしているアメリカとその手先であるイスラエルを攻撃し、国内の問題としては、貧困層に向けて貴族化した元革命家たちと彼らの既得権、さらに彼らと手を組む官僚を攻撃して、革命の大義である公正な社会を実現すると約束した。

アフマディーネジャードが大統領になったことで保守派が全権力を掌握することになり、権力の中枢における熾烈な権力闘争はしばらく鳴りを潜めた。しかし大統領が合意形成を無視して独断専行の政治を進めたことで、大統領と国会の間に幾度も軋轢が生じた。しかし核政策を含む対外政策に関しては、ハータミー政権時代と異なり、体制内において大きな不協和音は聞こえなくなった。

アフマディーネジャードは経済分野で「経済ポピュリズム」を徹底した。つまり経済成長と所得分配是正を同時的かつ急速に達成しようとした。インフラの建設に膨大な予算を配分して経済成長を下支えした一方で、低価格住宅の大量建設という大衆向けのプログラムを財政的にも金融的にも全面支援した。投資や消費を支えるために銀行の利子を引き下げ、さらに中小企業への支援という名目で低利融資を行った。そして極めつけは、「公正株」と称し、国営企業の株を貧困層や中間層の一部に低価格で分配した。

外交では、前政権の融和政策を見直し、「反米」と「反イスラエル」のレトリックを全面展開し、周辺地域におけるアメリカの覇権体制に挑んだ。また核開発を大きく転換し、2005年8月にウラン濃縮を再開した。この政策転換は、第7期国会の決定によるものだが、実際はエスタブリッシュメントの方針を推し進めたという側面が強い。

他方、2005年頃にはすでにアフガニスタン戦争が長期化し、イラク戦争も泥沼化の様相を呈しており、アメリカにはイランを攻撃する余力がないとみられていた。そこでイランへの攻撃を抑止する目的でイラクやアフガニスタンでアメリカの軍隊と戦う一部の民兵組織を支援し、軍事介入によるアメリカの負担を増大させた。またイラクのシーア派民兵組織に加えてレバノンのヒズブッラーやパレスチナのハマース等周辺諸国の「非政府組織」との関係をより強化し、アメリカやイスラエルの攻撃に対する抑止力を高めようとした。さらにホロコーストを否定する過激とも言える言動で反イスラエルのレトリックを全面に出して周辺諸国で人気を集めようとした。

アフマディーネジャード政権の一期目は、イラン国内は比較的安定し対外的にはその影響力を強めてきたようにみえる。インフレ率は多少上昇したが経済は堅調に成長し、格差を測るジニ係数も多少低下し所得分配の改善を示した。政治的には強権的な性格が濃くなった一方で政治エリート間の熾烈な権力対立は鳴りを潜めた。とくに対外政策では異論を唱える声が聞こえなくなり、政治の安定性も増したようにみえた。中東地域におけるイランの影響力が強まったことでアメリカのブッシュ政権はイラク問題についても続く核開発問題についてもイランとの直接交渉を余儀なくされた。しかし核問題に関して、新たに作られた「５＋１」諸国（国連安保理常任理事国＋ドイツ）との交渉は大きな成果を上げることがなかった。

4　危機への歩み

２０００年代後半には、以上にみたように、イランの存在感は高まっていた。しかしそれを支える国内の政治経済的な基盤は意外にも脆弱だった。２００９年以降、イランをめぐる国内外の状況は次第に悪化し、政治的、経済的そして外交的な危機に相次いで直面することになった。２００９年の6月に第10期大統領選を迎え、そこで再選を狙うアフマディーネジャードは改革派のムウサヴィー元首相とキャッルビー元国会の議長、それに保守派のレザーイー革命防衛隊元司令官と対決することになった。エスタブリッシュメントの中核はアフマディーネジャードの再選を支持したが、改革派と現実派は手を組みムウサヴィー候補の選挙キャンペーンを支えた。アハマディーネジャード大統領の政治スタイル、政策やイデオロギーに反発を感じる社会層は積極的に改革派の候補者、特にムウサヴィー候補を支持するようになっていた。

選挙は拮抗し決選投票に突入する見通しが支配的だったが、投票が締め切られて数時間後にはアハマディーネジャードの圧勝という選挙結果が発表された。これをきっかけに激怒した改革派候補者支持の民衆は、票の集計に重大な不正があったに違いないと、選挙の再実施を求める抗議デモを展開した。そしてこの抗議デモはイスラーム共和国史上最大規模に膨らんだ。抗議運動は当初改革派によって組織され、この組織が治安当局の取り締まりを受け機能不全に陥った後も6か月間続いた。「緑の運動」と呼ばれたこの抗議運動は２００９年末にようやく鎮静化したが、その余波は今もイランの政治に残っている。

一方、この抗議運動はイランの選挙制度とその仕組みに大きな疑問を投げかけ、その疑問は必然的に大統領の正統性にも及ぶことになった。他方、運動に加わった多数の改革派支持の政治家や思想家は拘束され禁固刑を受けることになり、彼らの組織も非合法化され事実上解体された。極めつけは改革派の2人の大統領候補が自宅軟禁に置かれたことだ。つまり改革派のほとんどは事実上体制から排除されたのである。

改革派の排除は政治の「均衡状態」を崩すことになった。圧倒的な権力を持つようになった保守勢力は共通の政敵を失ったことで内部分解を起こし、政治の主導権を握ろうとした各グループの間で激しい権力闘争が展開されるようになった。アフマディーネジャードは選挙での大勝の後にさらなる野心を抱き、自らの政治派閥を作ることを目論み伝統系保守勢力に支配される国会とたびたび衝突した。さらに2011年、最高指導者の承認を得ることなく情報相を罷免したことをきっかけに、罷免を覆した最高指導者に公然と盾突いた。しかし力のバランスからみて大統領の方が劣勢であり10日ほどしか抵抗できず、事実上敗北を認めて仕事に復帰した。そしてこの騒動を契機に、大統領の求心力は急速に衰え、政治的影響力を弱めていった。

国内政治における権力闘争が悪化していく中、イランを取り巻く外的環境も急速に変化し新たな負担を伴うものになっていった。その一つがアラブ世界における「アラブの春」である。2010年12月のチュニジアに始まりたちまちエジプトに伝播して親米政権が倒れると、イランはいち早くこの運動に支持を表明した。ハーメネイー師は、アラブ民衆の運動の本質が民主化運動ではなく、1979年のイラン革命を模範とした「イスラーム覚醒」運動であると、都合の良い解釈を行った。確かに当初は「アラブの春」がイランにとって中東地域に影響力を強める機会になるとみられていた。

しかしこの運動はやがて地域におけるイデオロギー的あるいは周辺国への影響力をめぐる対立を先鋭化し、イランと一部の隣国、とくにサウジアラビアとの間に大きな断層が生じる事態を招いた。その最初のきっかけとなったのがバハレーンである。小さな島国であるバハレーンは、ペルシャ湾のサウジの沖合に位置している。支配者のハリーファ家はスンナ派である一方、国民の多数はシーア派に属していると言われている。2011年にバハレーンで勃発したシーア派住民による蜂起はイランにとって特別な意味をもっていた。イランはバハレーンのシーア派と歴史的に親密な関係をもちシーア派運動を支援してきことから、当然バハレーンの民衆運動を積極的に支持した。しかしペルシャ湾対岸のサウジアラビアにとってもバハレーンの政治体制の維持は妥協の余地がなく、アラブ首長国連邦とともに軍隊を派遣して反政府運動の弾圧に力を貸した。イランはこれに強く抗議したが、結局サウジ軍はシーア派民衆の運動を鎮圧させてから撤退した。

シリアで起きた反体制運動では、イランとサウジアラビアの立場はバハレーンの場合と逆になった。シリアはアラブ世界における唯一の同盟国であり、ヒズブッラーに武器等を供給するルートでもある。スンナ派住民による反アサドの運動がまだ平和的に行われていた時からイランはアサド体制の後ろ盾となり、アサド体制を軍事的にも非軍事的にも支えてきた。しかしバハレーンの場合とは違い、シリアの反体制運動が長期の内戦に突入していったため、イランにとっては経済的また軍事的負担が非常に大きなものとなった。さらに政治的負担も大きかった。周辺諸国との関係からみれば、サウジアラビアをはじめとした保守系アラブ諸国との関係は一段と悪化したが、それだけではなくトルコとの関係においても大変なダメージを被った。反イスラエルの前衛としてのアラブ世界での評価は、スンナ派アラブを弾圧しているシリアのアサド政権に手を貸したことで急速にしぼんでしまった。さらにまたイランとサウジはイエメンで勃発した内戦で代理戦争を展開することになった。

一方、核問題をめぐる国際環境は、２００９年のオバマ大統領の登場によって大きく変化した。オバマ大統領は、イランとの直接交渉に舵を切ったブッシュ政権の政策をさらに前進させ、無条件の直接交渉を通じ核問題のみならず両国の間の全ての案件を解決するため「手を伸ばす」と公に断言した。しかしハーメネイー師はアメリカとの関係改善の可能性を一蹴した。ところでオバマ大統領の路線転換をきっかけに国際社会でイラン包囲網に同調する国が増えてきた。ロシアや中国はアメリカやEUに以前よりも協力的となったことで国連の安保理はかつての決議よりも強力な制裁決議を可決した。アメリカ・EU主導の圧力が強まるにつれて、イランはますます孤立を深めていった。

それでもイランはこの程度の圧力なら耐え抜けると判断し妥協を拒み続けた。そこで2011年後半に共和党支配下のアメリカ議会はイランの中央銀行と石油輸出に照準を合わせて「国防授権法」という新しい制裁法を制定した。しかしイランはアメリカ経済の現状や国際石油市場の情勢などを勘案して原油制裁の実行が不可能だと判断し、ハーメネイー師自身もアメリカの制裁がむしろイランにとって良い結果を生むと明言し、制裁措置を切り捨てた。確かにオバマ政権は石油価格の高騰を懸念していたし、イランに過剰な圧力をかけることに慎重だったことから国防授権法の実施を延期しようとした。しかし議会がそれを認めなかったことで2012年7月から同法の実施が開始された。

当時のイランの経済は補助金制度の改革に失敗してすでに足腰が弱っており、制裁発動のアナウンスだけでイランの通貨リヤルは暴落しパニックに陥った。このため為替の管理を強め、多重為替相場制を再導入して経済のメルトダウンをなんとか食い止めようとしたが、景気の急速な後退は免れなかった。高いインフレとマイナス成長が同時に起きスタグフレーション状態に陥ってしまった。イランはイスラーム共和国史上、最も深刻な経済危機に直面することになった。

5　危機鎮圧のための妥協と今後の展望

こうして2012年半ばになるとイランはまさに内憂外患状態で、政治も経済も、そして外交も同時に多くの深刻な問題に対応せざるを得なくなった。イランの指導部は危機克服のために重大な決断を迫られていたが、大統領と国会の対立が最高潮に達し、しかも大統領と最高指導者ハーメネイー師との対立騒動の後は、決断できるのは最高指導者しかいなくなっていた。

イランとアメリカとのチャンネルはオマーンの仲介で秘密裏に保たれており、最高指導者の承認の上で交渉が2012年の秋頃から始まった。一定の成果を上げた後、アメリカの大統領選のため交渉は一時中断した。イランも数か月後に大統領選を控えていた。そしてオバマが再選を決めた半年後に、アメリカとの直接交渉と妥協に前向きなロウハーニー候補が当選した。

ロウハーニー政権が誕生すると、核問題のイラン側の交渉窓口はINSC事務局から外務省に移り、ザリーフ新外務相が当たることになった。イラン対5＋1の交渉は二度の暫定合意を経て、2015年7月にウィーンで最終合意に至った。アメリカをはじめ5＋1側はイラン国内での小規模のウラン濃縮を認め、その代わりイランはウラン濃縮活動に厳しい制約を受け入れた。そしてIAEAはイランが合意項目を実行したことを確認した後に、アメリカとEUは2016年1月に核開発を理由に発動したすべての制裁措置を解除した。これでイランの核問題は完全に解決したわけではないが、双方が合意を順守すれば少なくとも10年間この問題は再燃することがないと思われる。

核合意は最高指導者の支持がなければ達成不可能であったが、リスクを取って交渉を進めたロウハーニー政権はその政治的得点を手にした。ロウハーニーは選挙への出馬に当たって自らの路線を「穏健」と呼び、内外の諸問題に「対話」を重んじて対処すべきだと主張した。選挙では意図的に保守派とも改革派とも一線を画そうとしたが、改革派の支持を取り付けたことで大統領選に勝利したことも事実である。ロウハーニーは政治路線がラフサンジャーニー元大統領に近く、いわゆる現実派であると言える。1989年から2015年までINSCで最高指導者の代理議員を務め、ハーメネイー最高指導者との関係も良好である。組閣の際も、できるだけテクノクラート色の強い人物を多く起用している。改革派に近い人物も起用しようとしたが、彼らはいずれも国会の信任を得られず入閣を果たせなかった。

ロウハーニー政権にとって核問題の解決は第一関門に過ぎず、政治、経済、外交の諸分野では相変わらず問題が山積されている。ロウハーニー大統領は当初、1年以内に核交渉を妥結して制裁解除を勝ち取り、石油の輸出が再開してから経済の本格的な回復を実現しようとしていた。改革派に対する圧力を緩和させ、また改革派の中の現実派に近い勢力を取り込み、自らの支持基盤を強めて政治の「均衡状態」を保つことを目指している。そして外交分野でもアメリカと関係を改善（できれば国交正常化）する一方で、サウジアラビアをはじめとする保守系アラブ諸国との間の緊張を緩和しながらシリア危機の解決を図ろうとしている。

ロウハーニー政権の誕生から2年半の間に、核問題以外の分野でも成果を上げている。例えば、インフレの沈静化と為替相場の安定化に成功し、国内の政治的雰囲気も活字メディアのムードも前政権と比べて大きく改善している。また周辺諸国との関係を別にすればイランの国際的イメージは遥かに良くなっている。しかし経済・政治・外交のプランが大きく狂っていることも間違いない。この2014年秋ごろから石油価格が大幅に下落していることからイラン経済の本格的かつ持続的な回復は遠のいている。国内政治の分野では最高指導者や保守派の強い反対もあり、2009年大統領選の改革派候補者の自宅軟禁の解除が実現されていないだけでなく、司法当局はメディアにハータミー元大統領に関する報道を禁止し、改革派に対する抑圧の手を緩める気配がない。対外関係においても、アメリカとの関係は多少改善しているとは言え、ハーメネイー師は明確にアメリカとの国交正常化に反対し、しばらくこれ以上の改善は見られないと思われる。シリアやイエメンの情勢が悪化するにつれ周辺諸国との関係も悪化の一途をたどり、2016年1月にサウジアラビアはとうとうイランとの国交を断絶した。

石油価格の変化や地域の地政学上の変化を別にすれば、大統領の行程表の実行を妨害している国内勢力にロウハーニーがどう対処できるかが、イランの中長期的な進路を決定付けると言っても過言ではない。つまり現政権の穏健路線を妨害しようとする有力な勢力に対して、今まで通りエスタブリッシュメントの中のコンセンサス形成を重視するか、あるいはコンセンサスがなくとも自らの路線を断行し、必要であれば制度的変革（＝改革）にも踏み込むかということである。

実は経済分野においてロウハーニー大統領はすでにこうした事態に直面している。石油価格の下落という現状を考えると、経済成長を持続させるには無駄な支出を減らし収入を増やす方策を講じなければならず、このためには強い政治力をもつ利益集団の既得権益に切り込む必要がある。政治の分野においても外交の分野においても政府は同様の決断をせまられている。ハータミーの「改革路線」の二の舞になるか、これをやり遂げることができるか、ロウハーニー政権は正念場にあるといってよい。

コラム
5

ネクタイの政治学

イランの著名な政治学者であるサリオルガラム博士は最近イラン国内の保守系メディアによる攻撃の的になったことがある。ロウハーニー大統領の外交顧問でもある彼がなぜ攻撃されたのか。その理由は2014年2月のダボス会議に出席したサリオルガラム博士がネクタイをしめていたことにある。中でもある政治評論家は有力ウェブサイトで「このように〈西洋的洋服〉を身に着ける人のアドバイスが国民の独立や威厳を保つことに役立つか、大統領に問いただささなければならない」と厳しく批判した。

イランにネクタイが入ったのは19世紀半ばであり、その後イラン社会に徐々に根付いていった。しかし1979年の革命でネクタイをめぐる状況は一変した。革命後のイランでは、中国におけるかつての人民服のような「標準服」が流行ったことはないが、「国家公認」のドレス・コードが次第に定着していった。女性の場合、黒系の布で身体全体を覆う「チャドル」が奨励され、男性の場合、長袖シャツにノーネクタイでボタンを一番上までかけることが勧められた。しかもあごひげとワンセットである。

アラブ世界では、例えばエジプトのムスリム同胞団やパレスチナのハマースのようなイスラーム主義団体の場合、幹部がネクタイを使用することは決して珍しくない。これに対してシーア派のヒズブッラーの幹部がネクタイをしめることはまずない。もっともネクタイの使用をシーア派とスンナ派の違いで説明するのは適切ではない。シーア派でもイラクのダアワ党幹部はネクタイを日常的に使用している。

イランでもイスラーム主義の団体がすべてネクタイを否定していた訳ではない。革命の前にホメイニーのイスラーム運動と並んでイスラーム主義運動を担った諸勢力のリーダーは普通にネクタイを使用していた。宗教学者で革命的イスラーム思想を論じたアリー・シャリーアティー、自らのイスラーム思想に社会主義的な要素を取り入れたモジャーヘディーン・ハルグ（人民聖戦者）の幹部、穏健なイスラーム主義の組織である「自由運動」、そのいずれも幹部は日常的にネクタイを使用していた。彼らは国内外で高等教育を受け、大学教員やエンジニアなど専門性の高い職業に従事していた。

上：バーザルガーン首相の内閣（1979年）
下：ムウサヴィー首相の内閣（1985年）［出所：http://www.kaleme.com］

　しかし「自由運動」の創設者で革命直後の「暫定政権」で首相を務めたメフディー・バーザルガーンが1979年11月に首相を辞任して以後、イランの指導者でネクタイをしめる者はいなくなった。ホメイニー師の運動を主に支えたのは聖職者とバーザールの商人であり、彼らは職業的にも文化的にもネクタイに慣れ親しむことがなかった。

　ネクタイが「イデオロギー的対立」の象徴になる場面もある。イランを支配しているイスラーム主義者はネクタイを「堕落した西洋文化」のシンボルだとしている。これに対して、前述の他のイスラーム主義勢力は「西洋」を全面的に否定しておらず、ネクタイを積極的に使用しないまでも拒絶することはない。一方で、近代主義者たちは積極的にネクタイをしめ、それを政治闘争の一つのシンボルにしている。変わったところでは、イランの歴史的伝統を重んじるイラン古代主義者はネクタイそのものが古代イランで発明されたものと主張している。

ドレス・コードはまた様々な社会的摩擦を生んできた。イランの支配層は革命当初から自らのライフスタイルを社会に強制する傾向が強い。口にするもの（アルコール飲料の禁止、豚肉の禁止）と並んで身に着けるものも様々に強要し、このことが国家と社会の対立の火種を作ってきた。女性のチャドルと男性のネクタイがこの重要なアイテムとなり、男性のネクタイ着用が「抵抗のシンボル」となるケースが少なくない。

国はこの抵抗に対して1980〜90年代には厳しく対処してきた。しかし、社会の不満と反発をむやみに増長させるだけで得策でないことを悟ったためか、徐々に柔軟な対応をとるようになった。それでも国民に対して政治的締めつけを強めようとする時にはネクタイが矢面に立たされ、販売や使用への取り締まりが強まる。ネクタイがイラン政治の現状を測るバロメーターにもなっているのである。

西洋諸国との関係改善を目指しているロウハーニー大統領は「西洋文化のシンボル」を着用しただけでサリオルガラム博士を咎めることがないが、槍玉にあげられた彼を擁護することもしない。これが政治的に精一杯だったのかもしれない。しかし大統領にとって、ネクタイの使用にも譲歩しない勢力に西洋諸国との政治的妥協を認めさせることは至難の業であるに違いない。

（ケイワン・アブドリ）

第6章 トルコ
——創造的破壊者としての公正発展党

今井　宏平

本章では、トルコにおいて2002年11月に単独与党となって以降、安定した政権運営を行っている公正発展党に焦点を当て、国是の一つである世俗主義、クルド問題、そして外交に与えたインパクトについて検討する。

はじめに

現在のトルコを検討するうえで、最重要アクターは公正発展党（ＡＫＰ）である。なぜなら、２０００年代に入ってからのトルコの政治と外交は、ほぼＡＫＰ政権の下で行われてきたためである。表1にあるように、２００1年に結党されたＡＫＰは、初めて臨んだ２００２年11月の総選挙で単独過半数を確保して以降、２０１５年6月の総選挙まで約15年間、その座を維持してきた。さらに２０１５年11月の再選挙で再び単独過半数の確保に成功している。ＡＫＰは、トルコ共和国史上2番目、複数政党制が始まった１９４５年からは最も長期間、単独与党の座を維持する政党である。しかし、その長さだけがＡＫＰを重要足らしめている要素ではない。ＡＫＰは、トルコ共和国の理念の「歪み」を最も象徴する政党であると同時に、時代にそぐわなくなった原則や考えに修正を施し、新たな政策を打ち出してきた。

ＡＫＰを主導してきたのは、現在大統領職に就いているレジェップ・タイイップ・エルドアンである。エルドアンは２００２年から２０１４年まで首相の座に就いた後、２０１４年8月10日に実施されたトルコ共和国で初めての国民の直接投票による大統領選挙で大統領に選出された。エルドアンの類まれなカリスマ性がＡＫＰ躍進の原動力であった。加えて、ＡＫＰは前大統領のアブドゥッラー・ギュルのように１９９０年代からエルドアンと行動を共にした有力政治家、経済と金融に強いアリ・ババジャンや外交のエキスパートであるアフメット・ダーヴトオールなど、優秀なテクノクラートによって政策が立案、実践されてきた。

本章では、ＡＫＰが世俗主義、クルド問題、そして外交に与えたインパクトに焦点を当て、現代トルコ政治の最重要アクターであるＡＫＰについての理解を深めていきたい。

1　ＡＫＰの登場

２００1年に設立されたＡＫＰの躍進は２００２年11月の総選挙から始まった。ここでは２００２年総選挙でＡＫＰが勝利できた要因について説明したうえで、カリスマ的リーダーであるエルドアンについてもその政治家としての特徴を素描する。

表1　2002年・07年・11年・15年における各政党の得票率と議席数（550議席）

政党	2002年総選挙	2007年総選挙	2011年総選挙	2015年総選挙	2015年再選挙
公正発展党	34.28% (367)	46.6% (341)	49.92% (326)	40.9% (258)	49.5% (317)
共和人民党	19.4% (178)	20.9% (112)	25.96% (135)	25.0 % (132)	25.3% (134)
民族主義行動党	8.34%	14.29% (71)	13.00% (53)	16.3% (80)	11.9% (40)
クルド系政党	6.23%	5.2% (26)	6.63% (36)	13.1 % (80)	10.8% (59)

出所：高等選挙委員会ウェブサイトを参照し、筆者作成。

（1）2002年総選挙での勝利

ＡＫＰは２００２年11月３日の総選挙で大勝し、単独与党となった。結党した２００１年８月から約１年足らずで、なおかつそれまでトルコ政治の中で異端視されてきた「親イスラーム政党」の流れを汲むＡＫＰが単独与党になったことは内外に驚きを与えた。ではＡＫＰが２００２年の総選挙でなぜ勝てたのだろうか。

よく指摘されるのは、①トルコの有権者が90年代に汚職と怠慢にまみれていた既存の有力政党に制裁を下した、②有権者が変革を求めたため、新たな政党に投票した、③選挙に投票した人たちが少なかった、④死票が多かった、⑤低所得者層のセーフティーネットを強調した、といった点である。部分的にもう少し詳しく見ていくと、①に関して、特に、２０００年と２００１年に起きた金融危機が有権者の生活に大きな影を落としていたことが投票に影響を与えた。③に関して、２００２年総選挙の投票者の数は、それまでの過去30年間の総選挙で最も少なかった。投票率は79％であったが、トルコの総選挙で投票率が80％を切るのは非常にまれである。これは、既存の政党に投票していた有権者が選挙に期待が持てず、投票に行かなかったためである。④に関して、トルコでは１９８２年に軍政下で定められた憲法によって、得票率10％未満の政党は議席を獲得することができないという10％条項が定められている。２００２年の選挙で10％以上の得票率を獲得できたのは、ＡＫＰ、共和人民党のみであった（表1参照）。そのため、その他の政党に投票した全体の約45％の票が死票となった。⑤に関して、ＡＫＰは新自由主義と新自由主義を加速させているグローバリゼーションに対して肯定的な評価をしながらも、その利益を貧困層にも分配することを強調した。加えて、ＡＫＰがＥＵ加盟に肯定的な姿勢を見せたことも、無党派層を取り込む大きな要因であった。

（2）エルドアンという個性

ＡＫＰの躍進をけん引した最大の立役者がエルドアンであり、これまでにイスタンブル市長（１９９４～１９９８年）、首相（２００３～２０１４年）、大統領（２０１４～２０１６年5月現在）を歴任している。とかく強烈なカリスマが強調されがちであるが、エルドアンの政治家としての強みは、市政の経験と数々の挫折を乗り越えてきた不屈さである。

世俗主義に代表される、ムスタファ・ケマル（アタテュルク）が進めた政治改革を受け入れ、国家の繁栄を享受しているエリートを「ホワイト・テュルク」、一方、貧困で周縁部に住み、保守的で宗教心の篤い、国家の繁栄から取り残された人々を「ブラック・テュルク」と呼ぶことがあるが、イスタンブルのカスムパシャで生まれたエルドアンは、自身を「ブラック・テュルク」と称している。「ブラック・テュルク」を自認するエルドアンは、中産階級、低所得者からの支持が厚く、「我々のタイイップ」と呼ばれ、熱烈な支持を受けてきた。エルドアンは4年間のイスタンブル市長時代に政治的な手法を学び、国政にも市政の経験を反映させ、人々の支持を集めた。

とはいえ、エルドアンは常に成功してきたわけではなく、多くの挫折を乗り越えてきた政治家である。学生時代からネジメッティン・エルバカンが設立した政党で活動してきたエルドアンは、86年には福祉党の中央幹部委員会のメンバーに選出されるも、87年の総選挙、89年の地方選挙、91年の総選挙と3回続けて落選の憂き目に遭った。また、後述するように1997年12月には世俗主義に反する詩を朗読し、逮捕され、このためにAKPが単独与党となった当初は、党首にもかかわらず、首相の座に就くことができなかった。こうした辛酸を舐めた過去はエルドアンの人間的魅力を際立たせ、親近感を醸成した。

2003年から首相を務め、AKPを牽引してきたエルドアンは満を持して2014年の大統領選挙に出馬、51・85％の得票率によって第12代大統領に選出された。大統領の任期は5年で1度の再選は可能となっている。そのため、2024年までエルドアンが大統領の座に就いていることも十分考えられる。

2　「アタテュルク主義」と「親イスラーム政党」の相克

AKPはしばしば、「親イスラーム政党」と呼ばれる。もちろん、「親イスラーム政党」とは「イスラーム政党」と一線を画しているためにそのように呼ばれている。「親イスラーム政党」とは一体どのような政党のことを指すのだろうか。このことを検討するためには1923年に建国されたトルコ共和国の基本方針を確認しておく必要がある。

（1）国是としての「アタテュルク主義」

トルコ共和国の建国の中心となったケマルは、オスマン朝（オスマン帝国）が18世紀以降、西洋諸国の勢力争いの場とされ、各地でナショナリズムが勃興し、「瀕死の病人」と揶揄されるまでに衰退、最終的に崩壊したことを重く受け止めていた。オスマン朝の後継国家であるトルコ共和国で同じ轍を踏まないようにするためにはどうしたらよいのか。ケマルが出した答えは、西洋をモデルとした近代化によって西洋諸国と同様の国民国家をトルコでも実現するというものであった。確かに、オスマン朝末期から西洋化を前提とした近代化を目指す動きは知識人を中心に模索されてきた。しかし、その際、目指されたのはあくまでイスラームを根幹に据えるオスマン朝と西洋化の両立であった。それに対して、ケマルはイスラームを後進性の象徴とし、徹底した政教分離を進めた。ケマルによって進められた西洋化に基づく近代化は「アタテュルク主義」と呼ばれ、トルコ共和国の国是として正統化されていくことになる（岩坂将充「トルコにおける『民主化』の手法」『国際政治』第178号、2014年、135頁）。ただし、トルコの政教分離には考慮すべき点がある。まず、西洋諸国においては、政教分離が国家と宗教の相互不介入を意味するのに対し、トルコにおける政教分離は、澤江が指摘しているように、社会や個人の世俗化が国家の世俗化に必須であると考えられ、国家が宗教を管理統制することで、制度において脱宗教化を図ることであった（澤江史子『現代トルコの民主政治とイスラーム』ナカニシヤ出版、2005年、39～40頁）。徹底した「上」からの政教分離は、西洋化を達成し、国際社会で生き抜くために必要不可欠と見なされた。

こうしたトルコの「アタテュルク主義」は、その後、ケマルの出身政党である共和人民党や軍部を中心に展開されていった。その一方で、「上」からの政教分離は、信仰心の篤い国民には容易に浸透しなかった。1945年にトルコで複数政党制が始まると、票田獲得のために、いくつかの政党、例えば1950年から60年にかけて政権の座に就いた民主党や1960年代に登場した公正党は、次第に政教分離の徹底を弛緩させていく。民主党や公正党は共和人民党の単独与党時代と比べるとイスラームに寛容な立場を採ったものの、それはあくまで政策の一つであった。初めてイスラームの理念を党の方針の中核に据えたのは、1970年にエルバカンが旗揚げした国家秩序党であった。AKPの中核を担ったエルドアンやギュルは、元々はエルバカンが率いた「親イスラーム」政党から政治活動をスタートさせた。

(2)「親イスラーム政党」の登場と盛衰

トルコの「親イスラーム政党」は、シャリーア(イスラーム法)に基づく統治を目指しているわけではない。あくまで、政教分離と世俗主義を彼らなりに尊重・遵守したうえで、公正、正義、真実、美徳といったイスラームの理念を政治活動により実現しようというスタンスを採る政党である(澤江、4頁)。そのため、イスラーム政党ではなく、「親」イスラーム政党と呼ばれている。また、例えば、エルバカンは全ムスリムというよりも、トルコをその対象とし、トルコの発展のために必要なのは、西洋化ではなく、イスラームの理念の実現であると述べている。このように、トルコの「親イスラーム政党」の主張はイスラームの理念とトルコ・ナショナリズムが分かち難く結びついている(澤江、76~77頁)。とはいえ、根底に据えられたのはイスラームの理念であった。

「親イスラーム政党」が歩んだ道のりは決して平坦なものではなかった。イスラームによる統治を掲げていなくても、軍部をはじめとした「アタテュルク主義」を推進する勢力からすると、「親イスラーム政党」は明らかに異端であった。加えて、当初、エルバカンは上記した、政教分離と世俗主義の尊重・遵守という点にあまり配慮していなかった。結局、国家秩序党は1971年に世俗主義に反するという理由で解党された。しかし、すぐに後継政党として国民救済党が設立され、国民救済党は70年代に連立政権に3度名を連ね、党首であるエルバカンは副首相の座を経験した。1980年9月12日に起きた軍部によるクーデターとその後、約3年間続いた軍政により、国民救済党は再び解党の憂き目にあう。軍政後の政権を決める1983年の総選挙前に新たに福祉党が設立されるが、1983年の総選挙では参加資格が得られず、選挙に参加するのは1984年の地方選挙以降となった。しかし、福祉党は80年代の選挙では思ったような得票を得ることができなかった。その背景には、軍部、そして83年から89年まで首相を務め、その後大統領となったトゥルグット・オザルが「トルコ―イスラーム統合論」に基づき、「アタテュルク主義」の範疇でイスラームを正当化したためである。

トルコ―イスラーム統合論は、1970年代初頭からトルコ民族主義のイデオロギーとして提唱されたもので、トルコ・ナショナリズムの要素としてのイスラームの重要性を説くものであった（新井政美編『イスラムと近代化』講談社選書メチエ、2013年、171〜174頁）。「親イスラーム政党」がイスラームに力点を置いてトルコ・ナショナリズムの重要性を主張したのとは逆に、トルコ―イスラーム統合論はトルコ・ナショナリズムに力点を置きつつ、イスラームを不可欠な要素とした。このトルコ―イスラーム統合論に最初に目を付けたのが、80年クーデターを敢行した軍部であった。60年代から70年代にかけての混乱、特に急進的な左派勢力の拡大を防ぐための手段として、トルコ－イスラーム統合論によって「国民に宗教心と道徳とを植えつけ」ることでトルコの一体性を担保しようとした（新井編、185〜186頁）。新井が指摘しているように、軍部と政権がイスラームの重要性を公的に認めたことは、世俗主義の再解釈であった（新井編、186〜188頁）。これまで国家の世俗化のためには個人と社会の世俗化も必須とされてきたが、後者に関しては、前者に抵触しない限りはある程度容認されるようになった。

90年代に入り、必ずしもイスラームだけに固執せず、「公正な秩序」の名の下で幅広い社会政策を打ち出した福祉党は、1991年の総選挙、94年の地方選挙、そして95年の総選挙で躍進し、エルバカンは1996年6月から97年6月までの1年間、連立政権で首相を務めた。福祉党躍進の背景には、オザルが採用した新自由主義経済の結果、汚職と貧富の差が拡大したことがあげられる。しかし、首相の座に就いたエルバカンは、反米の姿勢をとるイランやリビアを含むD8（Developing 8）という枠組みを立ち上げたり、神秘主義教団の指導者を断食明けの食事（イフタール）に招待したりするなど、軍部の神経を逆撫でした。軍部は1997年2月28日に行われた国家安全保障会議で福祉党を「反動勢力」と断定し、軍部、大学当局、検察・司法当局によって福祉党や福祉党に近い経済団体や組織の取り締まりを強めた（澤江、172頁）。エルバカンは同年6月に首相を辞任し、1998年1月に福祉党は解党の決定を受けた。また、1997年12月にシイルト県での集会で、94年の地方選挙でイスタンブル市長となっていたエルドアンが、世俗主義に反する詩を朗読したとして逮捕、10か月の刑が言い渡され、1999年3月から7月まで服役する事件が起きた。澤江は、これら一連の事件を、軍部をはじめとした世俗主義勢力が1980年代のトルコ＝イスラーム統合論を棚上げし、イスラームを否定する形の近代化に原点回帰したことを明確にしたと評している（澤江、189頁）。これら一連の事件は、エルバカンの政策の限界を明らかにするとともに、「親イスラーム政党」内部でエルバカン中心の古参幹部たちに若手が反発するという流れを生み出した。そして、エルドアンやギュルなど「親イスラーム政党」における若手が2001年8月に立ち上げたのが、AKPであった。

（3）EU加盟推進への転換と政軍関係の逆転

世俗主義勢力のイスラームを否定する形の近代化が鮮明となり、エルバカン路線の限界が明らかになった1997年から5年後の2002年に「親イスラーム」のAKPが単独与党の座に就くとは全く予想されていなかった。さらに2007年の大統領選挙に際しては、これまで政軍関係で常に上位に位置付けられていた軍部の影響力低下が露呈された。軍部の影響力を低下させ、「親イスラーム政党」の正当性を高めた要因——それは「親イスラーム政党」がEU加盟を否定する立場から推進する立場へとそのスタンスを変更させたことである。福祉党解党後に設立した美徳党、そして美徳党が分裂してできたAKPは、EU加盟交渉に前向きな姿勢を見せた。特にAKPは、単独与党となった2002年11月から2004年10月にEUがトルコの加盟交渉に合意、2005年10月にEU加盟交渉を開始するまで、EU加盟を積極的に推進した。この時期は「トルコにおけるヨーロッパ化の黄金時代」とも呼ばれている。

EU加盟を推進したAKPであるが、必ずしも近代化＝西洋化＝イスラームの否定という構図を支持したわけではない。AKPは西洋化もしくはヨーロッパ化を目指したのではなく、あくまで政治と法のシステムを加盟の条件であるコペンハーゲン基準に則して技術的かつ構造的に変容させる「EU化（EU-ization）」を推し進めている。トルコは1999年12月のヘルシンキ会議で加盟候補国となり、「加盟のためのパートナーシップ（Accession Partnership）」を受け、憲法・法改正に着手した。その結果、2度の憲法改正（2001年と2004年）と8回にわたるEU調和法パッケージによる法改正が実施された。

EU加盟に対するAKPの熱狂は長く続かず、次第に「加盟疲れ」が露呈されるようになる。とはいえ、AKPは決してEU加盟交渉を放棄することはなかった。なぜなら、EU加盟交渉は自身の正当性と影響力を国内外で高める有効な手段となったためである。EU加盟交渉が最も効果的だったのは軍部との関係と宗教に関する自由の拡大である。軍部はこれまで「民主主義の守護者」、「アタテュルク主義」のフロントランナーとして、3度のクーデターと1度のクーデター勧告を実行してきた。とりわけその中心であった統合参謀本部は2000年代初頭まで、内外の安全保障に関して「第二の行政府」として機能してきた。しかし、憲法改正とEU調和法パッケージによって統合参謀本部の機能は大幅に縮小され、政軍関係のバランスに変化が見られるようになる。その象徴的な事件が2007年の大統領選出過程であった。軍部はAKPが推薦した、当時外務大臣であったギュルの選出を拒むため、ウェブサイト上で警告を発したが、前倒しされた総選挙でAKPが大勝し、ギュルが正式に大統領に選出された。軍部はEU加盟交渉によって自身の権利が縮小されることに批判的な反面、ケマルが志向した近代化を推進する組織という自負もあり、そのディレンマに苦慮した。加えて、20

08年以降はAKPに対する一連のクーデター未遂計画の発覚により、多くの幹部が逮捕されるとともに、人心が軍部から離れたことで、トルコ政治に及ぼす軍部の思想的影響力は縮小した。2010年9月には統合参謀本部の権限縮小を含む憲法改正レファレンダムが可決された。

また、AKPは2007年の総選挙後の2008年1月から2月にかけ、公的な場で女性のスカーフの着用を認める法案を可決することに成功した。これに対して、憲法裁判所が違憲判決を出したが、その後、憲法改正レファレンダムを経て、公的な場でのスカーフ着用が可能となった。

2016年5月の時点でトルコは35の加盟交渉項目の内、14項目で交渉を行っているにすぎず、完了した交渉はたった1項目であった。同じく2005年から加盟交渉を開始したクロアチアが2013年7月にEU加盟を果たしたのと比較すると雲泥の差である。しかし、2015年夏以降のヨーロッパへのシリア人の大規模移動の管理をトルコが行うことと引き換えに、EUはトルコの加盟交渉を加速することに同意した。2015年12月にフランスが経済と金融政策の項目のブロックを解除し、交渉が始められ、2016年中に新たに五つの項目で交渉をスタートすることが期待されている。

3　クルド問題

クルド問題とは、クルド人をどのようにトルコという国民国家に組み込むかに関して生じる問題の総称である。トルコにおいて、クルド人は人口の約17・4%を占め、約1340万人が住んでいる。トルコにおいてクルド人の人口規模はトルコ人に次いで大きい。クルド人は、ディヤルバクルを中心としたトルコの南東部の諸都市を中心に多く住んでいるが、イスタンブルやアンカラといった大都市に移住した者も多い。クルド人に関して注意しなければならない点は、全てのクルド人がクルド人国家や自治区の設立を望んでいるわけではなく、また、多くのクルド人が武装闘争に否定的であるということである。クルディスタン労働者党（PKK）が長年トルコ政府との間で武装闘争を展開してきたため、クルド人＝テロリストと見なされることがあるが、こうした単純な図式は成り立たない。民族的な属性が強調されるクルド人であるが、宗教的にムスリムであるものの宗派はスンナ派やシーア派に属するアレヴィーなど多様である。また、信仰という点でも濃淡があり、保守派と世俗的派が存在する。このように、一口にクルド人といっても、その内実は非常に多様である。その中でも、トルコのクルド問題を検討するには、トルコからの分離独立を目指す非合法組織、PKKとクルド政党の動向を概観する必要があるだろう。

(1) PKK

PKKは1978年11月28日に党首であるアブドゥッラー・オジャランを含む18名（1979年に公式にPKKの発足が明るみに出た時点でメンバーは22名）によって設立された。ただし、オジャランは1974年から左翼活動家を集め、組織構想を練っていたと言われる。クルド民族主義と革命的マルクス主義が党のイデオロギーであった。後者に関しては、特に個人的崇拝と恐怖政治を含むスターリニズムに影響を受けている。PKKの目標は、第一にトルコ、イラク、シリア、イランのクルド地域（クルディスタン）に統一的で民主的な独立国家を設立、第二にその独立国家を社会主義化する、という2

段階であった。1970年代には同様のイデオロギーを持つ組織が多数設立され、トルコ政府と抗争を繰り広げた。その中でPKKが特殊であったのは、トルコ政府と抗争するのではなく、まず、同様のイデオロギーを持つ他の組織を敵として位置付け、クルド人の間で確固たる基盤を作り上げた点である。PKKはガジアンテプ県、シャンルウルファ県、カフラマンマラシュ県という南東部の都市で活動を展開し、カフラマンマラシュ県に独自の反乱組織を立ち上げた。しかし、1979年にクルドの有力部族長の暗殺に失敗すると、多くの逮捕者を出し、拠点をレバノンのベカー高原に移した。PKKは1984年8月15日にトルコに対する武装闘争を宣言し、これまでに闘争の結果、トルコ人とクルド人合わせて4万人以上が死亡した。1999年にはオジャランがケニアのギリシャ大使館で逮捕され、イスタンブルのイムラル島刑務所で現在も服役している。

オジャラン逮捕後も、PKKはその勢力を保ってきた。PKKが拠点としているのは、トルコではなく、北イラクの山岳部、カンディールである。2016年5月時点でのPKKの代表は、発足時からのメンバーであるジェミル・バユクである。PKKの組織は、社会運動・政治運動を担うクルディスタン民主的社会連合（KCK）、青年部の愛国革命者青年運動（YDG-H）、海外支部などに分かれている。オジャランは、逮捕される前から、武力による変革から政治による変革へとその手段の変更を検討したと言われている。この傾向は逮捕後に強まり、クルド問題の解決に意欲を見せるAKPとの間で、2005年から2011年まで「オスロ過程」と呼ばれる秘密交渉を実施したり、2013年3月にトルコ政府との間で和解を前提とした停戦を発表したりした。トルコ軍とPKKの衝突により、2011年6月から2012年8月に至るまで、トルコ軍兵士・警察官・村落警備員合わせて2

22名、PKKテロリスト405名、一般市民84名が犠牲になるなど、対立が激化していたため、この停戦の意義は大きかった。しかし、2015年7月に停戦が破棄され、それ以降、トルコ政府によるPKKへの空爆、南東部でのトルコ軍・警察とPKKの衝突が再び激化している。

(2) クルド系政党

トルコのクルド系政党は1990年から見られるようになり、これまで解党と設立を繰り返してきた。クルド「系」政党としたのは、これらの政党がクルド人以外の有権者にも門戸を開いているためである。2016年5月現在、クルド系政党として大国民議会で議席を保持しているのが人民民主主義党(HDP)である。HDPは、現在は武力闘争よりも政治的手法でクルド人の権利拡大を目指すオジャランと密接な関係を持っている。それ以前の政党がクルド人アイデンティティを前面に押し出していたのに対し、HDPは、クルド人アイデンティティだけではなく、アレヴィー教徒や性同一性障害を擁護するLGBTなど、マイノリティの権利拡大を主張している。HDPは2015年6月の総選挙で13・1%の得票率で80議席、11月の再選挙でも10・8%の得票率で59議席を獲得している。HDPは、クルド系政党としては初めて10%以上の得票率を獲得し、議席を獲得した政党となった。

(3) AKPのクルド政策

AKPのクルド人に対する政策は2009年に大きな転機を迎えた。まず、4月にトルコ・ラジオ・テレビ協会(TRT)が「ラジオ6」でクルド語の24時間放送を始めた。8月には、民主的イニシアティヴ（Demokratik Açilim）が発表され、11月にその短期的・中期的・長期的な計画が提示された。短期的な計画は、大学におけるクルド語学科の設立、東部・南東部アナトリア地域の交通警備の軽減、社会生活における母国語の使用を認可、という3点であった。中期的な計画は、独立した人権に関する機構の設立、（民族間の）差別をなくすための委員会の立ち上げ、国連の拷問禁止条約の批准と国内での普及を国会で承認、軍隊による拷問または虐待に対する非難に応じたり調査を行ったりする独立機構の設立、地域の要求に従った居住地の改名を実施、政党内でトルコ語以外の言語での自由なコミュニケーションを許可、という6点であった。長期的な計画は、トルコ人について規定している憲法の第1条から3条を改訂することであった。しかし、結局民主的イニシアティヴは停滞し、２０１1年6月以降はトルコ軍とPKKの衝突が激化した。その後、上記したように、「オスロ過程」、停戦に合意するなど、AKPは再びクルド問題の解決を模索した。和解を前提とした停戦に関して、AKPは、PKK兵士のトルコ領土からの撤退と武装解除、憲法改正を中心とする法的整備と心のケアを政治運営によって実施、PKK兵士を社会に再統合、という三つの段階を検討していた。結局、双方の不信感から第1段階の履行が徹底されなかったため、２０１５年7月に停戦は破棄されることになった。２０１６年5月現在、双方の間に新たな歩み寄りは見られていない。

4　外交政策

トルコの外交政策も、近代化＝西洋化という流れを受け、建国以来、常にヨーロッパとアメリカを中心とした西側を向いてきた。ＡＫＰは伝統的な西側重視の外交政策を継続しながらも、外交の多角化を図っている。例えば、ＡＫＰの外交を取り仕切ってきたダーヴトオールは、その主著であり、トルコでベストセラーとなった『戦略の深層』（２００１年）において、「トルコは中東を含むアジアにどのように弓を引くかで、ヨーロッパやアメリカに対して放つ矢の距離が決定するのである。その逆も然りである」と述べている。その中でも、特にＡＫＰが力を入れたのが、中東地域に対する外交であった（今井宏平『中東秩序をめぐる現代トルコ外交』ミネルヴァ書房、２０１５年、２１３〜３０５頁）。しかし、「アラブの春」とそれに端を発するシリア危機によってＡＫＰの中東に対するアプローチは変更を余儀なくされた。中東に対する外交が停滞する中で、次第にトルコは国際秩序への貢献を強調するようになる。

（１）地域秩序の安定化を模索する外交

ダーヴトオールは「秩序」を鍵概念として、外交を組み立てている。「アラブの春」以前、その核となっていたのは、自由と安全保障のバランス、近隣諸国とのゼロ・プロブレム、多様な側面かつ多様なトラック（経路）による外交、地域大国として近隣諸国への間接的な影響力行使、リズム外交、という五つの原則に基づき、トルコが地域の「中心国」の役割を果たすべきだという考えであった。自由と安全保障のバランスとは、安全保障政策と市民の自由を両立することである。ダーヴトオールは、２００１年9月11日のアメリカ同時多発テロ以降、多くの国がテロ対策など安全保障政策を追求する中で、市民の自由が制限されるケースが増加しているが、この二つは両立されなければならないと主張した。近隣諸国とのゼロ・プロブレムとは、できるだけ全ての近隣諸国と関係を良好に保つことを目指す外交である。多様な側面かつ多様なトラックによる外交とは、冷戦期に安全保障だけを重視し、外交ルートも政府間交渉に限られていたトルコの外交姿勢を反省し、経済や文化など多様なイシューを扱い、官僚機構、経済組織、NGOなど多様なトラックを外交カードとして使用することを目指した。近隣諸国への間接的な影響力行使とは、地域大国として周辺各国と良好な関係を保つだけでなく、さまざまな地域機構に所属し、重要な役割を担うことで地域への影響力を高める外交であった。リズム外交とは、冷戦後に急速に変化した国際情勢に際して、トルコが冷戦期と変わらない静的な外交を採り続けたことを反省し、積極的に新たな状況に適応する動的な外交であった。

五つの原則に見られるように、「アラブの春」以前のAKPの外交ドクトリンの基軸は地域秩序の安定であった。シリアとの間での関係改善に象徴的なように、権威主義国家であっても友好関係を取り結ぶ「現状維持」がその特徴であった。また、地域秩序の安定化と同時にダーヴトオールは国際秩序への貢献という点も考慮に入れた。ダーヴトオールが目指したのは、トルコが地域秩序の安定に寄与することで、国際社会での存在感も高めることであった。地域秩序の安定化を目指した外交手法として、AKPは、FTAやヴィザ・フリー政策といった経済的相互依存の深化、仲介、ハイレベル戦略的対話の実施を実践した。一方、国際秩序での影響力行使の手法として採られたのは、国連での外交であった。例えば、トルコは「文明間の同盟」の共同議長に就任したり、安全保障理事会の非常任理事国（2009〜2010年）を務めたりした。

（2）外交におけるターニング・ポイントとしての「アラブの春」

２０１１年2月1日にエルドアンがエジプトのムバーラク政権に退陣を勧告したことをきっかけにトルコは「アラブの春」への関与を開始した。だが、その2日前の時点でエルドアンはオバマと電話で対応を協議しており、両国は直接的な関係を避けながら地域の安定化を目指すことを確認していた。ＡＫＰは「アラブの春」以前から中東諸国の民衆にイスラームと民主化を両立した「モデル」として一定の評価を得ていた。例えば、シブレイ・テルハミが中心となってエジプト、ヨルダン、レバノン、モロッコ、ＵＡＥにおいて実施した「２０１１年度アラブ世論調査」における、「アラブ諸国以外でアラブの春に最も建設的な役割を果たした国家はどこか」、「エジプトが政治システムを模倣すべき国家はどこか」という質問で、トルコはそれぞれ50%、44%と最も高い数値をあげた。さらに「アラブの春」以降は、民衆だけでなく、変革を経験した諸国家のイスラーム主義者からも内政の成功が注目された。例えば、ベン・アリー政権崩壊後に亡命先のイギリスから帰国したチュニジアの穏健派イスラーム政党、ナフダ党党首のガンヌーシーは、帰国直後の会見で「チュニジアにとって、考えられる最も良い『モデル』はトルコにおいてＡＫＰが採用している『モデル』である」と述べた。同様に、エジプトのムスリム同胞団の最高指導者であったバディーウも「トルコは国家再建の『モデル』である」と述べている。彼らは民主主義とイスラームを両立したうえでの民主化促進、経済的な成功、軍部の影響力の低下を成し遂げたトルコを「モデル」と見なしていた。

アメリカとの良好な関係の維持、そしてアラブ各国からのトルコ・「モデル」の希求を受け、トルコ政府はその戦略的目標をそれまでの権威主義の指導者との関係を維持することで地域の安定化を図る現状維持から、一般民衆の民意を尊重した「現状打破」に基づく安定化へと変更した、と理解できる。トルコ政府は各国の民意に配慮しながら、慎重な行動をとった。例えば、NATOのリビアに対する軍事作戦に当初は反対し、軍事作戦決定後もエルドアンが即時停戦、飛行禁止区域の設置、新たな体制の設立を要求するなど、できるだけリビアに対する攻撃に関与しないよう考慮した。

2011年9月中旬のリビア、チュニジア、エジプト訪問においてエルドアンは各国から熱烈な歓迎を受けたが、このエルドアンの北アフリカ訪問はトルコ・「モデル」の限界を示すことにもなった。それは、トルコが世俗主義を前提としたうえで民主主義とイスラームの両立を主張しているのに対し、ムスリム同胞団を母体とする自由公正党やナフダ党といったイスラーム政党はあくまでシャリーアの諸原則に依拠した形で全国民の市民権を保障する国家を目指していたためであった。エルドアンはカイロで演説した際に世俗主義に言及し、「世俗主義を反イスラームとする考え方は間違っている。私は、世俗主義を政教分離というよりも、国家が国民の信教の自由を尊重し、それによって差別を行わないこと、と理解している。我々は世俗主義を前提とした体制の中で自由と民主主義を享受してきた」と主張した。この発言は、民衆には歓迎される一方、イスラーム政党の指導部の失望を招いた。イスラーム政党とAKPの国家建設の間には埋めがたい溝が存在していたことが明らかになったのである。さらに、2011年12月のチュニジアにおける選挙でのナフダ党の勝利、12年1月のエジプトにおける選挙での自由公正党の勝利によって、「アラブの春」が起こった際には問題とならなかった民衆とイスラーム主義者の間の考えの違いが顕在化していった。若者を中心に「アラブの春」の実行者となった民衆は、世俗主義を前提としたイスラームと民主主義の両立を期待していたのに対し、イスラーム主義者はシャリーアに基づく民主主義の確立を目指していた。トルコ政府は若者とイスラーム主義者たちを現状打破勢力として一枚岩と理解しており、両者の希望を同時に満たすような「モデル」を提示できなかった。

トルコは中東地域の希求を受ける形で内政の成功を「モデル」として他国に波及させようとしたが、その対象である民衆が変革後は影響力を失ったこと、イスラーム主義者に世俗主義の考えが受け入れられなかったことによりその効果は限定的であった。さらに、トルコは2011年11月に隣国で良好な関係を維持していたシリアと国交を断絶し、反体制派への支援を本格化させた。しかし、この「シリア危機」への関与によって、地域の安定化を図るトルコの政策が機能不全に陥ることになった。

(3) 国際秩序に貢献する外交

「アラブの春」以降、トルコ外交は権威主義国家との関係を許容しない形の「現状打破」を前提とした地域安定化を模索する政策に転換した。とはいえ、上記したように、トルコ・「モデル」は浸透せず、シリア危機の泥沼にはまり込むなど、地域安定化政策は停滞した。こうした状況を打破するため、トルコは地域安定化だけでなく、国際秩序への貢献をより強調するようになった。

例えば、ダーヴトオールは2012年4月に外交に関して新たに四つの原則を提示したが、その内容は以下のようなものであった。第一の原則は、「価値を基盤とした外交」である。価値を基盤とした外交とは、「トルコは国益を追求するだけではなく、国際社会の普遍的な価値のために予防外交、仲介、紛争解決、開発援助といったグローバルアクターの責任を果たすべきであり、地域において自由と民主主義を追求する」外交である。第二の原則は、「賢い国家」の実現である。賢い国家とは、「世界におけるグローバルな問題に耳を傾け、前もって準備し対策を立て、代替案を提示することができる国家、世界の周辺地域においてより多くの危機が起こる前にその危機を察知でき、仲介外交によって常に地域においてその問題の解決をもたらすことができる国家」のことである。第三の原則は、他国から自立した外交である。これは、トルコの社会とエリートの間に蔓延している劣等感を取り払い、自分たちの国益を優先した外交を展開することである。第四の原則は、「先を見越した外交」である。これは、外交の長期的な展望を持つことを意味し、地域の危機管理政策で積極的な役割を果たし、長期的には民主主義と経済的相互依存をもたらし、グローバルなレベルで秩序に貢献することを目指す外交である。

また、２０１４年初頭には、外交指針として外務省から「義務とヴィジョン――２０１４年に際してのトルコ外交」というレポートが出された。そこでは引き続き、「中心国家」として国際的な貢献と地域的な貢献を両立することが目標とされ、そのための外交として、隣国との関係強化、西洋諸国・機構との戦略的関係の深化、新大陸（アフリカ）の開拓、国際機構・地域機構における効果的な役割が明記された。

「アラブの春」以降の、ＡＫＰのグローバル秩序と地域秩序の両方を重視するアプローチを象徴する外交手法が人道外交である。トルコは隣国シリア・イラクからの約２７０万人の難民（２０１６年５月現在）を受け入れているだけでなく、２０１１年５月には第４回ＬＤＣ（後発開発途上国）会議で西洋以外の国家で初めてホスト国を務めたり、ソマリアに対して大規模な人道援助を実施したりしている。

２０１５年７月には、国連総会において、２０１６年５月に初めて世界人道サミットが開催されることが決定し、トルコのイスタンブルがその開催地となった。

おわりに

本章では、ＡＫＰの世俗主義、クルド問題に対するスタンス、外交に焦点を当て、トルコ政治の全体像を素描してきた。冒頭で述べたように、ＡＫＰに言及せずに２０００年代のトルコ政治を語ることはできない。とはいえ、ＡＫＰも近年は政治的挑戦にさらされてきた。２０１３年５月には、イスタンブルのタクシム広場に隣接するゲズィ公園において、公園の再開発計画に反対する一部の市民活動家が始めた抗議運動が反公正発展党運動に発展した。この、いわゆる「ゲズィ抗議」は、選挙に基づく手続き的民主主義により権力を獲得しているＡＫＰであるが、自分たちを支持する有権者の民意のみを反映しており、国家全体の民意を十分に反映していないことへの一部有権者の不満であった。また、２０１５年６月の総選挙では、２００２年の総選挙以降、初めて単独過半数を確保することができなかった（表1参照）。

しかし、連立交渉が不調に終わったことで同年11月1日に再選挙が行われることになり、この再選挙でＡＫＰは過半数を大きく上回る３１７議席、得票率49％を獲得し、圧勝、単独与党へと返り咲いた（表1参照）。ＡＫＰはトルコ共和国が建国１００周年を迎える２０２３年に向けて、憲法改正を含めた改革に取り組もうとしている。一方で、２０１５年７月のトルコ政府とＰＫＫの停戦破棄以降、クルド問題の解決は遠のき、南東部ではトルコ軍とPKKの軍事衝突が再発した。また、2015年10月にアンカラで起きた103名が死亡するというトルコ共和国史上最悪のテロ事件に象徴されるように、「イスラーム国」によるテロもトルコ国内で起こるようになった。外交では、隣国シリアの危機がトルコに重くのしかかり、流入した難民も帰還のめどがたたない。今後、これまでトルコ共和国の理念に修正を施してきた「創造的破壊者」として、どのように問題を解決し、2023年に歩を進めていくのか、AKPに課せられた使命は大きい。

コラム 6

多角化するトルコ外交
――アジアとアフリカとの関係を強める

第II部第6章でも指摘したように、トルコ外交は多角化が進んでいる。トルコは、伝統的に西洋諸国を重視するとともに、地政学的に多くの地域と接しているため、全方位外交が展開されてきた。しかし、現在では隣接せずに、トルコとは距離が離れている国々との関係も強くなっている。最初に挙げるべきは、アフリカ諸国との関係である。アフリカのトルコ領事館は2009年時点では12カ所にすぎなかったのに対し、2016年1月時点では3倍以上増加し、39カ所となっている。また、アフリカには七つのトルコ国際協力機構(TiKA)の事務所が開設されており、37カ国で援助活動を展開している。単に領事館やのTiKAの事務所の数が増えただけでなく、貿易額も2005年のアフリカ全体との貿易額が約70億ドルだったのに対し、2014年では約234億ドルとなっている。

アフリカの中で、トルコが援助に力を入れたのがソマリアである。2010年から2011年にかけてソマリアでは干ばつが深刻となり、それに伴って大飢饉が発生した。エルドアン首相(当時)が2011年8月にソマリアを訪問するとともに、ソマリアに対する援助キャンペーンをトルコで実施し、結果的に約3億ドルを援助した。ソマリアを訪問した首脳は、ウガンダのエウリ・ムセベニ(Yoweri Museveni)大統領に次いでエルドアンが2人目であった。TiKAの2013年の活動においても、ソマリアへの援助は全体の10・4%を占めており、これは援助対象国の中で3番目に多い割合となっている。

トルコは近年、東南アジア、そして東アジアへの関与も強めている。東南アジアに関しては、2010年7月に東南アジア友好協力条約(TAC)の加盟国となり、2013年からはASEAN外相会議にゲスト参加している。東アジアに関しては、東南アジアに対する外交のように地域レベルでの関与は見られないが、各国との二国間関係は強まっている。特にその傾向が顕著なのが中国である。トルコと中国は1971年に国交を樹立したものの、2009年に至るまで、20年以上も首相や大統領の公式訪問はなされていなかった。しかし、2009年6月にギュル大統領（当時）が中国を訪問して以降、2010年10月には温家宝首相（当時）がトルコを訪問し、その直後の10月末から11月初旬には今度はダーヴトオール外相（当時）が中国を訪問した。2012年2月には国家副主席（当時）であった習近平がトルコを訪問、さらに同年4月には、エルドアン首相（当時）が中国を訪問するなど、要人の往来が活発になった。経済関係に目を移すと、中国はトルコの第3番目の貿易国であり、中国からの輸入はトルコにとって不可欠となっている。また、トルコは、2012年に上海協力機構の対話パートナーとなるなど、中国との関係を緊密化させている。

　しかし、両国はいまだにウイグル問題という火種を抱えている。新疆ウイグル自治区には民族的にトルコ人に近い約800万人のテュルク系ウイグル人が住んでおり、トルコの大衆はウイグル人に対して同情的な意見が強く、中国のウイグル人に対する締め付け政策に反対している。2015年7月には

2012年4月の訪中で、習近平国家副主席と握手するエルドアン首相［写真：代表撮影/ロイター/アフロ］

トルコで大規模な反中デモが起きるなど、トルコ人はウイグル問題に対しては非常に敏感である。

　韓国と日本は、トルコにとってソウルメートと言える存在である。韓国とトルコは、1950年に勃発した朝鮮戦争にトルコ兵が派兵されて以来、友好関係を保っている。トルコは朝鮮戦争にアメリカに次ぐ規模の兵士を派兵し、その貢献が認められて1952年に北大西洋条約機構（NATO）に加盟した経緯がある。近年はトルコが韓国から多くの製品を輸入しており、トルコに行くと現代（ヒュンダイ）の車やサムソンの電化製品を至る所で目にする。

『海難1890』（2015年）
[©2015 Ertugrul Film Partners]

日本との関係は、2015年末から16年にかけて上映された映画『海難1890』にも明らかなように、1890年のエルトゥールル号事件に端を発している。トルコと日本の関係は、長い間友好の「イメージ」が先行してきたが、近年、実質的な関係を深めている。例えば、両国は経済連携協定（EPA）や、トルコが黒海沿岸シノップで計画している原発に関して、トルコ人技術者の養成を目指す日本・トルコ科学技術大学の設立に関して協議を継続している。シノップの原発に関しては、三菱重工とフランスのアレバ社の合弁会社によって建設が進められている。

　今後、トルコはより一層アフリカ、東南アジア、東アジアに対する外交を活性化させていくことが予想されている。

（今井宏平）

おわりに

「アラブの春」から5年が経過したが、中東の混乱は収まる気配がみえない。シリアやイラクまたリビアでは国が溶解してしまったようにみえる。シリアの体制派と反体制派それにＩＳの三つ巴の争いは周辺の国だけでなくヨーロッパ世界をも揺るがし、ＥＵの統合を危うくする要因ともなっている。この中東の現状をどう読み解けばいいのか、本書は中東の政治、経済また現代史の専門家が日々考えてきたことを土台に現状を解説したものである。ここで繰り返し触れられていたのは、混乱の要因が中東の構造的な問題にあるということ以上に外部からの介入が大きかったということだ。地政学上の位置や石油資源の存在さらに覇権主義がからんだ外部の介入が中東の安定と自律的な発展を妨げてきた。水爆実験が怪獣ゴジラを生んだようにアメリカのイラク破壊がＩＳを生み、グローバル化が人々の生活を翻弄してきた。日本でも中東との関わり方が否応なく問われる時代になっているが、まずは正しい知識と認識が求められる。

本書は神奈川大学アジア研究センターが企画した公開講座『現代の中東問題を読み解く』にはじまる。講座は２０１５年５月半ばから７週にわたって開かれ、当初、講演の内容をまとめて早期に刊行できればと考えていた。だが実際にはかなりの時間を要した。理由の一つは、中東地域の政治的な変化が激しく、事態の進行をさらに追いかける必要があったことである。情報の賞味期限は短い。シリア情勢や欧米ロシアとの関わり、難民問題、産油国の政治経済に影響する石油価格の下落、イランとアメリカの核合意などなど、状況は日々変化しこのプロセスを追う必要があった。

しかし時間を要した本質的な理由は、中東の現状を読み解くことがそう容易ではなかったことにある。情報の提供は難しいことではない。しかし問題の根源に遡って本質を明らかにしようとすると簡単ではない。歴史を遡り因果の糸を手繰る必要もある。執筆者はそれぞれに専門の研究領域をもつ研究者であり、情報分析だけでは済まなかった。しかも一般の読者や学生に思いを伝えなければならず、そのための工夫をこらす必要もあった。それゆえ時代状況の変化に耐え得る賞味期限のない本になったと思っている。

本書の刊行に当たっては、神奈川大学アジア研究センター所長の秋山憲治氏にご支援いただいた。ここでお礼を申し上げます。

また明石書店の兼子千亜紀氏には、出版の機会を与えていただき、執筆に際しての多岐にわたるアドバイスをいただいた。ここにあつく感謝の意を表します。

２０１６年６月

後藤　晃

参考文献

青山弘之『混迷するシリア――歴史と政治構造から読み解く』岩波書店、２０１２年
青山弘之編『「アラブの心臓」に何が起きているのか――現代中東の実像』岩波書店、２０１４年
新井政美編著『イスラムと近代化――共和国トルコの苦闘』講談社選書メチエ、２０１３年
池内恵『イスラーム国の衝撃』文春新書、２０１５年。
石黒大岳『中東湾岸諸国の民主化と政党システム』明石書店、２０１３年
板垣雄三『歴史の現在と地域学――現代中東への視角』岩波書店、１９９２年
伊能武次・土屋一樹編『エジプト動乱――１・25革命の背景』アジア経済研究所、２０１２年
今井宏平『中東秩序をめぐる現代トルコ外交――平和と安定の模索』ミネルヴァ書房、２０１５年
岩坂将充「トルコにおける『民主化』の手法」『国際政治』第１７８号、２０１４年、１３７〜１４１頁
ウォルツ、ケネス（河野勝・岡垣知子訳）『国際政治の理論』勁草書房、２０１０年
臼杵陽『イスラエル』岩波新書、２００９年
臼杵陽『アラブ革命の衝撃――世界でいま何が起きているのか』青土社、２０１１年
臼杵陽『世界史の中のパレスチナ問題』講談社現代新書、２０１３年
臼杵陽・鈴木啓之編著『パレスチナを知るための60章』明石書店、２０１６年
エルトゥールル、イルテル（佐原徹哉訳）『現代トルコの政治と経済――共和国の85年史（１９２３－２００

8)』世界書院、2011年
オーウェン、ロジャー（山尾大・溝渕正季訳）『現代中東の国家・権力・政治』明石書店、2015年
岡田恵美子・北原圭一・鈴木珠里編著『イランを知るための65章』明石書店、2004年
オスマーン、ターレク（久保儀明訳）『エジプト　岐路に立つ大国――ナセルからアラブ革命まで』青土社2011年
勝又郁子『クルド・国なき民族のいま』新評論、2001年
加藤博・岩崎えり奈『現代アラブ社会――「アラブの春」とエジプト革命』東洋経済新報社、2013年
川上泰徳『イスラムを生きる人びと――伝統と「革命」のあいだで』岩波書店、2012年
川上泰徳『中東の現場を歩く　激動20年の取材のディテール』合同出版、2015年
国枝昌樹『シリア――アサド政権の40年史』平凡社新書、2012年
栗田禎子『中東革命のゆくえ――現代史のなかの中東・世界・日本』大月書店、2014年
黒木英充編著『シリア・レバノンを知るための64章』明石書店、2013年
小杉泰『現代中東とイスラーム政治』昭和堂、1994年
後藤晃『中東の農業社会と国家――イラン近現代史の中の村』御茶の水書房、2002年。
酒井啓子「域内政治のイスラーム化を生んだものは何か」遠藤誠治・遠藤乾編集代表『シリーズ日本の安全保障8　グローバル・コモンズ』岩波書店、2015年
酒井啓子編『〈アラブ大変動〉を読む――民衆革命のゆくえ』東京外国語大学出版会、2011年
酒井啓子編『中東政治学』有斐閣、2012年
酒井啓子・吉岡明子・山尾大編著『現代イラクを知るための60章』明石書店、2013年

佐藤次高編『西アジア史Ⅰ　アラブ』（新版世界各国史8）山川出版社、2002年
澤江史子『現代トルコの民主政治とイスラーム』ナカニシヤ出版、2005年
塩川伸明『民族とネイション――ナショナリズムという難問』岩波新書、2008年
末近浩太『イスラーム主義と中東政治――レバノン・ヒズブッラーの抵抗と革命』名古屋大学出版会、2013年
鈴木恵美『エジプト革命――軍とムスリム同胞団、そして若者たち』中公新書、2013年
鈴木恵美編著『現代エジプトを知るための60章』明石書店、2012年
鷹木恵子『チュニジア革命と民主化――人類学的プロセス・ドキュメンテーションの試み』明石書店、2016年
千葉悠志『現代アラブ・メディア――越境するラジオから衛星テレビへ』ナカニシヤ出版、2014年
津村一史『中東特派員はシリアで何を見たか――美しい国の人々と「イスラム国」』dZERO、2015年
ドッジ、トビー（山岡由美訳）『イラク戦争は民主主義をもたらしたのか』みすず書房、2014年
トッド、エマニュエル（石崎晴己訳）『アラブ革命はなぜ起きたか――デモグラフィーとデモクラシー』藤原書店、2011年
トリップ、チャールズ（大野元裕監修、岩永尚子ほか訳）『イラクの歴史』明石書店、2004年
長沢栄治『エジプト革命――アラブ世界変動の行方』平凡社新書、2012年
長沢栄治「「7月3日体制」下のエジプト」『石油・天然ガスレビュー』49・2、2015年3月号
長沢栄治・栗田禎子編『中東と日本の針路――「安保法制」がもたらすもの』大月書店、2016年
永田雄三編『西アジア史Ⅱ　イラン・トルコ』（新版世界各国史9）山川出版社、2002年

中町信孝『「アラブの春」と音楽――若者たちの愛国とプロテスト』DU BOOKS、２０１６年
中村覚編著『サウジアラビアを知るための63章【第2版】』明石書店、２０１５年
八谷まち子編著『ＥＵ拡大のフロンティア――トルコとの対話』信山社出版、２００７年
平井文子『アラブ革命への視角――独裁政治、パレスチナ、ジェンダー』かもがわ出版、２０１２年
廣瀬陽子『未承認国家と覇権なき世界』ＮＨＫブックス、２０１４年
福富満久『中東・北アフリカの体制崩壊と民主化――ＭＥＮＡ市民革命のゆくえ』岩波書店、２０１１年
ホーラーニー、アルバート（湯川武監訳）『アラブの人々の歴史』第三書館、２００３年
松本弘『中東諸国の民主化――２０１１年政変の課題』（イスラームを知る23）山川出版社、２０１５年
松本弘編著『中東・イスラーム諸国民主化ハンドブック』明石書店、２０１１年
松本弘編著『現代アラブを知るための56章』明石書店、２０１３年
水谷周編著『アラブ民衆革命を考える』国書刊行会、２０１１年
山内昌之『中東新秩序の形成――「アラブの春」を超えて』ＮＨＫブックス、２０１２年
山尾大『紛争と国家建設――戦後イラクの再建をめぐるポリティクス』明石書店、２０１３年
山本達也『革命と騒乱のエジプト――ソーシャルメディアとピーク・オイルの政治学』慶應義塾大学出版会、２０１４年
横田貴之『原理主義の潮流――ムスリム同胞団』山川出版社、２００９年
吉岡明子・山尾大編『「イスラーム国」の脅威とイラク』岩波書店、２０１４年
ラブキン、Ｍ・ヤコヴ（菅野賢治訳）『イスラエルとは何か』平凡社新書、２０１２年

◉中東近現代史年表

年	アラブ	トルコ(T)、イラン(I)、アフガニスタン(A)
1914	イギリスがエジプトを保護国化（12月）	第一次世界大戦勃発　トルコ・ドイツ同盟成立（8月）
1915	フサイン＝マクマホン協定（10月）	**T** ガリポリの戦い　連合軍、トルコ西部の上陸作戦で失敗し撤退
1916	サイクス＝ピコ協定（5月）　アラブの反乱開始（6月）	
1917	バルフォア宣言（11月）	
1918	アラブ反乱軍がダマスクスを占領（10月）	**I** ロシア革命後の政策転換によりソ連軍、イラン領から撤退
1919	エジプト1919年革命始まる（3月）　日本中東初の在外公館（在ポートサイド領事館）設置（12月）	**A** イギリスから独立　アマヌッラー・ハーンが君主として即位（8月）
1920	ダマスクスでアラブ国家の独立を宣言するが（3月）、サン・レモ会議で英仏の委任統治決定（4月）のため、フランス軍により崩壊（7月）	**T** アンカラで「トルコ大国民議会」召集（4月）　イスタンブル政府、連合国とセーブル条約調印（8月）
1921		**I** ズィヤーウッディン、レザー・ハーンのクーデター（2月）
1922	エジプトの名目的独立（2月）	**T** サカリア川の勝利　連合軍の撤退決定的に（9月）
1923	モロッコでリーフ共和国樹立宣言（2月）　エジプトで憲法公布（4月）　ワフド党が選挙で圧勝（9月）	**T** ローザンヌ条約の調印　イラク国境を除く今日のトルコの国境線の承認　共和国宣言（10月）
1924		**T** カリフ制の廃止（3月）
1925	シリア大反乱始まる（7月）	**I** レザー・ハーン、王位に就きパフラヴィー朝創設（12月）
1927	エジプト・ワフド党指導者サアド・ザグルール死去（8月）	**T** 産業奨励法が成立し、工業化が始動（5月）
1928	エジプトでムスリム同胞団が結成（3月）	
1929		**A** ナーディル・シャー国王に即位（10月）
1931	オマル・ムフタールの処刑によりイタリアのリビア制圧達成（9月）	**T** 共和人民党大会でエタティズム承認（5月） **A** 憲法発布　スンナ派ハナフィー学派を国教と定める（10月）
1932	バハレーンでアラビア半島初の油田発見（6月）　サウジアラビア王国の建国（9月）　イラク王国独立（10月）	
1933		**A** ナーディル・シャー暗殺され、息子のザーヒル・シャー即位（11月）

年	アラブ	トルコ(T)、イラン(I)、アフガニスタン(A)
1934	チュニジアでネオ・ドストール党結成（3月）	T ソ連の資金援助で第一次産業振興計画（五か年計画）開始
1936	パレスチナ・アラブ大反乱始まる（4月：39年まで） エジプト・イギリス同盟条約（8月）	
1937	イギリスのピール調査団がパレスチナ分割案を提示（7月）	
1938	サウジアラビアのダンマームで大油田発見（3月）	
1939	ロンドンでパレスチナ円卓会議（2月）	
1941	英軍がイラクの親枢軸政府を打倒（5月）、シリアに進駐（6月）	T トルコ・ドイツ相互不可侵条約締結（6月） I レザー・シャー、英ソ軍の進駐で退位し亡命、子のモハンマド・レザー王位に就く（9月）
1942	第二次エルアラメインの戦い（11~12月）	
1943	レバノン国民協約で宗派政治体制確立(9月)	I 対ドイツ宣戦布告（9月）
1944		T ドイツと国交断絶（8月）
1945	アラブ連盟が結成（3月）	I 北西部のアゼルバイジャンで自治共和国樹立（11月） クルド人によるマハーバード人民共和国樹立（12月）
1946	シリアとレバノンがフランスから独立（8月）	T 民主党の結党（1月） 複数政党による最初の選挙（7月） I ソ連軍撤退にともなうイラン軍の侵攻により二つの自治政府崩壊（12月）
1947	ダマスクスで第一回バアス党大会開催（4月） 国連パレスチナ分割決議（11月）	T アメリカと軍事援助条約を調印（7月） I アメリカと軍事協定締結（10月）
1948	イスラエル独立宣言・第一次中東戦争・パレスチナ難民の発生（ナクバ）（5月）	T アメリカとの経済協力協定に調印(7月) マーシャルプランの資金でアメリカから5000台のトラクター購入（11月）
1949	ムスリム同胞団創設者ハサン・バンナ暗殺（2月）	T イスラエルを承認（3月） I 経済開発第一次7か年計画開始（8月）
1950		T 選挙で民主党勝利（5月）
1951	エジプトが対英同盟条約を一方的に破棄(8月)	I 石油産業国有化法が両院で可決、アングロ・イラニアン石油会社から利権を取り戻す（3月） T キプロス紛争ぼっ発（12月）
1952	エジプトで自由将校団によるクーデター(エジプト革命)（7月） エジプト第一次農地改革（9月）	T ギリシャとともに北大西洋条約機構(NATO）に加盟（2月）
1953		I クーデターが起き、モサッデク逮捕(8月)

年	アラブ	トルコ(T)、イラン(I)、アフガニスタン(A)
1954	アルジェリアでFLNによる独立闘争開始(11月)	**T** 総選挙で民主党が再び勝利(5月) **I** 欧米の国際石油資本のコンソーシアムと石油協定締結(9月)
1955	トルコ・イラク・イギリス・パキスタン・イランの5か国が参加するバグダード条約機構結成(2月)	**T** イラクと相互防衛条約締結(2月)
1956	スーダン単独で独立(1月) ナセル大統領がスエズ運河国有化宣言(7月) 第二次中東戦争(スエズ戦争)(10月)	
1957	アイゼンハワー・ドクトリン発表(1月)	
1958	エジプト・シリア国家合同(アラブ連合共和国結成)(2月) レバノンで第一次内戦ぼっ発(5月) イラク自由将校団によるクーデター(イラク革命)(7月)	
1959	ドゴール仏大統領がアルジェリア和平提案(9月)	**T** アメリカと相互防衛条約締結(3月) バグダード条約機構を改組し、中央条約機構(CENTO)誕生(8月)
1960	OPEC(石油輸出国機構)結成(8月)	**T** 軍部によるクーデター、民主党政権が終わる(5月) 翌年メンデレス元首相処刑
1961	エジプトで主要企業・銀行の国有化(7月)	**T** ドイツとの雇用双務協定締結(トルコからドイツへの出稼ぎ労働者の送出が本格的に始まる)(10月)
1962	アルジェリア独立革命(7月) 北イエメンでクーデター・内戦勃発(9月)	**I** 農地改革法公布(1月) 農地改革が実施に移される(3月)
1963	シリアとイラクでバアス党によるクーデター(2・3月)	**I** 近代化を目指す国王主導の「白色革命」、国民投票で支持される(1月) **T** 第一次五か年計画開始(3月)
1964	PLO(パレスチナ解放機構)結成(5月)	**I** ホメイニー師、国外追放
1967	第三次中東戦争でアラブ側惨敗(6月)	
1968	OAPEC(アラブ石油輸出国機構)結成(1月)	
1969	リビアでカダフィー大佐による軍事クーデター(リビア革命)(9月)	
1970	ヨルダン内戦(9月) ナセル大統領急死、サダト大統領就任(9月) シリアでハーフェズ・アサド中将がクーデターにより実権掌握(11月)	
1971	イスラーム諸国会議(OIC)結成(5月)	**T** 3・12事件 軍は覚書を送付し無血政変 一般に「書簡による軍部のクーデター」と呼ばれる(3月)

年	アラブ	トルコ(T)、イラン(I)、アフガニスタン(A)
1973	第四次中東戦争・OAPEC が石油武器を発動（第一次石油危機）（10 月） 二階堂官房長官がイスラエルの占領地からの撤退を求める談話を発表（11 月）	**A** ムハンマド・ダウードのクーデター 国王を追放し、ダウード大統領に就任（7 月）
1974	エジプトで門戸開放経済政策発表（10 月）	
1975	サウジアラビアのファイサル国王暗殺（3 月） レバノン第二次内戦ぼっ発（4 月：89 年まで）	**T** 北部キプロスでトルコ系のキプロス連邦自治州を宣言（2 月） **I** アルジェ協定締結（イランとイラクの間でシャットル・アラブ川の国境線が修正される）（3 月）
1977	エジプトでパン値上げに抗議の大衆暴動（1 月） イスラエルで右派リクード政権成立（5 月） エジプト・サダト大統領のエルサレム訪問（11 月）	
1978	キャンプ・デービッド合意（9 月）	**A** アフガニスタン人民民主党による軍事クーデターが発生 社会主義政権樹立（4 月） 全土でムジャヘディーン（イスラーム義勇兵）が蜂起、紛争長期化
1979	エジプト・イスラエル平和条約（3 月） サッダーム・フセインがイラク大統領に就任（7 月） サウジアラビア・メッカのアルハラムモスクが武装集団により占拠（11 月）	**I** イランで革命が起こる（1 月 16 日国王国外退去、2 月 1 日ホメイニー帰国、2 月 11 日に反体制派が政権掌握）（第二次石油危機） イスラーム共和国樹立宣言（4 月） **T** トルコ・リラの大幅切り下げ 経済危機が深刻化（6 月） クルド労働者党（PKK）結成（11 月） **A** ソ連、アフガニスタンへの軍事侵攻開始、バブラク・カルマルを革命評議会議長に擁立（12 月）
1980	イラク・イラン戦争ぼっ発（8 月）	**T** IMF の意向に従い「経済改革のパッケージ」を発表。開放経済へ移行開始（1 月） 軍事クーデターぼっ発 参謀総長ケナン・エブレンが国家元首に就任、すべての政党活動禁止（9 月）
1981	GCC（湾岸協力会議）結成（5 月） エジプト・サダト大統領暗殺、ムバーラク新大統領に就任（10 月）	**T** 世界銀行が 1 億 1000 万ドルの借款供与を約束（5 月） **I** 改革派の初代大統領バニサドルが解任され国外逃亡（6 月） 保守派のハメネイが大統領に就任（1985 年に再選）（10 月）
1982	シリア・ハマーでムスリム同胞団弾圧（2 月） イスラエル軍レバノン侵攻（6 月） ベイルートのパレスチナ難民キャンプで虐殺事件（9 月）	**A** 国連総会、外国軍に撤退を求める国連決議を採択（11 月）

年	アラブ	トルコ(T)、イラン(I)、アフガニスタン(A)
1986	カタルの衛星TV局アルジャジーラ設立(11月)	**A** ナジブラ、革命評議会議長に就任(5月) 88年4月には大統領に就任
1987	チュニジアでベンアリーがクーデターで政権奪取（11月） ガザ・ヨルダン川西岸の被占領地でパレスチナ人の民衆蜂起（インティファーダ）始まる（12月）	**T** EUへの加盟申請（4月）
1989	ターイフ合意でレバノン内戦が終結し、宗派政治体制の修正（10月）	**A** ソ連軍撤退完了（2月） **I** ホメイニー、預言者ムハンマドを侮辱した罪で『悪魔の詩』の著者ラシュディに死刑宣告（2月）
1990	イラクがクウェートを軍事占領し、併合を宣言（湾岸危機）（8月）	
1991	多国籍軍がイラク軍を攻撃(湾岸戦争)（1月）	
1993	オスロ合意によりパレスチナ暫定自治始まる（9月）	
1994	イスラエル・ヨルダン平和条約（10月）	
1995	イスラエル・ラビン首相暗殺（11月）	**T** EUとの間で関税同盟締結
1996		**A** タリバンがカーブル占領（9月）
1997	エジプトのルクソールで日本人観光客10名がイスラーム団により殺害（11月）	**I** 改革派のハータミー、大統領選で勝利し大統領に就任（5月）
1998	米英軍がイラクを空爆(砂漠の狐作戦)(12月)	**A** タリバン、アフガン全土の9割掌握
2000	第二次インティファーダぼっ発（9月）	
2001	ニューヨークの同時多発テロ事件でアルカーイダに容疑（9月）	**T** 外資が逃避、経済危機に陥る（2月） 美徳党が活動禁止処分を受け、党の若手中心に公正発展党（AKP）結党（6月） **A** アメリカ軍が空爆開始（10月） 北部同盟がカーブル奪還、タリバン政権崩壊（11月） カルザイが暫定政権の首相になる（12月）
2002	イスラエルが分離壁建設開始（6月） 国連安保理がイラクの大量破壊兵器査察を決議（11月）	**I** ブッシュ・アメリカ大統領、一般教書でイランをイラク、北朝鮮とともに「悪の枢軸」として非難（1月） イランの核開発疑惑浮上（8月） **T** 総選挙で公正発展党が勝利、単独与党に（12月）
2003	米英軍のイラク攻撃（イラク戦争）（3月）イラク特措法により陸上自衛隊がイラク南部サマーワに駐留（12月：2009年2月まで）	
2004	PLOアラファト議長死去（11月）	**A** カルザイ、大統領に就任 アフガニスタン・イスラーム共和国発足（10月）

年	アラブ	トルコ(T)、イラン(I)、アフガニスタン(A)
2005	イラクで初の自由選挙（1月） レバノンでハリーリ前首相暗殺に抗議する民衆蜂起（杉の革命）（2月）	**I** 保守派のアフマディーネジャード、大統領選で勝利（2009に再選） **T** EU加盟交渉開始（10月）
2006	パレスチナ評議会選挙でハマースが勝利（1月） イスラエル軍レバノン侵攻（第二次レバノン戦争）（7月）	**I** 安保理、イランのウラン濃縮・再処理活動の中止を要請（7月） 核・ミサイル開発関連の技術また物資提供を国連加盟国に義務付ける安保理決議採択（12月）
2007	パレスチナで連立内閣が崩壊しハマースがガザを実効支配し、西岸のファタハ系自治政府と対立（6月）	
2008	イスラエルがガザを空爆・侵攻（12月）	**I** IAEA、イランが低濃縮ウラン約480キロを製造しウラン濃縮を継続拡大していると報告（9月、11月）
2010	チュニジアで青年の抗議自殺未遂をきっかけに反政府デモがぼっ発、アラブ革命始まる（12月）	
2011	チュニジアとエジプトで長期独裁政権が相次いで崩壊（1・2月）、革命の波がアラブ世界に広がる バハレーンの民衆運動がGCC合同の治安部隊により弾圧(3月) シリアの民衆蜂起が政府の苛烈な弾圧により内戦に転化（7月） モロッコで蜂起を抑え込む憲法改正（7月） リビアの独裁者カダフィーが内戦中に殺害（10月） イエメン・サーレハ大統領がGCCの仲介により辞任（12月）	**T** シリアと国交断絶（11月）
2012	エジプト初の自由選挙でムスリム同胞団出身のムルシーが大統領に就任（6月）	**I** イランの核をめぐるアメリカの制裁法「国防授権法」実施。イラン経済危機に陥る（7月）
2013	アルジェリアの石油施設で日本人技師ら10名がアルカーイダ系武装組織の人質となって殺害（1月） 軍事クーデターによりエジプトの同胞団政権崩壊（7月）	**T** クルド労働者党（PKK）と和解を前提とした停戦（3月） **I** 大統領選挙で穏健派のハサン・ロウハーニー勝利（6月）
2014	モスルをISが制圧し、カリフ位の復活を宣言（6月）	**A** アシュラフ・ガニーが第2代大統領に就任（9月）
2015	ISが日本人の人質2名を殺害（1月） イエメンで首都を占拠したホーシー派に対してサウジなどが空爆開始（3月） ロシアがシリア内戦に空爆で直接介入（9月）	**T** 総選挙でAKP議席の過半数割れ。連立政権協議が失敗（6月） 再選挙でAKPが過半数を確保（11月） PKKとの停戦が破棄され、トルコ軍の攻撃激化（7月）
2016	サウジがイランと断交（1月） サウジがスンナ派のアラブ・イスラーム諸国と合同軍事演習「北の雷」を実施（3月）	**I** イランと欧米6か国による最終的な核合意で制裁解除（1月）

◉執筆者紹介（50音順）

今井宏平（いまい・こうへい）
日本貿易振興機構アジア経済研究所研究員。
専攻：現代トルコ外交、国際関係論
主な著書・論文：『トルコ現代史』（中央公論新社、2017年）、『中東秩序をめぐる現代トルコ外交』（ミネルヴァ書房、2015年）、*The Possibility and Limit of Liberal Middle Power Policies: Turkish Foreign Policy toward the Middle East during the AKP Period (2005–2011)*(ROWMAN & LITTLEFIELD, 2017)
。

臼杵　陽（うすき・あきら）
日本女子大学文学部史学科教授・日本女子大学図書館長。
専攻：パレスチナ／イスラエル現代政治史、日本イスラーム関係史
主な著書：『パレスチナを知るための60章』（共編著、明石書店、2016年）、『世界史の中のパレスチナ問題』（講談社現代新書、2013年）、『大川周明――イスラームと天皇のはざまで』（青土社、2010年）、『イスラエル』（岩波新書、2009年）。

黒木英充（くろき・ひでみつ）
東京外国語大学アジア・アフリカ言語文化研究所教授。
専攻：中東地域研究、東アラブ近代史
主な著書：『シリア・レバノンを知るための64章』（編著、明石書店、2013年）、『「対テロ戦争」の時代の平和構築――過去からの視点、未来への展望』（編著、東信堂、2008年）、*The Influence of Human Mobility in Muslim Societies*（編著, London, Kegan Paul, 2003）。

ケイワン・アブドリ（Keivan, Abdoly）
神奈川大学非常勤講師。
専攻：経済発展論、イラン政治経済史
主な著書・論文：「革命後のイランにおける特権企業の生成と変貌――モスタズアファーン財団を事例に」（『中東レビュー』Vol.3、2016年）、「イラン経済と石油――二つの石油ブームの比較」（『神奈川大学アジア・レビュー』Vol.03、2016年）、「大土地所有制の変遷――地主層の興亡からみたマルヴダシトの100年」（後藤晃編『オアシス社会の50年の軌跡』御茶の水書房、2015年）。

吉岡明子（よしおか・あきこ）
日本エネルギー経済研究所中東研究センター研究主幹。
専攻：現代イラク政治経済、クルド問題
主な著書：『「イスラーム国」の脅威とイラク』（共編著、岩波書店、2014年）、『現代イラクを知るための60章』（共編著、明石書店、2013年）。

◉編著者紹介

後藤　晃（ごとう・あきら）
神奈川大学名誉教授。
専攻：農業経済、中東経済史
主な著書：『オアシス社会50年の軌跡——イランの農村、遊牧そして都市』（編著、御茶の水書房、2015年）、『人口、移民、都市と食——現在と歴史の交叉するところ』（駱駝舎、2014年）、『中東の農業社会と国家——イラン近現代史の中の村』（御茶の水書房、2002年）。

長沢栄治（ながさわ・えいじ）
東京大学名誉教授。
専攻：近代エジプト社会経済史
主な著書：『近代エジプト家族の社会史』（東京大学出版会、2019年）、『エジプトの自画像——ナイルの思想と地域研究』（平凡社、2013年）、『アラブ革命の遺産——エジプトのユダヤ系マルクス主義者とシオニズム』（平凡社、2012年）、『エジプト革命——アラブ世界変動の行方』（平凡社新書、2012年）。

現代中東を読み解く
——アラブ革命後の政治秩序とイスラーム

2016年8月25日　初版第1刷発行
2021年5月25日　初版第2刷発行

編著者　後藤　晃
　　　　長沢栄治
発行者　大江道雅
発行所　株式会社明石書店
〒101-0021 東京都千代田区外神田6-9-5
電話 03（5818）1171
FAX 03（5818）1174
振替　00100-7-24505
http://www.akashi.co.jp/
組版／装丁　明石書店デザイン室
印刷／製本　モリモト印刷株式会社

ISBN978-4-7503-4389-1

結婚と離婚
イスラーム・ジェンダー・スタディーズ①
長沢栄治監修　森田豊子、小野仁美編著　◎2500円

越境する社会運動
イスラーム・ジェンダー・スタディーズ②
長沢栄治監修　鷹木恵子編著　◎2500円

教育とエンパワーメント
イスラーム・ジェンダー・スタディーズ③
長沢栄治監修　服部美奈、小林寧子編著　◎2500円

フィールド経験からの語り
イスラーム・ジェンダー・スタディーズ④
長沢栄治監修　鳥山純子編著　◎2500円

イスラーム文明とは何か　現代科学技術と文化の礎
塩尻和子著　◎2500円

変革期イスラーム社会の宗教と紛争
塩尻和子編著　◎2800円

現代イランの社会と政治　つながる人びとと国家の挑戦
山岸智子編著　◎2800円

対テロ戦争の政治経済学　終わらない戦争は何をもたらしたのか
延近充著　◎2800円

中東・イスラーム世界の歴史・宗教・政治
多様なアプローチが織りなす地域研究の現在
髙岡豊、白谷望、溝渕正季編著　◎3600円

中東・イスラーム研究概説　政治学・経済学・社会学・地域研究のテーマと理論
私市正年、浜中新吾、横田貴之編著　◎2800円

アラブ・イスラエル紛争地図
マーティン・ギルバート著　小林和香子監訳　◎8800円

現代中東の国家・権力・政治
ロジャー・オーウェン著　山尾大、溝渕正季訳　◎3000円

イスラーム世界のジェンダー秩序
「アラブの春」以降の女性たちの闘い
辻上奈美江著　◎2500円

イスラーム世界の挫折と再生　「アラブの春」後を読み解く
内藤正典編著　◎2800円

中東・北アフリカにおけるジェンダー　イスラーム社会のダイナミズムと多様性
世界人権問題叢書 79　ザヒア・スマイール・サルヒー編著
鷹木恵子、大川真由子ほか訳　◎4700円

東方キリスト教諸教会　研究案内と基礎データ
三代川寛子編著　◎8200円

〈価格は本体価格です〉